2023

15일 만점

국가정보학

SD에듀
(주)시대고시기획

Always **with you**

사람의 인연은 길에서 우연하게 만나거나 함께 살아가는 것만을 의미하지는 않습니다.
책을 펴내는 출판사와 그 책을 읽는 독자의 만남도 소중한 인연입니다.
SD에듀는 항상 독자의 마음을 헤아리기 위해 노력하고 있습니다.
늘 독자와 함께하겠습니다.

군사정보직 군무원을 준비하는 수험생 여러분 반갑습니다.

시험문제 비공개와 모집인원 불안정성 등 여러 가지 불안요소와 불확실성 속에서도 정보직렬 시험을 준비하시는 여러분의 용기와 국가와 국민을 위해 헌신하고자 하는 마음에 무한한 찬사와 응원을 보냅니다.

저는 현재 군무원으로 근무하고 있습니다. '정보'라는 활동을 알기 전 막연하게 스파이를 머릿속에 떠올렸던 것 같습니다. 그래서 시험에 합격하면 007 시리즈에 나오는 제임스본드처럼 권총 들고 해외에 나가 술 마시고 여행하면서 스릴을 즐기길 기대했습니다. 하지만 막상 합격하고 보니 저는 컴퓨터로 쥐꼬리만한 첩보를 가지고 정보분석 업무를 하고 있었습니다. 몇 해가 지나고 나서야 제가 합격하기 전에 기대했던 스파이 활동은 '인간정보' 활동이라는 것을 알게 되었으며, 현실에서 정보 분야 군무원은 인간정보 활동은 하지 않고 거의 대부분 첩보수집 및 첩보분석, 정보생산 혹은 보안업무를 한다는 것을 알게 되어 이마를 탁! 칠 수밖에 없었습니다.

저는 처음에 공채 필기시험을 준비하면서 국가정보학이 무슨 의미인지 하나도 모른 채 무작정 외우기만 했습니다. 그래서인지 너무 재미도 없고 고통스러운 과정의 연속이었습니다. 하지만 두 번째 경채를 준비하면서 국가정보학을 다시 공부하니 서서히 이해가 되면서 의외로 재미있는 과목임을 깨달았습니다. 저의 이런 시행착오와 경험을 바탕으로 후배 수험생 여러분의 고충을 덜어 드리고자 『15일 만점 국가정보학』 도서를 기획하게 되었습니다.

『15일 만점 국가정보학』 도서의 특징

1. 합격생의 노하우를 담은 핵심노트

국가정보학이 얼마든지 재미있게 학습할 수 있는 과목임을 예비 군무원 여러분께 알려드리고 싶습니다. 국가정보학의 핵심이론을 풍부한 예시를 들어가며 설명하였습니다. 저의 실제 어투를 사용하여 마치 국가정보학 과외를 한다는 기분으로 만점 비법을 담았습니다.

2. 출제경향에 따른 15일 만점 모의고사

공채와 경채를 준비하며 꾸준히 국가정보학의 출제경향을 모니터링 하였습니다. 그리고 스스로 직접 문제를 만들어 풀어 보고 해설을 달며 학습하여 좋은 결과를 얻었습니다. 제가 합격할 수 있었던 바로 그 문제를 '15 Days 모의고사'로 공유합니다.

3. 국가정보학 만점 완성 해설

핵심노트에 미처 담지 못한 내용을 해설에 보충하여 수록하였습니다. 고득점을 넘어 만점을 향해 국가정보학 필기시험 만점 노하우를 아낌없이 전수합니다.

국가정보학은 학문의 경계가 모호하여 학습하기 어려운 과목이라고들 말합니다. 그럼에도 불구하고 상대적으로 고득점자가 많아 경쟁이 치열한 과목입니다. 『15일 만점 국가정보학』은 철저히 수험생의 입장에서 수험생과 함께 공부하기 위해 출간한 도서입니다. 『15일 만점 국가정보학』이 국가정보학에 대한 편견을 깨트리고, 여러분의 고득점에 도움이 되리라고 확신합니다. 이 책으로 공부하시는 모든 분들을 후배로 만나 뵙길 고대하고 있겠습니다.

분석관 C 올림

군무원 채용 필수체크

⬡ 응시자격

구분	내용	
연령	• **7급 이상**: 20세 이상	• **8급 이하**: 18세 이상
학력 및 경력	제한 없음	

⬡ 군무원 채용과정

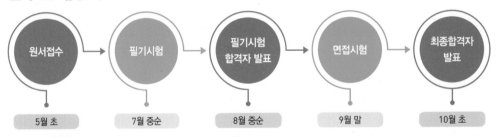

원서접수	필기시험	필기시험 합격자 발표	면접시험	최종합격자 발표
5월 초	7월 중순	8월 중순	9월 말	10월 초

필기시험
- 객관식 선택형 문제로 과목당 25문항, 25분으로 진행
- 합격자 선발: 선발예정인원의 1.5배수(150%) 범위 내(단, 선발예정인원이 3명 이하인 경우, 선발예정인원에 2명을 합한 인원의 범위)
  ⟶ 합격기준에 해당하는 동점자는 합격처리

면접시험
- 필기시험 합격자에 한해 응시기회 부여
- 평가요소
  • 군무원으로서의 정신자세   • 전문지식과 그 응용능력
  • 의사표현의 정확성 · 논리성   • 창의력 · 의지력 · 발전가능성
  • 예의 · 품행 · 준법성 · 도덕성 및 성실성
  ⟶ 7급 응시자는 개인발표 후 개별 면접 진행

최종합격자 결정
필기시험 합격자 중, 면접시험 성적과 필기시험 성적을 각각 50% 반영하여 최종합격자 결정
⟶ 신원조사와 공무원 채용 신체검사 모두 '적격' 받은 자에 한함

※ 위 채용일정은 2022년 군무원 국방부 주관 채용공고를 기준으로 작성하였으므로 세부 사항은 반드시 확정된 채용공고를 확인하시기 바랍니다.

영어능력검정시험 기준점수

구분	5급	7급	9급
토익(TOEIC)	700점	570점	470점
토플(TOEFL)	PBT 530점 CBT 197점 IBT 71점	PBT 480점 CBT 157점 IBT 54점	PBT 440점 CBT 123점 IBT 41점
텝스(TEPS) 2018.5.12. 이전 실시된 시험	625점	500점	400점
新텝스(新TEPS) 2018.5.12. 이후 실시된 시험	340점	268점	211점
지텔프(G-TELP)	Level 2 65점	Level 2 47점	Level 2 32점
플렉스(FLEX)	625점	500점	400점

⋯▸ 당해 공개경쟁채용 필기시험 시행 예정일부터 역산하여 3년이 되는 해의 1월 1일 이후에 실시된 시험으로서 필기시험 전일까지 점수(등급)가 발표된 시험에 한해 기준점수 인정

⋯▸ 응시원서 접수 시 본인이 취득한 영어능력검정시험명, 시험일자 및 점수 등을 정확히 기재

⋯▸ 응시원서 접수 시 입력 사항에 변동이 있거나 원서 접수 후 발표된 성적 등록 시 추가등록 필수

한국사능력검정시험 기준점수

구분	5급	7급	9급
한국사능력검정시험	2급	3급	4급

⋯▸ 2020년 5월 이후 한국사능력검정시험 급수체계 개편에 따른 시험종류의 변동(초 · 중 · 고급 3종 → 기본 · 심화 2종)과 상관없이 기준(인증) 등급을 그대로 적용

⋯▸ 당해 공개경쟁채용 필기시험 시행 예정일부터 역산하여 4년이 되는 해의 1월 1일 이후에 실시된 시험으로서 필기시험 전일까지 점수(등급)가 발표된 시험에 한해 기준점수(등급) 인정

⋯▸ 응시원서 접수 시 본인이 취득한 한국사능력검정시험의 등급인증번호와 급수(성적)를 정확히 기재

⋯▸ 응시원서 접수 시 입력 사항에 변동이 있거나 원서 접수 후 발표된 성적 등록 시 추가등록 필수

※ 위 기준점수는 군무원인사법시행령을 기준으로 작성하였으므로 세부 사항은 반드시 확정된 채용공고를 확인하시기 바랍니다.

이 책의 구성과 특징

— 합격생의 만점 비법 —
국가정보학 만점에 빛나는 합격생의 핵심이론

이론편

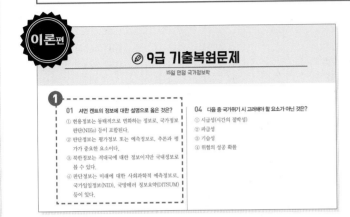

❶ 2022년 기출문제

시험문제의 키워드를 100% 반영하여 실제 기출과 최대한 가깝도록 복원하여 수록하였습니다.

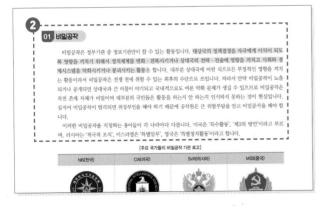

❷ 합격생의 만점 비법 과외

핵심이론에 담긴 저자의 실제 어투를 통해 만점에 빛나는 현직 군무원 선배에게 과외를 받는 것처럼 국가정보학을 학습할 수 있습니다.

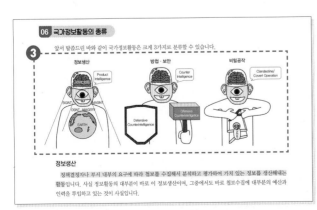

❸ 독창적이고 체계적인 도표화

핵심이론을 쉽게 이해할 수 있도록 저자만이 보여줄 수 있는 예시를 그대로 담았고, 사진과 도표를 적극 활용하였습니다.

— 합격생의 만점 노하우, 하루 1회 모의고사 —

다년간의 기출분석으로 출제경향을 반영한 모의고사

문제편

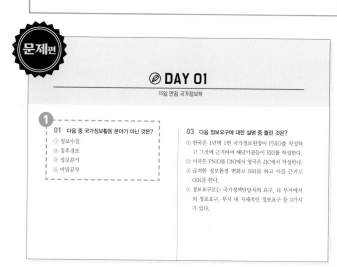

❶ 15 Days 모의고사

저자를 국가정보학 만점자로 만든 그 비법! 직접 문제를 만들어 풀고 해설을 달았던 그 문제들을 공개합니다. 매일 하루 1회씩 15일 모의고사로 국가정보학 만점을 달성할 수 있습니다.

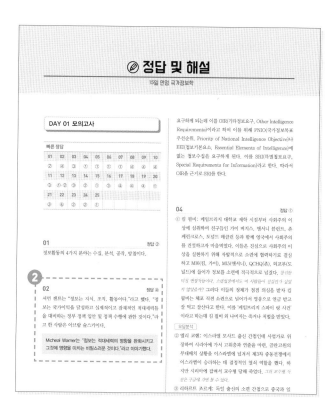

❷ 상세한 해설로 완벽한 마무리

저자의 만점 노하우를 아낌없이 전수합니다. 핵심노트에 미처 담지 못한 저자의 만점 노하우를 해설에 가득 담았습니다. 꼭 외워야 하는 문제 해설에 저자의 외침 "외우자! 외워두자!"가 표시되어 있습니다. 고득점을 넘어 만점까지!

CONTENTS

이 책의 차례

15일 만점
국가정보학

01 셔먼 켄트의 정보에 대한 설명으로 옳은 것은?

① 현용정보는 동태적으로 변화하는 정보로, 국가정보 판단(NIEs) 등이 포함된다.

② 판단정보는 평가정보 또는 예측정보로, 추론과 평가가 중요한 요소이다.

③ 북한정보는 적대국에 대한 정보이지만 국내정보로 볼 수 있다.

④ 판단정보는 미래에 대한 사회과학적 예측정보로, 국가일일정보(NID), 국방테러 정보요약(DITSUM) 등이 있다.

02 에셜론(ECHELON) 프로젝트를 구성하고 있는 국가들로만 묶인 것은?

① 미국, 영국, 호주, 캐나다, 뉴질랜드

② 미국, 호주, 일본, 캐나다, 영국

③ 미국, 영국, 터키, 프랑스. 캐나다

④ 미국, 캐나다, 프랑스, 한국, 영국

03 다음 중 신호정보에 해당하지 않는 것은?

① 전자정보(ELINT)

② 원격측정정보(TELINT)

③ 항공사진(IMINT)

④ 통신정보(COMINT)

04 다음 중 국가위기 시 고려해야 할 요소가 아닌 것은?

① 시급성(시간의 절박성)

② 파급성

③ 기습성

④ 위협의 성공 확률

05 다음 수집활동 중 정책결정권자가 관심을 가지고 있는 목표를 중점적으로 수집하려는 정보의 오류는?

① TPED Issue

② Vacuum Cleaner Issue

③ Zero-sum Game

④ Swarm Ball

06 다음은 CIA의 정보순환단계이다. ㉠, ㉡에 들어갈 내용으로 옳은 것은?

㉠ – 수집 – 처리 및 탐색 – ㉡ – 배포

① ㉠: 기획 및 지시, ㉡: 분석 및 생산

② ㉠: 요구 및 지시, ㉡: 대조 및 평가

③ ㉠: 기획 및 지시, ㉡: 분석 및 해석

④ ㉠: 요구 및 관리, ㉡: 분석 및 평가

07 다음 중 미국의 정보기구의 역사에 대한 설명으로 옳지 않은 것은?

① 미국의 정보기관은 국내적인 이슈에 의해서만 개편 및 발전되어 왔다.

② 미국은 1947년 국가안전보장법에 의해 CIA와 DCI, NSA가 창설되었다.

③ 미국은 9·11 테러 이후 대테러예방활동을 강화하고 있으며, 스노든의 폭로로 인해 테러용의자들에 대한 교신내용 파악에 어려움을 겪었으나, 대체로 대테러 예방에 성공하고 있다.

④ 세계화의 퇴보와 미·중·러 신냉전 구도로 인하여 다자간, 지역 간 동맹체제로 강화되고 있는 추세이다.

08 BC 500년경 스파르타에서 비밀 메시지를 전달하기 위해 개발한 도구로, 최초의 암호장비라고 할 수 있는 것은?

① 스카이테일

② 신성문자

③ 폴리비우스의 암호체계

④ 로마 시저의 암호체계

09 비밀공작 중 정치공작과 거리가 먼 것은?

① 흑색선전

② 경호지원

③ 영향공작

④ 지원공작

10 첩보원이 되는 동기로 잘못 연결된 것은?

① M – Money

② I – Ideology

③ C – Compromise

④ E – Ethnic

11 다음 중 방첩활동에 대한 설명으로 옳은 것은?

① 공격적 방첩활동에는 역용, 침투, 기만 등이 있다.

② 수동적 방첩활동에는 인원보안, 시설보안, 문서보안, 감시활동 등이 있다.

③ 방첩활동의 범위는 상대국 정보기관으로만 제한된다.

④ 방첩활동에는 정보수집, 비밀공작, 방어적 방첩, 공격적 방첩활동이 있다.

12 다음 중 기술정보의 특징에 대한 설명으로 옳은 것은?

① 기술정보는 비용이 많이 든다는 것 외에는 단점이 없다.

② 초기에 비용이 많이 들고, 개발에 긴 시간이 소요되지만 새로운 장비의 지속개발 및 배치가 필요 없다.

③ 신호정보는 크게 통신, 전자, FISINT, MASINT로 구분된다.

④ 원거리에 대한 정보수집이 가능하지만 위장 및 기만 시 수집이 제한된다.

안심Touch

13 다음 중 국가와 정보기관의 연결이 옳지 않은 것은?

① 러시아 – GRU

② 프랑스 – MID

③ 영국 – GCHQ

④ 호주 – ASIS

14 다음 정책집행 단계에서 국가정보의 역할에 해당하는 것을 모두 고른 것은?

> ㉠ 국가이익 증대를 위한 여건 분석
> ㉡ 안보위협이나 적의 전략적 기습 등에 대한 국가위기와 관련된 정보분석 지원
> ㉢ 대외무역 협상이나 군축협정, 외국조약 등에 필요한 상대국의 정치, 경제, 안보 상황 등에 대한 정보 지원
> ㉣ 효과적인 정책 선택과 국력의 효과적 사용을 위한 예측정보 지원
> ㉤ 예산적 측면 등 정책추진의 한계점 분석 지원
> ㉥ 적국에 대한 위협평가 및 안보 취약성 진단

① ㉠, ㉡, ㉢

② ㉡, ㉢, ㉣

③ ㉢, ㉣, ㉤

④ ㉣, ㉤, ㉥

15 다음 중 북한의 정보기구에 대한 설명으로 적절하지 않은 것은?

① 북한은 1951년 강동 정치학원을 노동당 연락부 산하의 금강 정치학원으로 개칭하였고, 이것을 모체로 북한정보기관이 발전하였다.

② 북한은 2009년 당과 군의 대남·해외정보기관을 통합하여 정찰총국으로 재편성하였다.

③ 국가보위성은 2016년 국방위원회에서 국무위원회 소속으로 개편되었다.

④ 대남·해외정보활동을 통합적으로 수행하는 정찰총국은 김정은의 신속한 정권 장악을 목적으로 국무위원회에 편입되었다.

16 다음 사이버공격 중 소프트웨어 공격수단으로만 짝 지어진 것은?

① 트랩도어(Trao Door) – 재밍(Jamming)

② 웜(Worm) – 논리폭탄(Logic Bomb)

③ 지능형 지속공격(APT) – 치핑(Chipping)

④ 스턱스넷(Stuxnet) – EMP폭탄

17 다음 중 정보분석 대상에 대한 설명으로 적절하지 않은 것은?

① 미스터리의 존재는 사회불안을 야기하고 사회를 혼란에 빠뜨릴 수 있기 때문에 분석하여 규명해야 한다.

② 비밀은 수집하기 어렵고, 수집 노력에 따라 가능한 외국의 능력이나 의도 등의 공개를 회피하는 내용이다.

③ 북한 핵도 우리 사회의 불안을 조성하는 일종의 미스터리에 속한다.

④ 미스터리는 공개정보나 비밀정보 등을 분석하는 것으로는 해결할 수 없는 사안이다.

18 다음 중 통신정보(COMINT)에 대한 설명으로 적절하지 않은 것은?

① 유선은 가능한 지하매설이나 광케이블을 사용해야 한다.

② 무선텔렉스는 국가 간 통신위성 이용으로 도청이 가능하므로 암호장비를 사용해야 한다.

③ 유선통신은 중간에 선을 절단하여 도청이 가능하기 때문에 되도록 무선통신을 해야 한다.

④ 데이터 통신은 전산요원을 거쳐서 전송하기 때문에 전산요원의 보안의식을 강화해야 한다.

19 다음 정보기구에 대한 대통령 및 의회의 통제의 설명으로 적절하지 않은 것은?

① 정보의 통제란 정보기구에 대한 통제 주체들이 정보기구 활동목표에서 일탈하는 것을 방지하기 위해 행정수반(최고 통치권자), 국회, 언론, 시민단체에 의해 직·간접적으로 통제되는 것을 말한다.

② 의회의 정보통제에는 예산안 심의와 감사, 입법권, 기관장 인사청문회 및 공청회, 국정감사와 조사 등이 있다.

③ 대통령 등 행정부에 의한 정보기구의 통제는 의회의 정보기관 통제보다 강력하다.

④ 행정부의 정보통제에는 인사권, 조직 해체 및 축소, 행정명령 등이 있다.

20 다음 중 미국의 정보기구에 대한 설명으로 적절하지 않은 것은?

① NGA는 신호정보와 영상정보를 수집하고 정찰위성을 관리한다.

② NSA는 전 세계 공중의 모든 종류의 통신 및 전자신호 정보를 수집한다.

③ DNI는 대통령이 상원의 동의를 얻어서 직접 임명한다.

④ FBI는 대간첩 및 대테러의 임무를 수행한다.

21 다음 중 국가정보에 대한 설명으로 적절하지 않은 것은?

① 민주주의 국가에서 국가정보는 비밀성이 우선시되므로 국민들의 알 권리를 충족시켜 줄 수 있는 최소한의 내용을 공개한다.

② 권위주의 국가에서는 국가정보를 정권안보를 위한 국가통치수단으로 사용하는 경향이 있다.

③ 민주주의 국가에서는 국가정보를 국가체제의 유지와 국가안보 및 국익을 위해 사용한다.

④ 국가정보는 국익과 함께 정권의 창출에도 기여해야 한다.

22 다음 중 방첩의 일반적 의미에 대한 설명으로 옳지 않은 것은?

① 적대적 국가정보기관의 공작에 대항해 국가 및 자국의 정보관련행위를 보호하기 위한 정보의 수집, 분석 또는 이와 관련하여 수행하는 각종 공작활동을 말한다.

② 상대국의 공작원, 첩보원, 협조자를 관리하는 것은 공격적 방첩에 해당된다.

③ 국가안보와 국익에 반하는 상대국의 정보수집활동을 탐지하고, 견제·차단하기 위한 모든 대응활동이다.

④ 방첩은 단순 보안기능이 아닌 보다 광범위한 차원에서 적의 정보활동 노력을 무력화시키는 능동적 정보활동이다.

23 다음 중 국가정보의 바른 인식과 방향에 대한 설명으로 적절하지 않은 것은?

① 포괄적인 안보로서도 중요하지만 전통적 군사안보에 대한 정보활동의 지속성이 매우 중요하다.

② 국가안보 이외의 초국가적 안보 쟁점들은 나라·환경마다 다르기 때문에 국가정보의 새로운 영역으로 국가정보활동을 강화할 필요는 없다.

③ 법치주의와 민주주의 이념하에 민주적으로 기능하는 정보기구여야 한다.

④ 국가정보기구는 정권의 기구가 아닌 국가와 국민의 정보기구여야 한다.

24 다음 중 정보생산자와 정보소비자에 대한 설명으로 옳지 않은 것은?

① 전통적으로 정보사용자는 현용정보 위주의 단기정보를 정책에 반영하는 경향이 있다.

② 정보생산자는 정보를 생산하여 정보사용자가 잘 사용하도록 지원하는 데 있다.

③ 정보생산자와 정보사용자의 관계는 정책의 성공을 위하여 상호 적절한 협조 체제를 유지하는 것이 좋다.

④ 정보생산자는 모든 첩보를 수집해야 하기 때문에 정보활동을 법률로 제한해서는 안 된다.

25 다음 중 한국의 방첩기관이 아닌 것은?

① 대검찰청
② 관세청
③ 해양경찰청
④ 국방부

9급 기출복원문제 정답 및 해설

빠른 정답

01	02	03	04	05	06	07	08	09	10
②	①	③	④	④	①	①	①	①	④
11	12	13	14	15	16	17	18	19	20
①	④	②	③	④	②	③	③	③	①
21	22	23	24	25					
④	②	②	④	④					

01　정답 ②

오답분석

① 국가정보판단(NIEs)은 판단정보이다.

③ 북한정보와 국내정보는 명확히 구분된다. 북한정보는 북한의 군사동향, 정치, 경제 등 제반정보를 말하고, 국내정보는 주로 방첩정보를 말한다.

④ 국가일일정보(NID), 국방테러 정보요약(DITSUM) 등은 판단정보가 아니라 현용정보이다.

02　정답 ①

제2차 세계대전 때 연합국의 일원으로 참전했던 영어 사용국인 5개국, 즉 미국 · 영국 · 캐나다 · 호주 · 뉴질랜드 5개국은 '파이브 아이즈(Five Eyes)'라는 이름의 정보협력 체제로 단결하고 있다. 파이브 아이즈의 핵심 정보수집 프로그램은 '에셜론'이라는 감청 네트워크이다.

03　정답 ③

항공사진은 영상정보로, 기술정보 중 다른 종류의 출처정보이다.

04　정답 ④

위협의 성공 확률이 아니라 위협의 크기이다.

05　정답 ④

정보수집단계에서 정보분석관들이 정보소비자가 원하는 정보에 매달리는 현상으로, 정보실패 요인에 해당된다.

06　정답 ①

① CIA 및 제프리 리첼슨은 정보순환 5단계를 주장하고, 마크 로웬탈은 사용 및 환류를 포함한 7단계를 주장한다.

CIA의 정보순환과정
기획 및 지시 → 수집 → 처리 및 탐색 → 분석 및 생산 → 배포

07　정답 ①

미국의 정보기관은 진주만 기습으로부터 시작되어, 9 · 11 테러 등의 대외 영향을 받으며 발전되어 왔다.

08　정답 ①

스카이테일은 그리스 스파르타에서 원시적 형태의 군사적 암호통신 수단으로, 양피지나 파피루스 천 조각을 원통형 막대에 감은 후 비밀전문을 적어서 다시 푼 천 조각을 보내면 똑같은 원통형에 되감아 해독하는 장비이다.

09
정답 ①

흑색선전은 선전공작 중의 하나이다. 정치공작에는 영향공작, 지원공작, 경호지원이 있다.

10
정답 ④

E는 Ethnic이 아니라 Ego(자존감)이다.

11
정답 ①

방첩활동의 범위에는 상대국 정보기관뿐만 아니라 테러, 마약, 국제범죄, 사회혼란 및 국가를 무력화할 수 있는 각종 위협요소가 포함된다.

12
정답 ④

기술정보는 설치 이후에도 유지 보수 및 관리비가 소요되며, 매일 다량의 첩보를 수집할 수 있는 반면, 제대로 된 첩보의 분리와 해석 등에 많은 시간이 필요하다. MASINT는 신호정보가 아닌 별도의 독립된 기술정보 분야이다.

13
정답 ②

프랑스에는 군사정보부(DRM)과 국방정보보안국(DRSD)이 있다. MID는 이스라엘 아만을 말하며, 호주의 ASIS는 Australian Secret Intelligence Service를 말한다.

14
정답 ③

오답분석

㉠ · ㉡ · ㉥은 정책환경 진단 단계에서 이루어지는 국가정보의 역할이다.

15
정답 ④

정찰총국은 국방성 총참모부 예하 군 정보기관으로 2009년 당 · 정 · 군 핵심간부들을 국방위원회에 포진하면서 국방위원회에 소속되어 권력을 강화하였다.

16
정답 ②

오답분석

① · ③ · ④ 재밍, 치핑, EMP폭탄 등은 모두 하드웨어 공격수단이다.

17
정답 ③

정보분석 대상에는 공개된 사실, 허위첩보, 비밀, 미스터리가 있다.

③ 북한의 핵은 외부로 공개되기를 회피하는 비밀정보에 해당된다.

18
정답 ③

유선통신보다 무선통신이 보안에 더 취약하다.

19
정답 ③

의회의 정보통제력이 행정부의 통제력보다 더 강력하다.

20
정답 ①

NGA는 지형관련 영상정보만을 수집하며 정찰위성 관리는 NRO에서 한다.

21

정답 ④

국가정보가 정권창출에 기여할 때 완벽히 정보의 정치화 현상이 된다.

22

정답 ②

상대 첩보원의 체포 및 관리는 방어적 공작활동이다.

23

정답 ②

정보의 환경이 다변화·다양화되면서 경제, 무역, 마약, 범죄, 테러 등 새로운 영역의 정보활동이 필요하게 되었다.

24

정답 ④

정보생산자가 모든 첩보를 수집하려고 하기 때문에 정보활동을 법적으로 제한하여 개인의 신상침해나 인권침해 행위를 차단할 수 있다.

25

정답 ④

국방부 예하 국군방첩사령부는 방첩기관이나, 국방부는 방첩기관이 아니다.

15일 만점
국가정보학

PART 01

군무원 선배의 속성 과외,
핵심노트

INTRO

국가정보학을 처음 접해 보는 분들을 위해 먼저 간단히 개념을 설명하겠습니다.

정보활동이라는 것은 기본적으로 우리도 모두 하고 있습니다. 문제해결을 위해 자신이 할 행동을 판단하는 겁니다. 가령 '오늘 점심은 뭘 먹을까? 집 주변에 맛집이 4군데 있네? 그런데 아침에 국수를 먹었으니 점심에는 면 종류가 아니라 밥 종류로 먹자. 그래, 국밥으로 가자.' 아니면 '저 친구와 사귀고 싶다. 그럼 저 친구와 가까워져야 하는데 어떻게 하지? 저 친구가 밴드부에서 활동을 하는구나. 그럼 나도 밴드부에 들어서 서로 공통점을 만들어 친해져야겠다.' 혹은 '내가 승진을 하고 싶은데 승진자리는 하나뿐이고 라이벌이 한 명 있네? 나는 어떻게 해야 라이벌을 제칠 수 있을까? 라이벌보다 내가 부족한 부분을 찾아 채워 넣자.' 등이 있죠.

좀 더 자세한 예로 설명해 보겠습니다. 한동안 집값이 너무 가파르게 오르더니, 이제는 금리 상승이 심상치 않습니다. 이런 것들을 보면 과연 저는 집을 마련할 수 있을까 걱정입니다. 그래서 저는 알고 싶습니다. '내가 살 수 있는 집은 어디에 있을까?' 생각해 보니 제겐 당장 집을 살 돈이 없습니다. 그 동안 모아 놓은 1억 원이 전부입니다. 집을 사려면 청약을 통한 분양을 받는 수밖에 없어 보입니다. 그리고 저는 직장이 경기도라서 서울과 경기도 지역 분양공고가 필요합니다. 정보를 수집하기 위해 인터넷도 뒤져보고 모델하우스도 여러 군데 방문해 보고 부동산에도 가서 문의해 보았습니다. 수집하고 보니 몇 군데는 중복해서 수집된 분양정보들이 있어서 다시 정리했습니다.

분양정보를 다 정리했으니 이제 어디에 청약을 넣어야 분양받을 수 있을까 궁금해집니다. 만약 분양을 받게 되면 계약금 10%를 바로 납부해야 하니까, 제가 가진 1억 원을 고려하면 약 10억 원의 분양가까지 도전해 볼 만합니다. 그러나 9억 원이 넘어가는 집들에 대한 잔금대출 한도가 매우 줄어들어 현실적으로 복비나 이사비용 등을 감안하면 9억 원 미만의 집을 분양받는 게 좋을 것 같습니다. 게다가 경기도에서 꽤 오래 거주했기 때문에 서울보다는 경기도 쪽으로 분양을 넣어야 청약가점이 많이 붙어서 경쟁이 될 것 같습니다. 따져 보니 5군데 정도 넣을 만한 곳이 보입니다.

이런저런 고민 끝에 경기도에 분양가 9억 원 미만인 분양공고가 1군데 있어서 여기에 청약을 넣기로 결정합니다. 그런데 이 집이 입지가 좋아서 분양경쟁률이 매우 높아 보입니다. 그래서 한 명이라도 경쟁자를 줄이기 위해 인터넷에 있는 이곳 분양기사에 "이 아파트는 철근이 아니라 대나무로 시공을 했더라고요. 시공사 사장은 비서랑 바람이 났다고 하네요?"라고 허위 댓글을 달아 선전·선동을 했습니다. 경찰에 안 잡히려고 보안을 위해 우회 VPN을 이용해서 댓글을 적었지만 얼마 후 경찰에게 고소당했으니 경찰서로 오라는 전화를 받게 되었습니다.

이게 정보활동의 전부이며 국가정보활동도 이것과 똑같습니다. 어느 날 북한 김정은 위원장이 한미연합훈련을 향해 비난성명을 내면서 응징을 예고했다면, 한국 대통령은 북한이 진짜 무력도발을 할 것인지, 한다면 어떤 방식으로 할 것인지 궁금할 것입니다. 그럼 정보기관들은 북한에 대한 여러 가지 첩보들(탈북자들의 증언이나 위성

영상, 감청 내용 등)을 가지고 분석·종합해 북한이 무력도발을 할 가능성은 어느 정도이며 가장 실행 가능성이 높은 도발 방법은 무엇일지 정보를 만들어서 대통령에게 보고할 겁니다. 분석해 보니 한국 영토에 포사격을 할 것 같습니다. 대통령은 이를 막기 위해 북한 군사시설에 침투해서 포들을 전부 파괴할 것을 명령합니다. 이 작전의 보안을 위해 반드시 필요한 사람만 작전에 참가하고 그 사람들은 작전이 끝날 때까지 따로 숙소에서 지내기로 합니다. 이를 표로 만들면 다음과 같습니다.

정보활동		개인	대통령
정보 생산	정보요구	내가 살 수 있는 집은 어디에 있을까?	북한은 무력도발을 할 것인가? 한다면 어떻게 할 것인가?
	첩보수집	• 인터넷 조사 • 모델하우스 방문 • 부동산 문의를 통해 서울 및 경기도 지역 분양정보 수집	• 북한지역 위성영상 • 탈북자들의 증언 • 북한 통신감청 • 과거 도발사례
	첩보처리	수집된 분양정보 중 중복된 정보 정리	필요한 첩보와 불필요한 첩보 구분, 이용 가능하도록 첩보처리
	분석	9억 원 이상 분양 및 서울 지역 분양 제외	과거 도발 전 북한의 행동들과 지금 수집한 첩보들을 시기 장소 행동별로 나누어 유사점 분석
	종합	조건에 맞는 분양이 1군데 있으니 그곳에 청약을 넣어보자.	한국 영토에 직접 포사격 예상되니 북한 포를 파괴하자.
비밀공작		허위 댓글로 분양회사 이미지를 더럽혀 분양경쟁률 낮추기	침투 후 북한 대포 파괴
보안		남들에게 안 들키도록 우회 VPN 사용	작전 종료 시까지 필요인원 숙소 생활

정보생산, 비밀공작, 보안 이 3가지가 정보활동의 전부입니다. 우리 개인들은 매일 정보활동을 하고 있으며 정보의 요구가 어떤 수준이냐에 따라 단지 그 중요도가 달라질 뿐 모든 사람들과 모든 집단들은 어떤 식으로든 정보활동을 하고 있는 것이 사실입니다. 이러한 정보활동의 절차와 방법과 역사를 공부하는 것이 국가정보학입니다.

국가정보학은 크게 3개 파트로 나눌 수 있습니다. 첫 번째가 정보의 학문적 부분, 두 번째가 정보활동, 세 번째가 각국의 정보기관입니다.

첫 번째, 정보의 학문적 부분에는 정보의 정의, 국가정보학의 배경, 정보활동의 역사, 정보의 개념, 정보의 종류 등이 포함됩니다.

두 번째, 정보활동은 다시 두 부분으로 나눌 수 있는데 정보생산과 정보활동입니다. 정보생산에는 정보순환, 수집, 분석, 배포, 정보실패 등이 있고, 정보활동에는 비밀공작, 보안, 테러, 사이버, 산업정보 등이 있습니다. 정보생산 파트가 사실 매우 중요하고 양도 많아서 따로 분리시켜도 됩니다만 엄연히 정보생산은 정보활동 중 하나이기 때문에 개념상 정보활동의 하부요소로 포함시킨 겁니다.

세 번째, 각국의 정보기관에는 한국, 북한, 미국, 러시아, 영국, 프랑스, 독일, 이스라엘, 중국, 일본 등이 있을 겁니다. 표로 정리하면 다음과 같습니다.

구분	정보와 국가정보학	정보활동		각국의 정보기관
		정보생산	정보활동	
1	자료 · 첩보 · 정보 · 지식	정보순환	비밀공작	한국
2	정보의 질적 요건	정보요구	방첩과 보안	북한
3	정보의 효용	첩보수집	테러	미국
4	정보의 분류	분석	사이버	러시아
5	국가정보의 정의		산업정보	영국
6	국가정보활동의 종류			프랑스 · 독일 · 이스라엘
7	국가안보의 종류			중국
8	정책과 정보			각 국가별 정보기관 수사권
9	정책결정 과정 속 정보의 역할			
10	정책결정자와 정보생산자의 고민과 갈등			

여기서부터 각 칸에 있는 내용들을 우리들의 머릿속에 하나씩 채워나가면 됩니다. 한 칸씩 반드시 알아야 할 것들을 함께 살펴봅시다.

정보와 국가정보학

01 자료·첩보·정보·지식

국가정보학에서는 자료, 첩보, 정보, 지식이 의미하는 바가 모두 다른데, 일반적으로 지식 > 정보 > 첩보 > 자료 순으로 가치가 매겨집니다. 처음 공부를 시작하는 분들은 이 개념을 확실히 이해하고 넘어가는 것이 큰 도움이 될 것입니다.

자료

단순한 자료들이나 데이터들로, 아직 아무 의미가 없습니다. 예 수많은 분양정보

첩보

특정 목적을 위해 수집한 자료들이나 데이터들입니다. 예 서울 및 경기도 지역 분양정보

정보

첩보를 분석·평가하여 얻은 특정상황에 대한 판단입니다. 예 분양가가 9억 원 미만인 경기도 지역 청약

지식

정보가 모여 일반화된 상식이나 법칙입니다. 예 청약의 어려움에 대한 일반화된 생각

02 정보의 질적 요건

적시성

이미 지나간 일은 알려줘도 아무 소용이 없습니다. 모든 정보는 필요한 시기에 제공되어야 가치를 갖는데 이를 적시성이라고 합니다. 정보분석 업무를 해 본 사람으로서, '엄청난 분석으로 통찰력이 뛰어나지만 적시성이 떨어진 정보 vs 분석이 엉망이지만 적시성이 있는 정보' 둘 중 하나를 고르라면 생각할 것도 없이 후자입니다.

적합성

정보가 정책결정자의 요구, 정책목적에 맞게 만들어져야 한다는 겁니다. 가령 정책결정자는 북한에 대해 알고 싶은데 중국에 대해 분석했다면 적합성이 없는 정보가 되는 겁니다. 적합성이 떨어지면 사람이 우스워 진다는 것이 이러한 이유 때문입니다.

정확성

정보의 근거들이나 첩보들이 사실이라면 정확성이 확보된 것이고 거짓이라면 정확성이 떨어진다고 보면 됩니다. 어떤 정보를 만들었는데 그 근거들이 거짓이라면 아무도 그 정보를 안 믿을 겁니다. 정확성이 떨어지는 정보는 그만큼 검증을 안 했다는 뜻이므로 분석업무의 기본적 자질에 의심을 받을 수 있는 상황이 올 수도 있습니다.

객관성

첩보와 근거들을 통해 분석하고 판단할 때 정보분석과 아무 상관없는 분석관의 개인적 입장이나 정치적 견해 등 주관적인 견해가 들어가면 객관성이 사라지는 겁니다. 가령 북한 공산당을 매우 좋아하는 분석관이 북한의 무력도발 여부에 대해 분석할 때 북한에게 부정적인 정보를 생산하기 싫어서 모든 첩보가 무력도발 가능성이 높다고 분석됨에도 불구하고 북한은 무력도발을 하지 않을 것이라고 정보를 만들어 냈다면 완전히 객관성이 결여되었다고 볼 수 있는 겁니다. 객관성은 사실 정보의 질적 요건일 뿐만 아니라 분석관의 질적 요건이라고도 볼 수 있는 것이 이러한 이유 때문입니다.

03 정보의 효용

형식적 효용

정보보고서가 정책결정자가 원하는 형식이 아닐 경우 효용이 떨어집니다. 가령 바빠서 시간이 부족한 정책 결정자에게 A4용지 1장짜리 요약보고서가 아닌 PPT 100장짜리 상세보고서를 올리면 읽지 않을 겁니다.

시간적 효용

이건 질적 요소의 '적시성'과 같은 말입니다.

통제효용

아무리 뛰어난 정보라도 반드시 필요한 사람들에게만 이용될 수 있도록 정보가 통제되어야 합니다. 곧 보안이 반드시 지켜져야 한다는 말과 같습니다.

접근효용

통제효용과 반대로 정보를 이용함에 있어서 정보에 쉽게 접근할 수 있도록 해야 된다는 말입니다. 보안을 강화한다고 정보접근의 절차가 지나치게 복잡하면 오히려 방해가 된다는 겁니다. 사실 통제효용과 접근효용은 반비례입니다. 따라서 이 둘의 적절한 균형을 찾아서 정보를 유통시키는 것이 매우 어렵지만 중요한 일입니다.

소유효용

정보는 많을수록 좋다는 뜻입니다. 가장 쉽게 이해할 수 있는 정보의 효용입니다.

04 정보의 분류

시계열적 분류

정보를 시간에 따라 분류한 방법입니다. 크게 2명의 학자들이 분류하였습니다.

- **셔먼 켄트의 3 분류법:** 첫 번째는 셔먼 켄트가 분류한 기본정보, 현용정보, 판단정보의 3가지 분류법입니다. 과거에서부터 내려온 정보들, 즉 역사, 지리, 인구, 자연, 사회구조 등에 대한 정보를 기본정보(Basic Description)라고 합니다. 지금 현재 일어나는 정보, 즉 각종 사건, 사고, 경보 등을 현용정보(Current Reportorial)라고 합니다. 마지막으로 미래에 일어날 일들을 미리 예측해서 만든 정보를 판단정보(Speculative Estimative)라고 합니다. 이 분류법은 매우 중요한 분류법이니 반드시 외워두시기 바랍니다.
- **케빈 스택의 4 분류법:** 셔먼 켄트 말고도 케빈 스택이라는 분도 시계열 분류를 이야기하였습니다. 셔먼 켄트의 분류법과 거의 비슷합니다. 정보를 기본정보, 현용정보, 전략경보, 예측정보로 나눴는데, 기본정보와 현용정보는 셔먼 켄트의 개념과 같습니다. 전략경보는 현용정보 중에서도 매우 시급한 사안에 대한 경보이며, 예측정보는 셔먼 켄트의 판단정보와 같다고 보시면 됩니다. 참고로 케빈 스택은 사막의 폭풍 작전 때 미군 정보장교로도 활약하였고, 미국 합동군사정보 대학교에서도 일했던 인물입니다.

사용자 수준 분류

국가정보와 국가부문정보로 분류한 방법입니다. 대통령이나 장관 등 고위직 정책결정자들을 위해 혹은 국가 전체에 영향을 끼치는 정책을 위해 만들어진 정보를 국가정보라고 하며, 각 부서 내부에서 사용하기 위해 만드는 정보를 국가부문정보라고 합니다. 사실 정책결정자들은 시간이 그리 많지 않기 때문에 주로 핵심적인 정보만 받아 봅니다. 국가정보는 만드는 기관도 많지 않고 생산도 그리 많이 되지는 않습니다. 하지만 국가정보 하나가 만들어지려면 수많은 정보들이 배경이 되어 논리가 뒷받침되어야 하기 때문에 질 좋은 국가부문정보들이 충분히 많이 만들어지지 않는다면 국가정보 역시 제대로 만들어질 수 없습니다.

정보요소 분류

제프리 리첼슨이라는 텍사스 대학교 교수를 지냈던 학자가 만든 분류입니다. 정보의 내용에 따라 나눈 분류법으로 정치정보, 경제정보, 군사정보, 사회정보, 과학기술정보 등 5가지로 분류하였습니다.

국방정보 수준에 따른 분류

크게는 전략정보와 전술정보로 나눌 수 있습니다. 전략은 목표이며 전술은 방법이라고 생각하시면 됩니다.
- **전략정보**: 정책의 목적을 위한 정보로 상대의 군사력, 지리, 인구, 정치, 경제, 사회 등 국가 전체에 대한 정보입니다.
- **전술정보**: 그 목적을 달성하기 위한 방법, 즉 전투에서 이기기 위한 정보입니다. 전투서열(OB; Order of Battle), 즉 상대 군사 배치·구조·규모 등에 대한 정보나 군사능력정보로, 전비태세, 현대화 정도, 작전지속능력 등이 있습니다. 더 자세히 이야기하자면, 작전정보와 전투정보도 있는데 이는 뒤에 모의고사를 통해 설명하겠습니다.

---

05 **국가정보의 정의**

셔먼 켄트

예일 대학교 역사학 교수였으며 냉전 시기 CIA에서 수많은 분석기법을 만들어낸 정보분석의 아버지라고 불리는 인물입니다. "정보는 지식이고 조직이고 활동이다." 저는 이게 무슨 의미인지 잘 모르고 외우기만 했었는데 더글라스 더스의 『Strategic Intelligence: Theory and Application』에 보면 자세하게 설명이 되어 있습니다. 첫째, 지식이 뜻하는 바는 정보가 지적으로 반드시 엄격하고 광범위한 접근방식으로 만들어져야 한다는 것입니다. 둘째, 조직은 살아있는 사람들로 이루어진 물리적 조직이며 이 조직은 기능적으로 조직화되어야 한다는 뜻입니다. 또한 앞서 공부했던 기본정보, 현용정보, 예측정보들이 만들어질 수 있도록 조직이 기능적으로 작동해야 한다는 말입니다. 셋째, 셔먼 켄트는 활동은 연구과정(Research Process)에 대한 이야기이며, 정보생산자는 연구과정을 통해 색다른 시각과 통찰력을 향상하게 될 거라고 말합니다. 따라서 셔먼 켄트의 정보는 그저 지식으로서의 정보뿐 아니라 정보기관이 어떻게 조직되어야 하며 정보생산자는 어떤 자세를 가져야 하는지에 대해서도 이야기한 것입니다.

마크 로웬탈

존스 홉킨스 대학 부교수를 지냈으며, INR, CIA, NIC 등 미국의 주요 정보기관에서 일했던 정보전문가입니다. 특히 그의 책 중 『정보: 비밀부터 정책까지』는 대학 표준교재로 쓰이고 있습니다. "모든 정보는 첩보이지만 모든 첩보가 반드시 정보가 되는 것은 아니다.", "정보는 정책결정자의 요구를 위한 지식이며 이를 위해 수집, 가공된 것이다." 등과 같은 말로 유명합니다.

아브람 슐스키

그는 미국 최고의 싱크탱크 단체 중 하나인 랜드연구소에서 일했으며, 특히 이라크 전쟁 당시 국방부 내 특별계획부서(OSP; Office of Special Plan)에서 일하면서 이라크에 대량 살상무기가 있다는 잘못된 정보를 유통시킨 인물 중 한 명입니다. 신보수주의자라고 평가받는 슐스키는 "정보는 국가안보 이익을 높이고 실제적 혹은 잠재적 위협을 대비하기 위한 정부 정책입안 및 집행에 대한 지식이다."라는 말로 유명합니다.

제프리 리첼슨

텍사스 대학교 교수로 미국의 정보자유법(FOIA; Freedom of Information Act)을 근거로 미국 정보기관들에게 무지막지한 정보공개를 요구했던 인물로 유명합니다. 이에 미국 정보기관들에게 기피인물로 찍혔었는데 말년에는 좀 풀려서 CIA에서 주관하는 행사에 초청받기도 했다고 합니다. "정보는 상대에게서 얻을 수 있는 첩보를 수집, 처리, 종합, 평가, 해석해서 나온 결과이다."라는 말로 유명합니다.

제니퍼 심즈

그녀는 미 국무부에서 첩보출처와 계획의 책임자로 일하고 있으며 국무부 부차관보와 미 상원정보위원회에서도 활동한 바 있습니다. "정보는 정책결정자를 위해 수집, 조직, 분석된 지식이다."라는 말로 유명합니다.

카를 폰 클라우제비츠

프로이센 왕국의 군인이자 군사학자로, 나폴레옹과 주로 전투를 하였으며 포로로 잡히기도 했고, 훗날 프로이센 사관학교장도 역임하였습니다. "정보는 적과 적국에 관련된 모든 지식이다."라는 말로 유명합니다.

마이클 허만

영국의 GCHQ에서 정보관리자로 활동했으며, 옥스포드 정보 그룹의 창시자입니다. "첩보는 추론되고 평가된 지식이다."라는 말로 유명합니다.

마이클 워너

미국 사이버 사령부에서 군사학자로 근무했으며 CIA와 ODNI에서 근무했던 정보전문가입니다. "정보는 적대세력의 영향을 줄이거나 거기에 영향을 끼치는 비밀스러운 일이다."라는 말로 유명합니다.

앞서 말씀드린 바와 같이 국가정보활동은 크게 3가지로 분류할 수 있습니다.

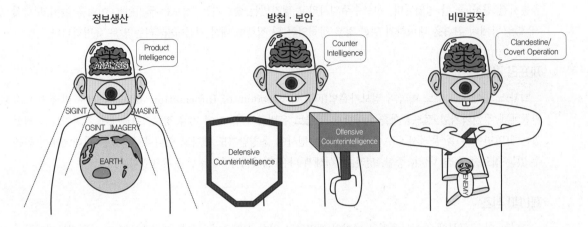

정보생산

정책결정자나 부서 내부의 요구에 따라 첩보를 수집해서 분석하고 평가하여 가치 있는 정보를 생산해내는 활동입니다. 사실 정보활동의 대부분이 바로 이 정보생산이며, 그중에서도 바로 첩보수집에 대부분의 예산과 인력을 투입하고 있는 것이 사실입니다.

방첩과 보안

정보업무를 하다 보면 보안에 대한 생각이 많이 달라집니다. 저 또한 정보업무를 하기 전에는 복잡하고 귀찮은 보안절차를 단지 쓸 데 없는 행정력 낭비라고 생각했습니다. 하지만 만약 중요한 정보가 외부로 빠져나가서 우리에게 해를 입히고자 하는 세력들에게 넘어간다면, 우리의 목숨은 사실상 그 세력에게 맡겨진 것이나 다름없습니다. 또한 역사적으로도 패배한 전쟁과 실패한 군사작전, 비밀공작들의 실패 이유를 따지고 보면, 가장 큰 원인 중 하나가 바로 이 보안 실패입니다.

따라서 복잡하고 귀찮은 보안절차는 정보가 새어나가는 것을 막기 위해 의도적으로 만든 방첩정책인 것입니다. 내부와 외부의 간첩을 막고, 우리도 스스로 모르는 사이 새나갈 수 있는 정보를 차단하여 보안을 확립시키는 것이 정보활동의 가장 기본 중의 기본입니다.

이런 방첩활동은 2가지로 나눌 수 있는데 능동적인 방첩과 수동적인 방첩입니다. 이에 관해서는 뒤에 자세히 설명하겠습니다.

비밀공작

비밀리에 상대에게 영향을 끼쳐 국가전략을 달성시키려는 활동입니다. 기본적으로 상대에게 영향을 끼쳐야 하기 때문에 활동 대부분이 비밀리에 이루어집니다. 그래서 비밀공작이라고 하는 겁니다. 이러한 공작에는 선전·선동공작, 정치공작, 경제공작, 정부전복공작, 준군사공작 등이 있습니다. 이것 또한 뒤에서 자세히 설명해 드리겠습니다.

07 국가정보의 종류

국가안보에는 크게 군사안보, 경제안보, 사회안보, 생태안보, 사이버안보 등이 있습니다. 여기서 알아두셔야 하는 게 환경, 기후, 재난에 관한 안보는 생태안보에 해당합니다. 나머지는 단어 뜻 그대로입니다.

08 정책과 정보

정보는 정책을 추진하기 위해 필수적인 부분입니다. 정보 없이 정책을 펼치는 것은 손전등 없이 어둠 속을 걸어가는 것과 같은 일입니다. 반대로, 어둠이 없으면 손전등이 필요하지 않는 것처럼 정책 없이는 정보도 필요가 없습니다. 그럼 정책과 정보는 어떻게 서로 영향을 끼치고 각자 어떤 영향을 주고받는지 알아봅시다.

전통주의

정보의 독립성을 강조하는 입장입니다. 쉽게 말해 대통령과 정보기관이 너무 가까워지면 정보기관에서 대통령이 듣기 좋은 것만 정보로 생산할 수 있으니 거리를 두라는 겁니다. 대표적으로 셔먼 켄트의 "정보는 정책결정을 위해 필요한 만큼만 밀접해야 하며 독립성을 위해 충분한 거리를 필요로 한다."라는 입장과 마크 로웬탈의 "정보는 정책에 의존하지만 정책은 정보 없이 존재 가능하다."라는 입장이 있습니다.

행동주의

전통주의와 반대로 정보는 정책결정자의 관심사항과 필요를 민감하게 파악하여 의미가 있는 정보를 생산해야 하며, 정책결정자는 정보소비만 할 것이 아니라 피드백을 통한 서로 간의 커뮤니케이션을 강조합니다. 이는 1950년대 CIA의 역할이 너무 현용정보에만 매몰되어 정책결정자에게 생각보다 큰 도움이 되지 못하여 생긴 반발입니다. 대표적인 학자로 로저 힐스만이 있습니다.

현재 대부분의 나라들이 행동주의 경향으로 활동하고 있습니다. 하지만 정책결정자가 미처 보지 못한 것들에 대해서 정보가 알려주어야 하는데, 정책결정자의 관심 이슈와 호불호에 따라 판단하고 정보생산을 한다면 문제가 생길 겁니다. 그래서 개인적으로 전통주의와 행동주의 중 무엇이 옳은지, 혹은 무엇이 대세인지 따지기보다 생산하려는 정보의 종류를 선택하는 중간관리자가 얼마나 정보의 가치를 잘 파악하는지가 더 중요하다고 생각합니다.

09 정책결정 과정 속 정보의 역할

정보는 확실한 것이 없습니다. 수집한 첩보들도 완벽할 수 없으며 분석관의 분석능력도 만능이 아닐 겁니다. 따라서 항상 정보는 주어진 첩보와 분석능력을 통해 만들어진 가장 그럴듯한 예상과 판단을 내놓습니다. 그리고 그 예상과 판단은 정책결정 모든 분야에서 다 쓰일 수 있습니다.

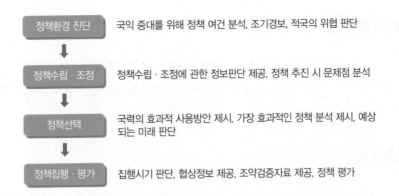

정책환경 진단 → 국익 증대를 위해 정책 여건 분석, 조기경보, 적국의 위협 판단

정책수립·조정 → 정책수립·조정에 관한 정보판단 제공, 정책 추진 시 문제점 분석

정책선택 → 국력의 효과적 사용방안 제시, 가장 효과적인 정책 분석 제시, 예상되는 미래 판단

정책집행·평가 → 집행시기 판단, 협상정보 제공, 조약검증자료 제공, 정책 평가

정책환경 진단

먼저 정책을 추진할 현재 상황을 살펴봐야 합니다. 정책결정자는 지금 무엇이 문제인지, 시기가 정책을 펼치기에 좋을지 안 좋을지 알고 싶어 할 겁니다. 정책결정자는 되도록 많은 조언과 정보를 원할 것이고 정보기관에서는 "수집된 첩보에 의하면 지금 국가가 당면한 문제는 이러이러하고요, 따라서 빨리 해결하는 것이 좋겠습니다."라고 할 겁니다.

정책수립·조정

정책수립·조정에서도 정책결정자는 어떻게 정책을 만들지 정보를 원할 것이고, 정보기관에서는 "여러 정황을 보건대, 이러이러한 정책을 만드는 것이 좋을 것 같습니다."라고 정보를 줄 겁니다.

정책선택

마찬가지로 정책선택에서도 정책결정자는 어떤 정책이 좋을지 궁금할 것이고 정보기관은 "이러이러한 정책들이 이러이러한 이유로 괜찮아 보입니다."라고 할 겁니다.

정책집행·평가

정책을 집행하고 나서 당연히 이게 잘 됐는지 잘못 됐는지 파악을 할 것이며 정보기관은 "이번에 추진했던 정책이 이러이러해서 효과가 이 정도 있어 보입니다."라고 할 겁니다.

여기까지 읽으셨으면 눈치를 채신 분도 계실 겁니다. 정보는 심하게 비약해서 말하면, 거짓말로 살아 나갑니다. 즉, 정보는 '수집된 첩보를 바탕으로, 객관적인 분석을 통해, 가장 가능성이 높은 예상을 판단'해 나가는 겁니다. 정책결정자 입장에서 정보기관이 하는 말이 마음에 안 들 수도 있습니다. 그리고 기본적으로 정보는 그저 예상일 뿐이니, 그 불확실성 때문에 짜증이 날 수 있습니다. 하지만 이런 정보라도 있어야 판단에 기준이 생기니 정책결정자들도 정보기관이 하는 말을 일단 경청할 수밖에 없습니다. 정보기관의 입장에서도 분석이나 예상이 계속 틀리면 본인들의 입지가 점점 줄어들고 정책결정자가 불신하는 정보기관으로 전락해 버릴 수 있으므로 이 악물고 정보를 제대로 생산하려고 하는 겁니다. 불확실하지만 근거가 있어서 그럴듯한 말에 정책결정자나 정보기관이 각자 사활을 걸고 있는 것이 정책과정의 연속이 아닐까 생각합니다.

10 정책결정자와 정보생산자의 고민과 갈등

정책결정자의 고민과 갈등

- **시간의 제약**: 대통령이나 장관이나 정책결정자들은 바쁩니다. 하루 종일 온갖 스케줄로 눈코 뜰 사이가 없을 정도로 바쁘게 시간이 지나갑니다. 그러다 정책결정자를 붙잡고 누군가 구구절절한 사연이나 자세하고 복잡한 이야기를 하고 있으면 정책결정자는 머리가 아파오고 점점 조급함을 느끼게 됩니다. 당연히 정보보고서도 읽을 시간이 그리 많지 않습니다. 그래서 만들어진 것들이 '일일 정보요약' 같은 요약보고입니다. *요약이 너무 심해서 무슨 소린지 알 수가 없는 경우도 가끔 있다는 소문이 있습니다.*
- **주관적 선호도**: 정책결정자는 대부분 선출직 공무원이라서 공약에 따라 정책의 방향이 정해집니다. 정책결정자는 당연히 자신이 생각하는 정책의 방향에 따라 정보기관에서 정보를 내놓기를 바라지만, 그렇지 않은 정보를 보면 머리가 아픕니다. 그러다 보니 정보기관에서 만든 정보의 내용이 자신이 생각하는 정책 방향과 다르면 일부러 무시하거나 심한 경우 화내면서 다시 써오라고 할 때도 있습니다.
- **정보의 불확실성 증가**: 정책 환경이 너무 복잡해지거나 정세가 급변하면 정책결정자의 머릿속도 매우 혼란스러워집니다. 그런데 정보기관에서 이러한 변화에 따라가지 못하고 기존의 정보를 재탕하거나 판단을 내리기 어려워서 애매한 결론을 내리는 등 어떤 방식으로든 정책결정자에게 더욱 혼란을 주는 정보를 생산할 수 있습니다. 역시 이럴 경우 정책결정자는 정보를 믿지 않게 될 겁니다.

정보생산자의 고민과 갈등

- **경쟁**: 요즘 이슈가 되는 사건에 대해 정보보고서를 만들었는데, 다른 부서에서도 만들었다고 가정해 봅시다. 거기에 신문, 방송에서도 이슈에 대해 심층적으로 분석, 보도하고 있습니다. 우리 부서의 정보보고서가 정책결정자의 관심을 끌기 위해서 어떻게 해야 할지 막막합니다.
- **보고서 형식의 적합성**: 어떤 정책결정자들은 아는 것이 많아서 기존의 정보보고서 양식으로 보고를 하면 정책결정자가 아는 내용을 다시 설명하는 부분이 생기기 때문에 새롭게 보고서 양식을 만들어야 합니다. 그런데 정책결정자가 정확하게 어느 부분까지 알고 어느 부분을 모르는지 도통 알 수가 없어서 양식을 만들기가 막막합니다. 이럴 때는 지인들에게 귀띔으로 알아내서 만들어 보든가, 내가 만든 양식이 수정당할 것을 *(심하면 내가 무능하다는 평가를 받는 것도)* 각오하든가 선택해야 합니다.
- **적시성**: 이건 앞에서 어느 정도 설명했으니 이해하셨을 겁니다. 시기를 놓친 정보는 심하게 표현하자면 그냥 휴지라고 보면 됩니다. 그러나 시기를 맞추면서 양질의 정보를 생산해야 하는 상황이 막막해지는 것도 사실입니다.
- **판단의 불명확성**: 정보기관에서 매번 명확한 판단을 내릴 수는 없습니다. 당연히 애매모호하고 불명확한 판단을 정보랍시고 내놓는 경우도 있습니다. 이와 같은 경우 정보생산자들도 본인들이 애매모호하고 불명확한 판단을 했다는 사실을 알면서도 첩보의 부족이나 분석의 한계, 기타 이유 등으로 어쩔 수 없이 그대로 보고를 하는 경우가 있습니다.
- **편견**: 분석관의 성장과정, 종교적 신념, 정치적 신념, 교육배경 등으로 판단에 주관적 쏠림 현상이 생길 수 있습니다. 이 또한 정보생산자에게 고민과 갈등이 될 수 있습니다.

03

정보생산

01 정보순환

앞서 말씀드린 것처럼 정보는 반드시 누군가의 필요에 의해 만들어집니다. 그리고 그 필요에 따라 첩보를 수집하고 수집된 첩보를 처리, 분석, 평가해서 생산합니다. 생산된 정보는 필요한 사람에게 전달돼서 소비되고, 다시 필요를 낳게 되며, 계속 첩보수집 - 처리 - 분석 - 평가 - 생산 - 소비라는 하나의 순환 과정이 이루어집니다. 이 순환 과정을 여러 학자들과 기관들이 설명했는데, 대표적인 것들을 알아봅시다.

CIA

> 계획과 지시 → 첩보수집 → 첩보처리와 개발 → 분석과 정보생산 → 정보배포

기본이 되는 과정입니다. 반드시 알아 두시기 바랍니다.

마크 로웬탈

> 정보요구 → 첩보수집 → 첩보처리와 개발 → 분석과 정보생산 → 정보배포와 소비 → 환류

마크는 환류, 즉 정보소비 이후 정책결정자의 여러 가지 의견과 요구들(이러한 부분은 큰 도움이 되었다든지, 보고서 양식은 이렇게 바꿨으면 좋겠다든지, 이러이러한 내용이 더 추가됐으면 좋겠다든지 등)을 다시 정보생산자에게 피드백하여 더 나은 정보를 생산할 수 있는 시스템을 강조했습니다.

버르코위즈, 굿맨

> 정보요구 → 수집목표와 임무설정 → 첩보수집 → 분석 → 생산된 정보의 배포

버르코위즈와 굿맨은 첩보수집이 첩보생산 활동 중 가장 어렵고 힘든 만큼 첩보수집 전 첩보수집 계획을 강조하는 이론을 주장했습니다. 참고로 브루스 버르코위즈는 미 국방부에서 여러 직책을 역임했던 인물이고, 앨런 굿맨은 작가와 교수로 활약하다가 카터 정부 시절 대통령 일일 브리핑 책임자로 일했으며 지금은 IIE라는 비영리교육단체 이사장으로 활동 중입니다.

정보요구는 3가지 방향에서 다가옵니다. 첫째, 대통령이나 장관 같은 정책결정자의 요구로 위에서부터 내려오는 요구가 있습니다. 둘째, 다른 기관이나 부처의 요구로 수평적으로 오는 경우가 있습니다. 마지막으로, 기관이나 부서의 요구로 내부에서 나오는 경우가 있습니다.

사실 모든 정보요구를 만족시킨다는 것은 불가능합니다. 물론 인간이니까 하는 일이 완벽할 수 없다는 운명적인 요인도 있지만, 현실적인 이유는 돈, 인력, 장비, 시간 등의 자원이 한정되어 있기 때문입니다. 생각해 보면 상대의 모든 것을 다 안다면 군이 정보생산을 할 필요가 없을 겁니다. 상대에 대해 모르기 때문에 첩보를 수집하여 그나마 알게 된 부분을 근거로 치열하게 정보생산을 하는 겁니다. 분석이 어려운 이유 중 가장 큰 이유가 첩보의 부족이지만, 반대로 첩보가 부족하니 정보 존재의 의의가 생긴다는 것이 아이러니한 사실입니다.

그렇다고 자원이 한정되어 있으니 아무거나 계획도 없이 첩보를 수집할 수는 없을 겁니다. 당연히 중요하고 시급하고 위험한 목표부터 첩보수집을 할 겁니다. 이것이 우선순위라는 것이고 우선순위에서 후순위로 밀리면 첩보수집 자체를 못 하게 되는 경우도 허다합니다.

중요하고 시급하고 위험한 목표들이 무엇이 있으며 어떤 것부터 첩보수집을 해야 할지 1년 단위로 작성을 합니다. 이를 국가정보목표 우선순위(PNIO; Priority of National Intelligence Objectivity)라고 합니다. PNIO는 정보활동의 기본 방향을 정해주는 기준 중에 하나입니다.

이 PNIO를 보고 각 정보기관들이 각자 어떤 첩보를 어떻게 수집해야 할지 정합니다. 이를 첩보기본요소(EEI; Essential Elements for Information)라고 합니다.

그런데 이 PNIO와 EEI를 만들어서 계획대로 첩보수집을 한다고 하더라도 예상하지 못한 사건·사고가 생기거나 PNIO와 EEI에 들어 있지 않은 정보나 첩보가 필요한 경우도 생길 겁니다. 그럴 때 기타정보요구(OIR; Other Intelligence Requirement)를 할 수 있으며 특히 갑자기 어떤 사건이 발생하거나 빠른 정책집행이 필요할 때 특별첩보요구(SRI; Special Requirement for Information)를 할 수 있습니다. OIR에서 'I'는 Intelligence로 정보이며, SRI에서 'I'는 Information으로 첩보입니다. 이 차이를 생각해 본다면 OIR이 생기면 SRI도 생긴다고 생각해 볼 수 있습니다.

이렇게 어떤 정보를 우선적으로 요구할 것인가? 그에 따라 무슨 첩보를 빨리 수집할 것인가? 이 두 가지 의문에서부터 정보생산의 시작점과 방향이 정해진다고 보면 됩니다. 그러다 보니 정보요구자의 권력과 영향력에 의해 우선순위가 정해지기도 하는데, 이를 '선취권 잠식(Priority Creep)'이라고 합니다. 선취권 잠식은 사실 있어서는 안 되는 현상이며 이것이 횡행하게 되면 정보활동 전체가 엉망이 될 수 있습니다.

그런데 급박한 상황이 터지거나 정책결정자의 요구에 의해 정보요구 우선순위가 바뀌는 경우가 있습니다. 이를 '임시 특별권(AdHoc)'이라고 합니다. 임시 특별권은 잘 사용한다면 정보활동을 매우 효과적으로 이뤄질 수 있게 만들지만 역시나 사람이 문제라고 자기 마음대로 임시 특별권을 남용한다면 선취권 잠식과 같은 결과를 낳게 됩니다. 참고로 AdHoc은 라틴어로 '특별한 목적을 위해서'라는 의미로 풀이됩니다.

드디어 정보활동 중 가장 큰 예산과 인력이 들어가는 부분인 첩보수집입니다. 아무리 분석을 잘해도 첩보의 양과 질이 엉망이면 정보 또한 질이 낮아질 수밖에 없습니다. 그렇다면 첩보수집에는 무엇이 있고 첩보수집은 어떻게 이뤄지는지 살펴봅시다.

구분				출처 및 종류
HUMINT				공작관, 공작원, 협조자, 포로, 외교관, 비정부기구, 군사접촉, 정찰
비밀첩보 수집	TECHINT	GEOINT	Imagery	• 플랫폼: 위성, 비행기, 지상장비, 해상장비 • 센서: EO, RADAR
			IMINT	Imagery를 분석한 정보
			Geospatial Information	해당 영상에 포함되는 다 출처 데이터
		MASINT		핵, 화학, 생물학, 전자기, 빛, 소리, 진동
		SIGINT	COMINT	목소리, 문자, 디지털신호
			ELINT	통신 이외의 목적으로 나오는 전자기 통신, 미사일이나 비행기 등에서 나오는 데이터
			TELINT (FISINT)	해외에서 나오는 신호를 원격 측정한 정보
공개첩보 수집	OSINT			미디어, 인터넷, 정부 제공 자료, 논문, 학술지, 회색문헌

표 용어 해석

- TECHINT(테킨트): 기술정보, Technical Intelligence
- GEOINT(지오인트): 지리공간정보, Geospatial Intelligence
- Imegery(이미저리): 영상
- IMINT(이민트): 영상정보, Imegery Intelligence
- Geospatial Information: 지리공간첩보
- HUMINT(휴민트): 인간정보, Human Intelligence
- MASINT(매신트): 측정 및 특징 정보, Measurement and signature intelligence
- SIGINT(시진트): 신호정보, Signals Intelligence
- COMINT(코민트): 정보통신정보, Communications Intelligence
- ELINT(엘린트): 전자기정보, Electronic Intelligence
- TELINT(텔린트): 해외원격측정신호정보, Foreign Telemetry Signals Intelligence
- FISINT(피신트): 해외기기신호정보, Foreign Instrumentation Signals Intelligence
- OSINT(오신트): 공개출처정보, Open-Source Intelligence

다들 아시다시피 '첩보(Information)'와 '정보(Intelligence)'는 다르게 구분됩니다. 위에 적혀 있는 모든 종류의 정보(-INT)들은 수집단계에서의 첩보(Information)가 분석·평가를 통하여 특별한 의미를 가지게 된, 정보(Intelligence)가 되는 정보수집 활동을 뜻한다고 보시면 됩니다.

또한 모든 첩보는 비밀출처와 공개출처로 나뉩니다. 비밀출처는 말 그대로 밝힐 수 없는 곳에서 가져온 첩보이며, 공개출처는 공개되어 있는 곳에서 가져온 첩보입니다.

GEOINT(지오인트, Geospatial Intelligence)

먼저 GEOINT는 미국의 NGA에서 만든 개념으로, 예전에는 영상을 분석해서 만든 IMINT라는 개념만 있었습니다. 하지만 이제는 IMINT를 포함하여 다양한 첩보들이 Imagery와 융합하여 우리에게 더욱 새로운 의미와 판단을 이끌어 줄 수 있는 정보로 만들어지는 것을 말합니다.

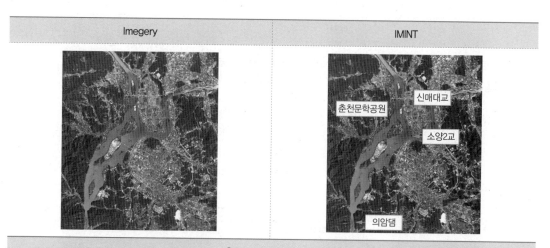

| Imegery | IMINT |

Geospatial Information

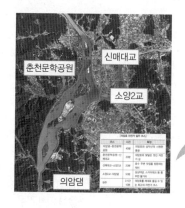

[의암호 자전거 일주 코스]

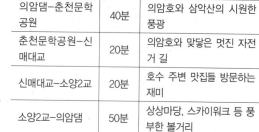

코스	시간	특징
의암댐-춘천문학공원	40분	의암호와 삼악산의 시원한 풍광
춘천문학공원-신매대교	20분	의암호와 맞닿은 멋진 자전거 길
신매대교-소양2교	20분	호수 주변 맛집들 방문하는 재미
소양2교-의암댐	50분	상상마당, 스카이워크 등 풍부한 볼거리
완주	2시간 10분	의암호를 제대로 즐길 수 있는 최고의 자전거 코스

GEOINT는 Imegery, IMINT, Geospatial Information 등 3가지 요소가 계층화 되어서 만들어집니다. 위 이미지로 설명하겠습니다. Imegery는 말 그대로 영상인데, 이거 하나만으로는 우리에게 정보나 의미를

제공해 주기 어렵습니다. 하지만 IMINT로 처리하게 되면 영상 속에 지형지물에 대한 설명이 들어가게 되고, 춘천지역의 위성영상임을 알 수 있게 됩니다. 거기에 Geospatial Information까지 더해지면 더 자세하고 의미 있는 정보가 됩니다. 위 예시 이미지를 보면, Geospatial Information 덕분에 자전거 도로 위치와 구간별 시간, 특징이 합쳐지면서 춘천 지역 의암호 주변의 자전거 여행에 대한 정보를 한눈에 알 수 있게 되었습니다.

GEOINT는 다른 영역과 끊임없이 융합되어야만 살아남는 현대 사회의 모습이 정보에서도 나타나고 있다는 것을 잘 보여주는 개념입니다. 저는 한국군과 미군이 함께 추진하고 있는 표적개발을 하면서 GEOINT라는 개념을 알게 되었습니다. 그 뒤로 생각해 보니 네이버나 다음, 티맵, 디스코 같은 지도 사이트에서 영상과 각종 정보들을 계층화하여 제공하는 시각 서비스들이 전부 GEOINT였던 겁니다.

- Imegery: 우리 생활 속에 깊게 뿌리내린 이 GEOINT를 이루는 3가지 요소 중 Imegery는 플랫폼과 센서로 종류를 구별할 수 있습니다. 플랫폼은 운송수단을 뜻하며, 센서는 데이터 수집 종류입니다.

[플랫폼]

형태	예시	장점	단점
정부위성	Corona, Sputnik, LANDSAT	• 지구 전 지역 접근 가능 • 사용자에게 비용 미청구	• 제한된 수집 기회 • 지속적 감시 제한 • 우선순위에 따른 기관 경쟁
민간위성	Geoeye-2, Worldview-3	• 쉽게 획득 가능 • 우선순위 경쟁 없음	• 느린 생산물 획득 • 일반적으로 영상만 제공
고고도 유인항공기	U-2 Dragon Lady	• 빠른 재임무 수행 • 다양한 센서 장착	• 동급 무인기보다 낮은 지속성 • 적대적 영공에서 제한된 첩보수집
고고도 무인항공기	RQ-4 Global hawk, MQ-4 Triton	• 매우 긴 지속성 • 빠른 재임무 수행	• 적대적 영공에서 제한된 첩보수집
중고도 유인항공기	P-3	• 적당한 지속성 • 다양한 센서 장착	• 적대적 영공에서 매우 제한된 첩보 수집
중고도 무인항공기	MQ-1 Predator, MQ-9 Reeper, MQ-5 Hunter, MQ-1C Grey Eagle	• 긴 지속성 • 빠른 재임무 수행	• 좁은 정찰센서구역 • 적대적 영공 및 A2AD환경에서 첩보 수집 불가
지상장비	각종 차량 인원 지상센서	• 높은 해상도, 정밀한 촬영 • 타 플랫폼들보다 낮은 가격	• 매우 제환된 센서거리 • 노출 시 포획 가능
해상장비	배, 잠수함	• 바닷속 영상·지형 획득 • 가장 확실한 수심 측정 플랫폼	• 해상 기후 및 환경조건에 많은 영향을 받음 • 좁은 센서구역

[센서]

구분	종류	특징	이미지 예시
EO (전자광학, Elctro-Optical)	PAN(다색사진, Panchromatic Imaging)	• 가시광선 파장을 이용하여 제작 • 흑백사진과 유사한 영상 • 날씨가 좋아야 획득 가능	
	IR(적외선사진, Infrared)	• 적외선 파장을 이용해 만든 영상 • 열, 광원, 반사 등을 표시	
	TIR (열적외선사진, Thermal Infrared)	• 적외선 파장을 이용하여 온도 차이를 표시 • 장비, 시설 등의 상태 확인 가능 • 연기 투과 촬영 가능	
	MSI(다분광사진, Multispectral Imaging)	• 수십 종류의 가시광선과 적외선 파장들을 조합해서 만든 영상 • 온도차, 고도차, 지표상태, 광물, 토양 등 눈으로 볼 수 없는 특징 표시	
	HSI(초분광사진, Hyperspectral Imaging)	• 수백 가지 가시광선과 적외선 파장을 조합해서 만든 영상 • MSI보다 더 정밀한 영상	
	LIDAR(빛 탐지 및 거리측정, Light Detection and Ranging)	• 레이저(빛)가 반사돼서 돌아오는 시간을 측정해 반사한 물체의 특징을 나타내는 영상	
	OPIR(머리 위 지속적인 적외선 사진, Overhead Persistent Infrared)	• 복수의 EO센서에서 관측된 현상들을 조합하여 전술적·전략적 목표에서 나오는 에너지를 감지하는 영상 • SBIRS(우주기반 적외선탐지 시스템, Space-Based Infrared System)의 핵심기술로 미사일 탐지 및 요격, 전장 가시화에 이용	

RADAR (레이더 센서, Radar Sensor)	SAR(합성개구레이더, Synthetic Aperture Radar)	• 극초단파를 일정한 간격으로 쏘아서 되돌아 오는 파장 신호들을 합성하여 만드는 영상 • 파장에 따라 다른 특징들의 영상들을 획득 가능	
	IFSAR(간섭법적 합성개구레이더, Imterferometric Synthetic Aperture Radar)	• 2개의 SAR센서를 이용해 한 장소를 측정 후 신호를 일정하게 처리하여 만든 영상 • 지구 표면의 지각 움직임이나 화산분출 등을 관찰	

표 용어 설명

- EO(전자광학, Elctro-Optical): 수동적인 센서로 가시광선·적외선의 파장을 이용하여 영상 제작
- RADAR(레이더 센서, Radar Sensor): 능동적인 센서로 방사해서 되돌아오는 극초단파와 라디오주파수 파장을 이용하여 영상 제작

이러한 영상들은 별다른 설명이나 분석이 없어도 정보가 되는 정보성 첩보라고도 불리지만 현실은 보시다시피 PAN 이외의 영상들은 기술적인 처리나 전문가의 분석이 없이는 이용하기 어렵습니다. 그래서 IMINT가 생긴 겁니다.

- IMINT: 아직 IMINT와 Imagery의 구분이 생소한 분들도 계시겠지만 둘은 분명히 다릅니다. 다음은 아무 설명이 없는 영상(Imegery)과 그 영상 속에 담긴 의미와 지식을 표시한 영상정보(IMINT)의 차이를 잘 보여주는 예시입니다.

Imegery	IMINT

1960년대 쿠바 미사일 사태 당시 미국에서 찍은 정찰영상입니다. 왼쪽은 여러 가지 정보를 뺀 순수한 영상이며 오른쪽은 영상에 여러 가지 분석을 넣은 영상정보입니다. 영상만으로는 여기가 어디 지역인지, 찍혀있는 것들이 무엇인지 언제 찍은 것인지 알 수가 없어서 보는 이에게 아무런 정보를 줄 수 없지만 오른쪽과 같이 쿠바의 산크리스토발에서 10월 말 중거리 탄도 미사일 기지가 찍혔고 거기에는 미사일 발사대, 미사일 발사장소, 미사일 발사준비텐트 등 분석정보들이 포함되어 있으면 영상정보로 보는 이에게 "소련이 미국 턱 밑인 쿠바에 미사일 기지를 만들었고 미국에게 엄청난 위협이 될 수 있다."라는 의미를 줄 수 있습니다.

- Geospatial Information: GEOINT(지리공간정보)를 구성하는 마지막 요소, 번역하자면 지리공간첩보입니다. 지리공간정보는 무엇이고 지리공간첩보는 무엇인지 어리둥절할 수도 있지만, NGA에서는 지리공간첩보를 7개의 범주로 명확히 나누고 있습니다.

명칭	예시
항공첩보	수직항공방해물, 비행금지구역, 비행경로, 항공시설 등
해상첩보	해저구조물, 항해경로, 항해제한구역, 항구시설 등
지형첩보	지질상태, 이동장애물, 도로, 전력구조, 수목 등
고도첩보	산, 강, 바다의 고도
인간지리첩보	인구지도, 정치지도, 문화분포, 종교분포, 민족분포 등
지명과 경계첩보	지명, 시 경계, 국경 등
측지첩보	위치 관련 정보

MASINT(매신트, Measurements and Signature Intelligence)

기술적이고 과학적인 정보로서, 센서를 통해 수집된 물리적·화학적 데이터의 특징을 잡아내는 첩보수집 방법입니다. 미국에서는 DIA 내 CMO(Cetral MASINT Office)에서 주로 MASINT를 수집하고 있습니다.

MASINT에는 여러 종류의 정보들이 속해 있는데 음파, 전파, 적외선, 레이저, 핵, 광학 등의 비의도적 방사 에너지들이라면 거의 대부분 MASINT라고 보시면 됩니다.

저는 개인적으로 이 부분에서 MASINT와 IMINT와 SIGINT는 뭐가 다른지 혼란스러웠습니다. 나름 여러 자료를 찾아보면서 결론을 내린 것이, SIGINT가 의도적이거나 인공적인 전파, 음파, 디지털 신호를 지칭하는 것이라면, MASINT는 비의도적이거나 자연적으로 생기는 신호들을 지칭한다는 것입니다. 또한 IMINT는 특정 목표가 있어서 그 목표를 광학으로 혹은 적외선으로 영상화 시키지만, MASINT는 영상화 시키지 않고 수집한 신호의 특징을 분석합니다.

한국에서도 여러 MASINT를 수집합니다. 가령 모든 화포들은 사격 시 특정 지진파를 발생시킵니다. 아무리 북한이 숨긴다 한들 이 지진파의 이동은 막을 수가 없습니다. 북한이 특정 화포를 발사했다면 그 지진파를 분석해 어떤 화포를 어느 방향에서 쐈는지 알아낼 수 있습니다. 하지만 MASINT는 그 데이터 자체로는 전문가가 아니고선 무슨 의미가 있는지 일반인들은 잘 모르는 경우가 대부분입니다. 그래서 MASINT는 반드시 첩보처리가 필요한 정보 중 하나입니다.

HUMINT(휴민트, Human Intelligence)

사람을 통해 얻는 정보로, 첩보수집 방법 중 하나입니다. 정보기관에서 적대적 · 중립적 · 우호적인 군인과 시민, 망명자, 포로, NGO, 각국 정부인사 등을 고용하거나 심문 · 질문 등을 통해서 정보를 얻습니다. HUMINT는 정보관, 첩보원, 협조자로 나눕니다.

• 정보관: 첩보원을 고용, 포섭, 연락하는 정보기관요원을 말합니다. 이들은 기본적으로 공무원으로, 영화에 나오는 대표적인 정보관으로는 「스파이 게임」의 나단 D. 뮈어(로버트 레드포드 분)나 「시카리오」의 맷 그레이버(조슈 브롤린 분) 등을 생각하면 이해가 쉬울 겁니다. 각자 첩보원인 톰 비숍(브래드 피트 분)과 알레한드로 길릭(베니치오 델 토로 분)을 고용해서 각종 작전을 진행하고 첩보수집을 합니다. 「007」 시리즈의 제임스 본드(다니엘 크레이그 분)나 「미션 임파서블」의 이단 헌트(톰 크루즈 분)는 직접 작전에 투입돼서 공작을 펼치는, 스스로가 인간정보 출처가 되는 정보관이자 첩보원이라고 보면 됩니다.

스파이 게임	시카리오	007	미션 임파서블
냉전 시기, 인간정보가 어떻게 이뤄지는 흥미롭게 보여주는 영화	미국이 멕시코에서 마약 소탕을 위해 인간정보를 어떻게 운영하는지 보여주는 영화	액션이 멋있는 공상첩보영화(사실 이렇게 다 터트리고 다니면 인간정보 활동이 불가능하다.)	

• 첩보원: 정보관에게 고용되어 실제 첩보수집을 하거나 공작을 하는 사람들입니다. 과거 KGB에서는 첩보원을 포섭하는 방법으로 MICE라는 방법을 썼습니다. 돈(Money), 사상(Ideology), 타협(Compromise), 자존심(Ego) 등의 앞 글자를 딴 용어입니다.

• 협조자: 자발적으로 정보관에게 접근하여 정보를 흘리는 사람들로, 이중간첩이거나 진짜 변절한 사람일 수도 있어서 철저한 조사 후 이용해야 하는 인간정보입니다.

[HUMINT 수집 5단계]

구분	단계	내용
1단계	계획과 준비	출처가 될 목표, 즉 사람에게 접근할 준비. 그 사람은 우리가 알고 싶어 하는 첩보에 접근이 가능한가? 어떤 삶을 살았고 무엇을 좋아하고 무엇을 싫어하는가? 어떻게 접근할 것인가?
2단계	접근	협조할 수 있는 상황을 조성
3단계	질문	심문, 질의, 문서 탈취, 공작 장비 탈취 등 첩보수집
4단계	종료	출처와의 관계를 끝내거나, 다른 출처에 접근하여 미래의 첩보수집을 위해 준비하며 수집활동 종료
5단계	보고	수집한 첩보를 보고

• **연락망**: 정보관과 첩보원이 서로 연락을 할 때, 평소에 쓰는 방법은 정상선이라 하고 정상선이 단절될 경우를 대비해 보조선, 예비선, 비상선 순서로 씁니다. 연락 기법에는 데드드랍, 드보크, 브러쉬 패스, 스테가노 그래피 등이 있습니다.

[대표적인 HUMINT 출처]

리하르트 조르게	로젠버그 부부	엘리 코헨	퀸터 기욤
러시아 스파이로, 일본이 러시아 극동지역을 칠 계획이 없음을 알려서 독일의 소련 침공을 막은 인물	공산주의에 빠져서 자발적으로 소련에 핵무기 기술을 넘긴 부부로, 핵무기 세상을 만드는 데 일조한 인물들. 사형당함	이스라엘이 시리아 골란고원을 공격할 때 시리아 방공진지 및 군사배치 정보를 넘김. 이스라엘의 제3차 중동전쟁 승리의 일등공신	동독 스파이로, 서독 수상인 빌리 브란트의 비서로까지 일함. 퀸터 기욤이 간첩이라는 사실을 알게 된 빌리 브란트는 충격을 받고 서독 수상에서 물러남
킴 필비	알드리치 에임즈	로버트 한센	조나단 폴라드
케임브릿지 스파이 링의 핵심인물로, 대학 시절 공산주의에 심취해 친구들 4명과 같이 자발적으로 소련의 스파이가 됨. MI6에서 정보를 빼돌리다가 들통나기 직전에 소련으로 망명	CIA에서 돈 받고 소련 간첩으로 활동. 이 사람 때문에 미국에서 어렵게 구축해 놓은 소련 내 인간정보 첩보원들이 대부분 숙청당함	FBI에서 돈 받고 소련에 고급 정보를 흘리던 간첩	유대계 미국인으로, 미국의 고급 정보들을 이스라엘에 넘긴 이스라엘 간첩. 이 사람 때문에 이스라엘의 과학정보 기관인 라캄이 해체됨. 석방돼서 이스라엘로 추방되었으나 이스라엘에서는 영웅 대접을 받음

SIGINT(시진트, Signals Intelligence)

쉽게 말해서 도청·감청입니다. 통신신호나 통신목적이 아닌 전자신호 등을 수집하는 방법입니다. 종류에는 COMINT, ELINT, FISINT 등이 있습니다.

• **COMINT(코민트, Communications Intellegence)**: 목소리 감청, 문자 감청, 디지털 통신 감청, 통신보안 감청 등의 4가지를 알아내기 위한 활동입니다. 목소리나 문자, 디지털 통신은 무엇인지 아실 겁니다. 통신보안 감청은 아군이나 우방국을 보안 목적으로 감청모니터링 하는 활동입니다.

• ELINT(엘린트, Electronic Signal Intelligence): 미국합동참모본부의 정의를 보면 '핵폭발과 방사능을 제외한 출처에서부터 뽑어져 나오는 외국의 비커뮤니케이션 전자기 방사체에서 얻은 기술적 신호이거나 지리위치에 대한 정보'라고 되어 있으며, NSA의 설명에 의하면 '음성이나 문자가 포함되지 않은 전기신호로 이뤄진 정보'라고 되어 있습니다. 이 두 정의의 공통점은 ELINT가 커뮤니케이션이 목적이 아닌 기술적 신호라는 겁니다. ELINT는 TechELINT, OpELINT, TELINT 3가지로 분류합니다. 참고로 이 분류법은 「ELECTRONIC INTELLIGENCE(ELINT) at NSA」(2009)에 근거합니다.

종류	특징
TechELINT (테켈린트, Technical ELINT)	• 주로 레이더에서 나오는 신호를 이용 • 탐지, 역탐지, 대항무기장치 등이 어떤 식으로 이뤄지는지 알아내는 역할
OpELINT (오펠린트, Operational ELINT)	• 특정 장소에 위치해 있는 ELINT 목표들을 찾아서 식별해내고, 이들의 작전운영 시스템을 알아냄 • 이 OpELINT 수집의 결과가 바로 EOB(전기 전투서열, Electronic Order of Battle)임
TELINT (텔린트, Foreign Telemetry Signals Intelligence)	• 해외원격측정신호정보 즉, 타국에서 나오는 신호들을 원격으로 측정 • 신호를 가로채서 처리한 후 분석 • 주로 외국의 미사일과 우주선 등의 정보를 알아낼 수 있음 • 훗날 FISINT(피신트, Foreign Instrumentation Signals Intelligence)가 됨

각국 정보별 담당 기관

정보 구분	한국	미국	영국	일본	독일	프랑스	이스라엘	러시아	중국
OSINT	국정원, 정보사	DNI		CIRO	BND				신화사
HUMINT	국정원, 정보사	CIA, DIA	MI6, MI5	PSIA	BND, Bfv	DGSE	ISIS, ISA	SVR, FSB, GRU	MSS, MPS
SIGINT	777	NSA	GCHQ	DIH	BND	DRM, DGSE	AMAN	FAPSI	3부 통신부
GEOINT	국정원, 정보사, 항공정보단	NGA	DI	DIH, CIRO	BND	DRM	AMAN	GRU	
MASINT	정보사	DIA				DGSE	AMAN	SVR	4부 전자부

실무에서는 종종 정보활동의 꽃이 바로 분석이라고 합니다. 모자란 첩보를 분석이란 도구를 사용하여 정보로 숙성시켜내는 작업입니다.

대상

분석의 대상에는 크게 4가지가 있습니다. 사실, 비밀, 거짓, 미스터리입니다.

- **사실**: 말 그대로 이미 공개된 사실 그 자체를 뜻하는데 가장 분석하기 쉬운 대상입니다.
- **비밀**: 사실과 반대로 거의 알려지지 않은 사실입니다. 그만큼 가치 있는 정보일 가능성도 있지만, 반대로 적이나 상대가 흘린 허위정보일 경우도 있습니다.
- **거짓**: 허위정보가 바로 분석의 대상인 거짓입니다. 거짓을 잘 구분해서 허위정보가 무슨 의도로 유포되었는지 분석하면 적의 의도와 목적도 유추해볼 수 있기 때문에 매우 유용한 분석대상이 될 수 있습니다.
- **미스테리**: 수수께끼입니다. 이는 대상이 분석이나 첩보수집으로도 알기 어려운 경우에 생기고, 의미하는 바가 너무 추상적이거나 광범위할 때도 생깁니다. 예를 들어 봅시다. 2020년 한국 성인 대상 가출신고는 67,612건인데 이 중 1,710명은 안타깝게도 사망한 채 발견되었으며 925명은 아예 사라졌습니다. 이런 이들은 안 찾아서가 아니라 사건 발생 당시 자료나 증거 등이 너무 적어서 못 찾는 경우가 대부분입니다. 이런 경우 이들에 대한 추적은 거의 미스터리라고 볼 수 있을 겁니다.

학파

대표적인 학파로 기술학파, 과학적 예측학파, 기회분석학파 3가지가 있습니다.

- **기술학파**: 기술적으로 수집된 첩보를 전문가 의견을 더해 정책결정자에게 그대로 알려준다는 입장으로, 판단과 결정은 철저히 정책결정자에게 맡겨야 한다고 주장합니다. 주로 러시아에서 선호하는 입장입니다.
- **과학적 예측학파와 기회분석학파**: 과학적 예측학파에 대해 설명을 하려면 기회분석학파와 같이 이야기해야 합니다. 이는 셔먼 켄트와 윌모어 켄달 사이에서 일어난 1949년 논쟁에서 촉발된 일입니다.

▲ 셔먼 켄트(Sherman Kent)

▲ 윌모어 켄달(Willmoore Kendall)

셔먼 켄트는 분석가의 객관성을 위해 정보와 정책이 엄격하게 분리되어 있어야 하며 데이터 축적과 오로지 분석만으로 전문가들에 의해 생산된 정보가 최고의 가치를 가진다고 보았습니다. 따라서 켄트는 정보로 주관적인 의견이나 사상이 들어간 정책을 만들기보다는 객관적인 자료와 첩보로 분석하여 현재와 곧 있을 미래를 예측하는 현용정보, 예측정보 생성에 중심을 두었습니다.

하지만 켄달의 입장은 달랐습니다. 켄달은 켄트의 정보분석 접근방식이 진주만 공습에 너무나 크게 영향을 받아서 외국의 기습과 그에 따른 국내 충격들을 제거하기 위해 무리하게 예상과 선입견에 집착하고 있다고 본 겁니다. 더욱이 켄달은 켄트의 방식이 전쟁 중에는 유용할지 몰라도 전쟁이 끝난 냉전시대에서는 그다지 효용이 없다고 보았습니다. 오히려 분석관은 정책결정자가 정책을 펼치는 데 있어서 필요한, 정책결정자의 주관적 방향이 녹아든 큰 그림을 그려 주어야 한다는 입장입니다. 한마디로 정책결정자가 원하는, 사상과 가치 등 주관적 부분까지 포함된 정보를 만들어서 길을 제시해야 한다는 겁니다.

이러한 차이를 두고 켄트의 입장을 과학적 예측학파라고 하며 켄달의 입장을 기회분석학파라고 합니다. 실제로 셔먼 켄트는 1960년대 쿠바 미사일 위기사태에 대해 당시 국제정세와 소련의 후르쇼프의 입장 등을 제대로 파악하지 못하고 자신의 경험과 데이터, 첩보만으로 좁은 시각에서 정보판단을 해서 잘못된 판단을 보고하였고, 이에 비판을 면치 못한 적이 있습니다. 그리고 켄달은 미국 정치철학 교수로서, CIA의 조언자로 활동한 적이 있는 학자입니다. 이 논란은 아직까지도 끝나지 않고 회자되고 있을 정도로 정보와 정책이 어떤 관계를 가져야 하는지는 끝나지 않을 고민으로 남아 있습니다.

방법

먼저 2가지로 분석의 방법을 나눌 수 있는데 첫 번째가 양적분석, 두 번째가 질적분석입니다. 양적분석과 질적분석의 가장 큰 차이점은 분석하는 대상의 형태 차이입니다. 양적분석은 숫자와 그래프를 이용해서 수학과 통계학으로 분석하고, 질적분석은 단어와 글을 통해 요약 · 분류 · 해석을 합니다.

구분	양적분석	질적분석
특징	• 객관적 • 가치 배제적 • 귀납적	• 주관적 • 가치 포함 • 연역적
장점	객관성 · 신뢰성이 있는 분석	통찰력 · 직관력 발휘 분석
단점	통계를 통한 확률을 이용하므로 명확한 판단 제시 불가	• 분석관의 분석능력에 따라 판단의 질이 크게 좌우됨 • 분석관 개인의 가치관 개입 가능성이 높음
기법	• 베이지안 • 시뮬레이션 • 귀납적 통계분석 • 정세전망분석 • 행렬분석 • 의사결정나무	• 브레인스토밍 　• 역할연기 • 사례연구 　• 핵심판단 • 경쟁가설 　• 인과고리 • 분기분석 　• 목표지도작성 • 계층분석 　• 유추법 • 델파이

셔먼 켄트의 정보분석 9계명

마지막으로 셔먼 켄트의 9가지 분석 법칙을 보며 분석에 대한 설명을 마치겠습니다.

Kent's 9 Rules of Analysis in 『Strategic Intelligence For American World Policy』
켄트의 9가지 분석법칙(『미국 세계 정책에 대한 전략 정보』)

1. Focus on policy-maker concerns. 정책결정자의 관심에 초점을 맞춰라.

2. Avoidance of a personal policy agenda. 개인적인 정치의제를 회피하라.

3. Intellectual rigor. 지적 엄격함을 견지하라.

4. Conscious effort to avoid analytic biases. 분석적 편견을 피하려는 의식적 노력을 기울여라.

5. Willingness to consider other judgments. 다른 판단들을 기꺼이 받아들일 수 있는 자세를 지녀라.

6. Systematic use of outside experts. 외부 전문가들을 시스템적으로 사용하라.

7. Collective responsibility for judgments. 판단에 대해 연대 책임을 져라.

8. Effective communication of policy support-Information and judgments.
   정책 지원정보와 판단을 효과적으로 활용하라.

9. Candid admission of mistakes. 잘못에 대해 솔직히 인정하라.

04

정보활동

01 비밀공작

비밀공작은 정부기관 중 정보기관만이 할 수 있는 활동입니다. 대상국의 정책결정을 자국에게 이익이 되도록 영향을 끼치기 위해서 정치체계를 변화·전복시키거나 상대국의 전략·전술에 영향을 끼치고 사회와 경제시스템을 약화시키거나 붕괴시키는 활동을 합니다. 대부분 상대국에 어떤 식으로든 부정적인 영향을 끼치는 활동이라서 비밀공작은 전쟁 전에 취할 수 있는 최후의 수단으로 쓰입니다. 따라서 만약 비밀공작이 노출되거나 공개되면 상대국과 큰 마찰이 야기되고 국내적으로도 여론 악화 문제가 생길 수 있으므로 비밀공작은 작전 존재 자체가 비밀이며 대부분의 국민들은 활동을 하는지 안 하는지 인식하지 못하는 것이 현실입니다. 심지어 비밀공작이 발각되면 위장부인을 해야 하기 때문에 공작원은 큰 위험부담을 안고 비밀공작을 해야 합니다.

이러한 비밀공작을 지칭하는 용어들이 각 나라마다 다릅니다. 미국은 '특수활동', '제3의 방안'이라고 부르며, 러시아는 '적극적 조치', 이스라엘은 '특별임무', 영국은 '특별정치활동'이라고 합니다.

[주요 국가들의 비밀공작 기관 로고]

NIS(한국)	CIA(미국)	SVR(러시아)	MSS(중국)
MI6(영국)	BND(독일)	MOSSAD(이스라엘)	DGSE(프랑스)
	Bundesnachrichtendienst		

선전공작

비밀공작에는 여러 종류가 있으나 마크 로웬탈의 분류인 선전공작, 정치공작, 경제공작, 전복공작, 준군사공작으로 설명하겠습니다.

먼저 선전공작은 쉽게 말해 자국에 유리한 정보를 여러 매체를 통해 특정 대중들에게 선전 · 선동하는 공작입니다.

"거짓말은 처음에는 부정되고 그 다음에는 의심받지만 결국 모든 대중들이 믿게 된다."

"선동은 한 문장으로도 가능하지만 이를 반박하려면 수십 쪽의 문서와 증거가 필요하다. 그리고 반박할 때면 대중은 이미 선동되어 있다."

▲선전 · 선동의 대가 나치의 요제프 괴벨스

선전공작의 폐해는 대중에게 거짓말을 한다는 비도덕적 행위를 넘어서, 대중으로 하여금 거짓말이 나쁘다는 생각 자체를 사라지게 한다는 겁니다. 자신들의 이익을 위해 수많은 사람들의 도덕 따위는 파괴되어도 상관없다는 생각이 기저에 자리 잡고 있는 이 선전공작은 인간을 그저 도구로 본다는 전제가 깔려 있습니다. 저 또한 선전공작에 대해서 공부를 하다 보니, 누군가 근거도 없이 그저 듣기 좋고 자극적이며 쉽게 인식되는 내용의 말을 대중매체와 인터넷에서 떠든다면 일단 의심을 하게 되었습니다. 이러한 선전공작은 가장 오래 전부터 이루어진 공작이며 우리가 잘 알고 있는 '서동요'도 대표적인 선전공작의 사례라고 보시면 됩니다.

선전공작은 주체의 공개 여부에 따라 백색선전, 회색선전, 흑색선전으로 나눕니다.

• **백색선전**: 선전 · 선동하는 주체가 스스로를 공개하는 경우
• **회색선전**: 선전 · 선동하는 주체가 불분명할 경우
• **흑색선전**: 선전 · 선동하는 주체가 정체를 속일 경우

선전공작의 예시로는 소련의 Active Measure, 미국의 과테말라 위장방송, 한국의 GP 대북방송 등이 있습니다.

"최고의 전쟁기술은 모두와 싸우는 것이 아니라 당신의 적들이 가진 사상적 가치들을 전복시켜 버리는 겁니다. 당신 적들의 현실인식을 휘저어 버려서 당신의 적들이 당신을 적으로 인식하지 못할 정도가 될 때까지 말입니다. 당신은 당신의 적들을 총 한 발 쏘지 않고 이길 수 있습니다."

▲Yuri Bezmenov

특히 소련의 Active Measure라는 선전공작은 1970년 캐나다로 망명한 전직 KGB 정보원 Yuri Bezmenov에 의해 자세히 알려집니다. 위의 말은 그가 Active Measure에 대해 설명한 일부분입니다.

그가 말한 사상적 가치들을 전복시키는 4가지 단계가 있는데 첫 번째는 Demoralization, 즉 타락입니다. 전 세대에 걸쳐 마르크스 · 레닌 사상에 대한 반론이나 기본적인 애국심에 노출되지 않도록 하면서 마르크스 · 레닌 사상을 교육시키는 겁니다. 대부분 60~70년대 대학생이었던 이들은 대학을 졸업하거나 중퇴하고 어설픈 지식인이 되어 정부, 공공기관, 회사,

언론, 교육 등 다양한 방면의 권력자가 됩니다. 두 번째는 Destabilization, 즉 불안정입니다. 이들은 경제, 외교, 국방 시스템을 불안정하게 망가뜨립니다. 세 번째는 Crisis, 즉 위기입니다. 한 국가를 위기로 몰고 간 후, 네 번째로 Normalization, 즉 정상화입니다. 당연히 이때의 정상화란 마르크스·레닌 사상의 정상화입니다.

Yuri Bezmenov는 타락된 사람들을 오염되었다고 했습니다. 다음은 그가 말하는 오염된 사람들에 대한 설명 중 일부입니다.

"그들은 어떤 자극들에 대해 특정한 방향으로 반응하게 프로그램 되어 있으며 이것을 바꿀 수도 없습니다. 아무리 진실을 보여주고 흑을 흑이라고 백을 백이라고 증명을 해도 그들의 비논리적인 행태는 변하지 않습니다. 다른 말로 하자면 이들은 타락 과정(Demoralization)이 끝난 상태이며 치유가 불가능한 상태입니다."

정치공작

상대국 정부에 끄나풀을 만드는 겁니다. 그 이후 그 끄나풀을 이용해 정책을 자국에 유리한 방향으로 만듭니다. 이는 비단 정부뿐 아니라 학계, 언론, NGO, 시민단체 등 정책에 영향을 줄 수 있는 단체 모두가 대상입니다. 정치공작이 제대로 되면 정책결정 과정에 영향을 줄 수 있을 뿐만 아니라 상대국의 고급 정보나 비밀까지도 수집할 수 있어서 다목적으로 유용한 비밀공작입니다.

이러한 정치공작에는 지원공작, 영향공작 등이 있습니다. 대표적인 사례로 소련의 프랑스 삐에르 살테 지원, 미국의 폴란드 자유노조 지원 등이 있습니다.

경제공작

▲살바로드 아옌데

상대국의 경제에 혼란을 야기해서 붕괴로 이어지게 만드는 공작입니다. 음식이나 생필품 공급을 불안정하게 만들거나 더 직접적으로는 곡물 파괴, 위조지폐 공급 등을 하기도 합니다.

대표적인 경제공작은 미국이 칠레 아옌데(왼쪽 사진) 정권에 가한 경제공작입니다. 칠레는 경제에서 구리 수출로 버는 돈이 매우 큰 비중을 차지합니다. 미국이 구리 비축분을 시장에 방출하여 구리 가격을 하락시켰고, 칠레는 구리 가격 폭락으로 경제가 어려워지게 되었습니다. 이에 아옌데 정권은 위기를 맞았으며 구리 가격 폭락과 여러 다른 요인들(아옌데의 통화정책 실패로 인한 인플레이션, 국유화로 인한 외국기업과 자본의 철수, 미국의 피노체트 정부 지원 등)이 합쳐져 결국 아옌데 정권은 무너지게 됩니다.

▲고르바초프와 레이건

또 다른 경제공작으로 1983년 미국 레이건 정부가 추진했던 SDI(전략방위구상, Strategic Defense Initiative)가 있습니다. 레이건 정부는 SDI라는 계획을 발표했는데, 소련의 탄도미사일을 우주에서 요격시키겠다는 내용의 발표였습니다. 이 소식을 접한 소련은 이에 대비하기 위해 국방비 지출을 늘렸는데 정작 미국도 발표만 했지 당시 기술 수준으로는 SDI를 제대로 만들 수가 없었습니다. 하지만 지나치게 국방비 지출을 늘린 소련은 미국과의 국방비 확대 경쟁에서 경제력이 약해 따라갈 수가 없는 상황까지 내몰리게 된 겁니다. 결국 고르바초프 소련서기장은 무기감축조약에 서명할 수밖에 없었고, 더 나아가 소련의 붕괴에까지 영향을 끼치게 되었습니다. 사진 속 싱글벙글인 레이건과 시무룩한 고르바초프의 표정을 보면 짐작할 수 있습니다. 이처럼 SDI는 상대국에게 경제적 부담을 강제시켜서 혼란을 유도한 대표적인 경제공작입니다.

사실 경제공작은 대부분이 상대국 정부의 전복이 최종 목적입니다. 따라서 개인적으로는 경제공작을 전복공작과 분리해야 되는 것인지가 의문입니다. 마크 로웬탈의 분류법은 방법과 목적이 혼합돼서 보는 사람에게 혼란을 줍니다. 차라리 방법으로 분류하여 선전, 정치, 경제, 준군사공작으로 나누는 게 옳지 않은가 생각합니다.

전복공작

상대 정권을 붕괴시키려는 공작입니다. 전복을 시키려면 몇 가지 공작만으로는 부족하므로 선전공작, 정치공작, 경제공작, 준군사공작 모든 게 합쳐져서 만들어지는 종합선물세트 같은 공작이 바로 전복공작입니다. 그 대표적인 사례로는 위에서 이야기한 칠레의 아옌데 정권 전복과 과테말라의 아르벤스 구스만 정권 전복이 있습니다.

준군사공작

자국의 군사력을 이용하지 않고 상대국 내 반군이나 공작원 등을 훈련·무장시켜서 암살, 폭파, 게릴라 활동 등을 펼치는 겁니다. 반드시 알고 계셔야 할 점은 군 특수부대로 작전하는 것은 '특수군사활동'으로, 준군사공작과 분명히 구분된다는 것입니다. 특히 군대에서 사용하는 드론, 미국의 프레데터와 같은 UAV로 공격하는 것은 준군사공작이 아닌 정규군의 군사작전임을 알고 계시길 바랍니다. 따라서 정보기관에서 특정 대상에게 무기, 훈련, 물자 등을 제공해 주기 때문에 준군사공작은 가장 폭력 정도가 높고 위장부인을 하기 어려운 공작입니다.

▲콘트라

대표적인 공작이 이란-콘트라 공작입니다. 이것도 역시 미국의 레이건 정부에서 추진했던 비밀공작이었는데 간단하게 소개해 드리자면, 레이건 정부에서 공식적으로는 무기판매가 금지된 나라 중 하나인 이란에 몰래 무기를 팔아서 번 돈으로 니카라과의 공산주의 정부, 산디니스타에 무장투쟁을 하던 콘트라(왼쪽 사진)라는 단체에 무기, 훈련 프로그램, 정보, 제거인물 목록 등을 지원해 준 공작입니다.

위장부인

▲김승일

이러한 비밀공작들은 활동이 노출되는 것보다 주체가 노출되는 것이 가장 큰 문제가 됩니다. 이게 잘못되면 타국과의 외교문제, 정치문제로 확대되며 자국 내 여론의 악화로 정부에 대한 신뢰도가 떨어지기 때문입니다. 따라서 걸려도 부정할 수 있도록 연관성을 차단하려는 노력들을 하는데, 이를 위장부인이라고 합니다. 위장부인은 비밀공작과 조직의 책임자들의 연관성을 부인하면서 조직 전체가 책임에서 벗어나는 법적인 기술입니다. 국적변경, 성형, 신분증 위조, 장비 제조국 및 시리얼넘버 미표기 등의 방법이 있습니다. 심한 경우 잡힌 공작원에게 독약앰플을 먹고 죽게끔 하기도 합니다.

가장 유명한 위장부인은 뭐니뭐니 해도 1987년 대한항공 858기 폭파사건 당시 북한 대외조사부 소속인 김승일(왼쪽 사진)과 김현희가 체포 후 음독자살을 했지만 김승일은 죽고 김현희는 자살에 실패했던 사건이 있습니다. 당시 바레인에서 체포된 후 김승일은 담배필터 안에 숨겨 놓은 독약앰플을 이용해 청산가리를 흡입한 후 사망했고, 김현희는 운이 좋은지 나쁜지 앰플을 깨무는 순간 바레인 공항 경비원이 제지하여 자살에 실패했습니다.

다음 자료는 마크 로웬탈이 만든 비밀공작의 폭력성 정도와 위장부인 정도를 나타낸 표입니다. 꼭 알아두시기 바랍니다.

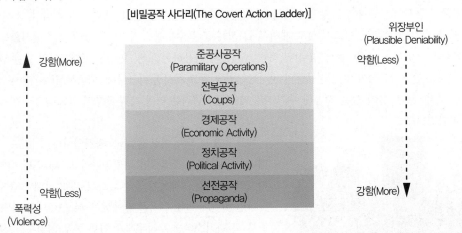

[비밀공작 사다리(The Covert Action Ladder)]

『손자병법』 36계

마지막으로 비밀공작과 관련된 병법서인 『손자병법』 36계를 설명하며 마치겠습니다.

〈승전계(勝戰計)〉 자신이 승리하고 있을 때 쓸 수 있는 계책
- 제1계 만천과해(瞞天過海): 하늘을 가리고 바다를 건너다.
- 제2계 위위구조(圍魏救趙): 위나라를 포위하여 조나라를 구하다.
- 제3계 차도살인(借刀殺人): 남의 칼을 빌려 사람을 해치다.
- 제4계 이일대로(以逸待勞): 쉬면서 힘을 비축했다가 피로에 지친 적을 맞아 싸우다.
- 제5계 진화타겁(趁火打劫): 남의 집에 불난 틈을 타 도둑질하다.
- 제6계 성동격서(聲東擊西): 동쪽에서 소리치고 서쪽을 공격하다.

〈적전계(敵戰計)〉 적과 내가 세력이 비슷할 때 쓸 수 있는 계책
- 제7계 무중생유(無中生有): 무에서 유를 창조하다.
- 제8계 암도진창(暗渡陳倉): 한고조가 은밀히 진창으로 진군하여 항우의 기선을 제압하고 한나라를 세우다.
- 제9계 격안관화(隔岸觀火): 강 건너 불 보듯 하다.
- 제10계 소리장도(笑裏藏刀): 웃음 속에 칼날을 품다.
- 제11계 이대도강(李代桃僵): 오얏나무가 복숭아나무 대신 말라죽다.
- 제12계 순수견양(順手牽羊): 기회를 틈타 양을 슬쩍 끌고 가다.

〈공전계(攻戰計)〉 적과 나에 대해 이해를 한 후 공격을 할 때 쓰는 계책
- 제13계 타초경사(打草驚蛇): 풀을 베어 뱀을 놀라게 하다.
- 제14계 차시환혼(借屍還魂): 죽은 사람의 영혼이 다른 사람의 시체를 빌려 부활하다.
- 제15계 조호리산(調虎離山): 범을 산 속에서 유인해내다.
- 제16계 욕금고종(欲擒姑縱): 큰 것을 얻기 위해 작은 것을 풀어주다.
- 제17계 포전인옥(抛磚引玉): 돌을 던져서 구슬을 얻다.
- 제18계 금적금왕(擒賊擒王): 적을 잡으려면 우두머리부터 잡는다.

〈혼전계(混戰計)〉 혼란한 상황을 이용하여 승리를 가져가는 계책
- 제19계 부저추신(釜底抽薪): 솥 밑에 타고 있는 장작을 꺼내 끓어오르는 것을 막다.
- 제20계 혼수모어(混水摸魚): 흐린 물에서 고기를 잡다.
- 제21계 금선탈각(金蟬脫殼): 매미가 허물을 벗듯 감쪽같이 몸을 빼 도망하다.
- 제22계 관문착적(關門捉賊): 문을 닫아 걸고 도적을 잡다.
- 제23계 원교근공(遠交近攻): 먼 나라와 친교를 맺고 가까운 나라를 공격하다.
- 제24계 가도벌괵(假道伐虢): 기회를 빌미로 세력을 확장시키다.

〈병전계(竝戰計)〉 상황에 따라 적이 될 수 있는 우방을 배신하는 계책

- 제25계 투량환주(偸樑換柱): 대들보를 훔쳐내고 기둥으로 바꾸어 넣다.
- 제26계 지상매괴(指桑罵槐): 뽕나무를 가리키며 홰나무를 욕하다.
- 제27계 가치부전(假痴不癲): 어리석은 척하되 미친 척하지 말라.
- 제28계 상옥추제(上屋抽梯): 지붕으로 유인한 뒤 사다리를 치우다.
- 제29계 수상개화(樹上開花): 나무에 꽃을 피우다.
- 제30계 반객위주(反客爲主): 주객이 전도되다.

〈패전계(敗戰計)〉 불리한 상황에서 열세를 우세로 바꾸는 계책

- 제31계 미인계(美人計): 미녀를 바쳐 음욕으로 유혹하다.
- 제32계 공성계(空城計): 빈 성으로 유인해 미궁에 빠뜨리다.
- 제33계 반간계(反間計): 적의 첩자를 이용하다.
- 제34계 고육계(苦肉計): 자신을 희생해 적을 안심시키다.
- 제35계 연환계(連環計): 여러 가지 계책을 연결시키다.
- 제36계 주위상(走爲上): 도망치는 것도 뛰어난 전략이다.

02 방첩과 보안

방첩과 보안은 누가 뭐라 해도 비단 정보기관뿐 아니라 모든 조직활동의 기본이므로 방첩과 보안이 제대로 이뤄지지 않는 조직은 없어지는 것이 훨씬 좋습니다. 아무리 분석을 잘하고 첩보를 잘 수집하고 비밀공작을 끝내주게 잘한다 한들 정보가 전부 외부로 새어나가서 동네방네 다 알게 된다면? 상상하고 싶지도 않습니다. 방첩과 보안에 구멍이 뚫려 있다면, 오히려 업무를 엉망진창으로 해서 새어 나가는 정보들이 모두 쓸모없는 게 더 나을 겁니다.

그럼에도 불구하고 보안업무는 사실 누가 잘 알아주지도 않고, 어렵고 힘들어서 다른 부서 사람들이 기피하는 업무인 것이 사실입니다. 방첩과 보안업무를 하는 사람이 나를 찾아왔다는 것은 거의 대체로 내가 뭔가를 잘못했다는 뜻이기 때문입니다. 그리고 방첩업무는 좀 다를 수 있지만, 이 보안업무는 무언가 더 개선시키고 더 연구해서 나아지게 하는 성격이 아니라 현재 상태를 유지하고 관리하는 성격이 크다 보니 잘해도 현 상태 유지(보안이 지켜지는)이고 못 하면(보안사고가 나면) 욕먹고 책임져야 하기 때문입니다.

이런 어려운 여건 속에서도 꾸준히 방첩과 보안을 지켜주시는 정보기관 내 보안요원들, 각 기관 보안관계자 모두에게 우리는 감사드려야 합니다.

방첩과 보안의 차이점

먼저 방첩과 보안이 무엇이 다른지 알아봅시다. 防諜(막을 방, 염탐할 첩), 곧 염탐을 막는다는 뜻으로 능동적으로 외부에서 적이나 상대국의 스파이 짓을 막는다는 뜻입니다. 保安(지킬 보, 편안할 안), 곧 편안을 지킨다는 뜻으로 수동적으로 내부의 보안상태를 유지한다는 뜻입니다. 한자가 다른 것처럼 방첩과 보안은 다음과 같이 활동 종류도 조금 다릅니다.

구분	유형	활동
방첩	수집	각국의 정보수집 활동과 능력 관련 정보수집 · 평가
	방어	각국의 공작원, 첩보원, 협조자 탐색 및 감시
	공격	각국의 공작원, 첩보원, 협조자 잡아서 역이용, 기만공작
보안	문서	비밀생산 관련 분류, 대출, 열람, 관리, 배포, 파기 등의 절차 확인
	인원	보안교육, 동향조사, 신원조사
	시설	보안 구역 관리 및 시설 보안 관리

보시다시피 방첩은 해외로 나가서 상대국들의 요원, 활동 등을 찾고 방해하는 반면, 보안은 기관 내부의 보안유지를 합니다. 이런 방첩 · 보안의 최일선인 CIA 내 방첩감독관으로 30년 이상 일해 온 제임스 올슨(James. M. Olson)이 이야기한 방첩 10계명을 알아봅시다. 올슨의 설명을 덧붙였습니다.

Olson's 10 Commandments of Counterintelligence

▲제임스 올슨

1. Be offensive – 우리는 수비적 자세로 웅크리고 있거나 무언가 일어날 때까지 기다리면 안 된다. 스파이들이 우리를 망가뜨리고 있다. 우리는 공격에 나서야 한다. 우리는 우리의 적들을 추적해야 한다.

2. Honor your professionals – 사람들은 방첩요원들을 그다지 좋아하지 않는다. 뛰어난 정보요원들은 대부분 평판이 안 좋은 방첩업무를 하기 꺼려하는 것이 현실이다. 우리는 방첩요원들에게 동기를 심어 주고 인정해 주고 존경해 주어야만 한다.

3. Own the street – 우리가 현장인 길거리에서 상대국 스파이들에게 진다는 것은 아무것도 안 하는 것보다 더 안 좋다.

4. Know your history – 선하고 능력이 출중한 방첩요원들 중에 끔찍한 실수들을 야기하고 잘못된 길로 들어선 사람들이 많다. 그들의 실패는 대부분 보고서로 잘 정리되어 있다. 하지만 우리가 그 보고서들을 읽지 않는다면 그 교훈 역시 사라진다.

5. Do not ignore analysis – 일반적으로 말하길 방첩요원은 책상과 멀리 있는 시간에 가장 빛이 난다고 한다. 연구와 분석은 우리의 것이 아니라고 한다. 하지만 진정한 분석관들은 다르다. 그들은 우리가 못 찾는 것들을 찾는다.

6. Do not be parochial – 방첩은 최상의 상태일 때조차 어려운 업무이기 때문에 우리는 (다른 기관들과) 함께 해야만 한다. 우리는 질투를 하거나 이기적이 되어서는 안 된다.

7. Train your people – 방첩은 기술들과 학문들의 집합체이다. 각각의 영역들은 그 영역의 전문화된 훈련 커리큘럼을 필요로 한다. 방첩전문가를 육성한다는 것은 방첩훈련에 꾸준한 시간과 투자를 투입해야 한다는 의미이다.

8. Do not be shoved aside – 제 동료에게 나의 조언은 언제나 "방첩요원을 싫어하는 사람에게 방해받는다면 더 나은 업무 관리력으로 그를 극복해라. 그리고 그가 했던 모든 거부, 비협조, 방해 등을 기록해라. 그렇지 않으면 뭔가 잘못되었을 때는 당신만 책임지게 된다."이다.

9. Do not stay too long – 민감하고 생산적인 방첩은 많은 교류와 신선한 생각들을 필요로 한다. 끊임없는 직책순환이 반드시 필요하다.

10. Never give up – 스파이에는 신분제한이 없다. 우리가 활동하지 않아서 스파이가 생기게 하는 일은 없도록 해야 한다. 반역자는 본인이 절대 안전하지 않을 것이며 더 이상 평화롭게 밤에 잠을 잘 수 없다는 사실을 스스로 알게 될 것이다.

03 방첩

회의

제임스 올슨의 10계명은 저 또한 동감하는 하나같이 주옥같은 말씀들이지만, 대부분이 방첩에 대한 내용이라서 보안에 중점을 두는 한국의 현실에 적용하기가 쉽지 않아 보이는 것도 사실입니다.

이러한 방첩과 보안을 위한 회의와 기관들이 한국에도 있습니다. 그 첫 번째가 국가방첩전략회의입니다. 국가방첩전략의 수립과 국가방첩업무 중요사항을 심의하기 위해 국가정보원장 소속으로 이뤄지는 회의로, 의장은 국가정보원장이고 25명 이내 위원으로 구성되며 각 정부 부처의 차관급 공무원과 각 청 차장, 국방정보본부장, 안보지원사령관 등으로 구성됩니다.

이 전략회의를 효율적으로 운영하기 위한 국가방첩전략실무회의라는 것도 있는데, 의장은 국가정보원 실장급 혹은 국장급 부서장이며 위원은 전략회의 위원이 소속된 기관의 고위 공무원들입니다. 또한 국가정보원장은 방첩기관 간 정보공유와 방첩업무의 효율적 수행을 위해 방첩정보공유센터를 운영할 수 있습니다.

한국에서 방첩기관은 법적으로 명시가 되어 있는데 원래 국가정보원, 경찰청, 해양경찰청, 안보지원사령부 이 4개였습니다. 그런데 2018년 11월 20일 관세청과 법무부가 더해져 현재는 6개입니다.

[각국의 방첩기관]

미국	러시아	일본	이스라엘	영국	독일	프랑스	이탈리아
FBI, CIA, NCSC(DNI)	FSB	PSIA, 공안조사청, NPASB, 경찰청경비국	MOSSAD, SHIN BET	MI5, MI6	BND, Bfz, MAD	DGSI	AISI

업무

• 정보수집: 방첩업무의 첫 번째 업무인 정보수집은 적의 정보수집 능력에 대한 정보수집입니다. 수집 수단은 다양하며 앞서 우리가 배운 OSINT, HUMINT, TECHINT 등이 총동원됩니다. 그래서 올슨이 수많은

전문가를 키우기 위해 'Train your people'을 이야기했습니다. 이러한 정보수집을 바탕으로 상대국 정보기관의 조직, 편성, 능력, 목표, 침투능력 등을 파악해 다른 방첩활동들의 기초정보로 활용합니다.

- **방어활동**: 정보를 수집해서 누가 스파이고 무슨 정보를 모으고 있는지 알았으니 이제는 방어를 해야 합니다. 가장 쉬운 게 상대를 몰래 감시하거나 체포, 추방하는 것입니다. 특히 스파이 활동을 하는 외교관은 Persona Non Grata(페르소나 논 그라타), 즉 기피인물로 지정해서 추방할 수 있습니다. 만약 이 'PNG'로 지정되었음에도 상대국이 해임·소환을 하지 않으면 비엔나 협약에 따라 외교관으로 대하지 않아도 됩니다. 면책특권이 사라진다는 말입니다. 또한 도청·감청을 하는 활동도 차단할 수 있습니다. 참고로 도청은 개인의 사생활을 몰래 엿듣는 불법행위이며, 감청은 수사기관이 영장을 받고 하는 감시 및 정보수집 활동으로 합법행위입니다.
- **공격활동**: 공격활동으로 오히려 스파이나 도청·감청을 역이용해서 상대국에 가짜 정보를 흘리거나 역용(이중 스파이)공작 등을 펼칠 수 있습니다. 올슨은 'Be offensive'를 설명하면서 이중 간첩작전이 방첩의 핵심이라고 말했을 정도로 중요한 활동입니다.

사례

방첩사례 중 가장 적극적이었던 방첩활동은 미국 CIA의 피닉스 작전입니다. CIA는 1960년대 인도차이나 반도의 공산화를 막기 위해 북베트남을 상대로 게릴라 작전을 수행하는 데 라오스, 지방 소수 민족들을 무장, 훈련시켜서 준군사작전을 펼칩니다. 이후 북베트남의 힘이 커지고 미군이 개입하자 CIA는 이 게릴라 작전을 미군에게 인수하고 빠집니다. 이 게릴라 부대가 바로 베트남군사원조사령부 특수작전단(Military Assistance Command, Vietnam Special Operation Group)입니다.

(왼쪽) 부대마크, (오른쪽) MACV-SOG

왼쪽 사진의 부대마크가 바로 그들의 상징이고, 그 옆에는 MACV-SOG의 실제 사진입니다. 이들이 했던 수많은 작전 중에 하나가 바로 피닉스 작전인데 1965년부터 1972년까지 침투, 생포, 테러, 고문, 암살을 계속 반복했던 무제한 베트콩 소탕 작전입니다. 당시 남베트남에 북베트남 스파이들이 매우 많았는데 베트콩 용의자들을 생포해서 심문센터에서 고문한 후 다른 베트콩 용의자의 이름을 알아내고 역시 생포합니다. 심문당한 용의자는 암살당하고 이런 식으로 이 작전은 계속 굴러갔습니다. 결국 남베트남 내 베트콩과 친북베트남 세력을 박살을 냈지만 이미 기울어진 전세는 돌이킬 수가 없었습니다.

이 외에도 FBI가 1950~70년대 미국 반체제 단체들을 탐색, 파괴했던 코인텔프로 프로그램, 제2차 세계대전 당시 독일을 상대로 벌였던 영국의 이중간첩 작전인 더블크로스 시스템 등이 있습니다. 또, 앞서 HUMINT에서 설명했던 스파이들 중에 이중간첩들은 모두 방첩활동의 결과라고 볼 수 있습니다.

문서보안

이번에는 보안활동을 살펴봅시다. 첫 번째 문서보안입니다. 정보보고서나 문서를 작성하면 내용에 따라 비밀등급을 정해야 합니다. 거기에 따라 비밀표시도 달라집니다.

- 1급비밀: 누설 시 외교단절, 전쟁을 유발하거나 국가방위계획·정보활동 및 국가방위에 반드시 필요한 과학기술의 개발을 위태롭게 하는 비밀
- 2급비밀: 누설 시 국가안전보장에 막대한 지장을 끼칠 우려가 있는 비밀
- 3급비밀: 누설 시 국가안전보장에 해를 끼칠 우려가 있는 비밀

구분	1급비밀	2급비밀	3급비밀
상·하단 표시	Ⅰ급 비밀 TOP SECRET	Ⅱ급 비밀 SECRET	Ⅲ급 비밀 CONFIDENTIAL
중앙 표시	Ⅰ	Ⅱ	Ⅲ

이렇게 보면 뭔가 막연한 기준 같지만 세부규정들이 따로 있어서 무슨 내용이 몇 급인지 자세히 설명되어 있답니다. 또한 비밀문서는 비밀등급을 매 면 상·하단, 중앙에 표시해야 하며 색은 적색입니다. 또한 군사비밀은 상·하단 표시에 따로 '군사'라는 표시를 해야 합니다.

그리고 모든 비밀은 예고문과 보존기간을 정해야 합니다. 이게 처음 듣는 분들에겐 생소할 수 있습니다. 설명을 좀 드리자면 기본적으로 모든 비밀은 생산한 사람이 이 비밀이 몇 년 몇 월 며칠까지 필요할지 판단해서 날짜를 정할 수 있습니다. 이 날짜를 예고문이라고 합니다. 이 예고문이 도래한 비밀들은 그래도 혹시 필요할지 모르니 일단 파기하기 전에 문서존안소라는 곳으로 보내 보관하게 됩니다. 이때 비밀을 생산할 때 정한 보존기간에 따라 보관하고 보존기간이 다 된 비밀은 파기합니다. 보존기간은 1년, 3년, 5년, 10년, 30년, 준영구, 영구로만 정할 수 있습니다. 그럼 예시를 보여드리겠습니다.

구 분	2021	2022	2023	2024
예고문	2021. 6. 1.		2023. 6. 1.	
보존기간		2022. 1. 1.		2025. 1. 1.

가령 2021년 6월 1일에 비밀을 생산했는데 2년 정도 필요할 것 같아서 예고문을 2023년 6월 1일로 할 경우 보존기간은 생산한 날이 속하는 다음 연도 1월 1일부터 시작되므로 보존기간을 3년 이상 주어야 합니다. 1년을 주면 관리자가 결재를 안 해주니 걱정은 안 해도 됩니다. 또한 대체적으로 실무에서는 보존기간을 예고문이 끝나는 기간보다 조금 더 길게 주며, 예고문은 1년을 줬는데 터무니없이 보존기간은 30년 반영구와 같은 식으로는 하지 않습니다. 이 문서의 경우 2023년 6월 1일이 되면 이관대기문서가 되며 부서에서 이관대기문서들을 모아 한꺼번에 문서존안실로 보냅니다. 그 후 2025년 1월 1일이 되면 문서존안실에서 이 문서를 파기합니다.

이렇게 생산된 비밀은 열람, 대출, 반출 등을 할 수 있는데 그 활동들은 비밀이력카드라는 종이에 반드시 적어놔야 합니다. 반드시 말입니다.

또한 비밀은 원본과 사본으로 나뉩니다. 원본은 작성한 문서이고 사본은 복사본들입니다. 원본은 앞서 말씀드린 대로 보존기간과 예고문을 정해서 처리해야 하지만 사본은 원본의 예고문을 따라가면 됩니다. 사본의 예고문이 도래될 경우 그냥 파기하시거나 그 비밀이 더 필요하다면 예고문 연장, 즉 재분류를 통해 계속 사용할 수 있습니다. 그리고 다른 기관이나 외국에서 온 비밀사본 같은 경우 그 비밀을 만든 곳에서 정한 비밀의 등급과 예고문을 지켜야 합니다. 혹시라도 예고문을 변경하고 싶으시다면 반드시 해당기관에 문의하시기 바랍니다.

그리고 제가 실무를 해보며 느끼는 것이 물론 문서보안 규정도 중요하지만 '온나라' 사용법이 사실 더 중요합니다. 모든 업무는 공문으로 시작해서 공문으로 끝나는데 그 공문을 만들고 결재받는 곳이 바로 '온나라'라는 시스템이며 이 시스템을 확실히 알고 있어야 임용되고 나서 일하는 데 무리가 없을 겁니다. 합격하신 분들은 반드시 인터넷에 공개되어 있는 '온나라 시스템 매뉴얼'을 읽어보시길 추천합니다.

시설보안

시설보안에서 알아두셔야 할 것은 보호구역의 종류와 설정입니다. 「비밀보호규칙」 중 시설보안에 대한 항목을 보시면 가장 확실합니다.

비밀보호규칙

제60조(보호구역) ① 각급기관의 장과 국가중요시설, 장비 및 자재를 관리하는 자는 국가비밀의 보호와 국가중요 시설장비 및 자재의 보호를 위하여 필요한 장소에 일정한 범위를 정하여 보호구역을 설정할 수 있다.

② 전항의 보호구역은 그 중요도에 따라 이를 제한지역, 제한구역 및 통제구역으로 나눈다.

  1. "제한지역"이라 함은 비밀 또는 국가재산의 보호를 위하여 울타리 또는 경호원에 의하여 일반인의 출입의 감시가 요구되는 지역을 말한다.

  2. "제한구역"이라 함은 비밀 또는 중요시설 및 자재에 대한 비인가자의 접근을 방지하기 위하여 그 출입에 안내가 요구되는 구역을 말한다.

  3. "통제구역"이라 함은 비인가자의 출입이 금지되는 보안상 극히 중요한 구역을 말한다.

③ 보호구역 설정자는 전항의 보호구역에 보안상 불필요한 인원의 접근 또는 출입을 제한하거나 금지시킬 수 있다.

그런데 군사시설이 있는 곳은 군사보호구역이라고 따로 설정을 합니다. 군사보호구역에는 제한보호구역과 통제보호구역이 있는데 각각 어떤 것들이 있는지 「군사기지 및 군사시설 보호법」을 통해 알아두시기 바랍니다.

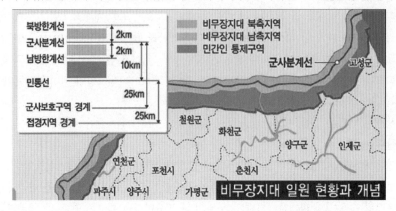

군사기지 및 군사시설 보호법

제5조(보호구역 및 민간인통제선의 지정범위 등) ① 보호구역의 지정범위는 다음 각 호와 같다.

1. 통제보호구역

   가. 민간인통제선 이북(以北)지역. 다만, 통일정책의 추진에 필요한 지역, 취락지역 또는 안보관광지역 등으로서 대통령령으로 정하는 기준에 해당하는 지역은 제한보호구역으로 지정할 수 있다.

   나. 가목 외의 지역에 위치한 중요한 군사기지 및 군사시설의 최외곽경계선으로부터 300미터 범위 이내의 지역. 다만, 방공기지[대공(對空)방어임무를 수행하기 위하여 지대공(地對空) 무기 등을 운용하는 기지를 말한다. 이하 이 조에서 같다]의 경우에는 최외곽경계선으로부터 500미터 범위 이내의 지역으로 한다.

2. 제한보호구역

   가. 군사분계선의 이남(以南) 25킬로미터 범위 이내의 지역 중 민간인통제선 이남지역. 다만, 중요한 군사기지 및 군사시설이 없거나 군사작전상 장애가 되지 아니하는 지역으로서 대통령령으로 정하는 기준에 해당하는 지역은 제한보호구역의 지정에서 제외하여야 한다.

   나. 가목 외의 지역에 위치한 군사기지 및 군사시설의 최외곽 경계선으로부터 500미터 범위 이내의 지역. 다만, 취락지역에 위치한 군사기지 및 군사시설의 경우에는 당해 군사기지 및 군사시설의 최외곽경계선으로부터 300미터 범위 이내의 지역으로 한다.

   다. 폭발물 관련 시설, 방공기지, 사격장 및 훈련장은 당해 군사기지 및 군사시설의 최외곽경계선으로부터 1킬로미터 범위 이내의 지역

   라. 전술항공작전기지는 당해 군사기지 최외곽경계선으로부터 5킬로미터 범위 이내의 지역, 지원항공작전기지 및 헬기전용작전기지는 당해 군사기지 최외곽경계선으로부터 2킬로미터 범위 이내의 지역

   마. 군용전기통신기지는 군용전기통신설비 설치장소의 중심으로부터 반지름 2킬로미터 범위 이내의 지역

② 민간인통제선은 군사분계선의 이남 10킬로미터 범위 이내에서 지정할 수 있다.

③ 제1항에도 불구하고 해군기지 중 군항의 보호구역의 범위는 대통령령으로 정하고, 해군작전기지의 수역(水域)에 대한 보호구역은 항만의 경계 안에서 지정한다.

④ 제1항 및 제2항에 따른 보호구역 및 민간인통제선의 경계, 지정절차, 그밖에 필요한 사항은 대통령령으로 정한다.

핵심만 요약하자면 다음과 같습니다. 꼭 기억해 둡시다.

- 민통선 북쪽지역은 군사통제구역
- 민통선 이남에서 군사분계선 이남 25km까지는 군사제한구역
- 중요군사기지 외곽 300m 안은 군사통제구역
- 군사기지 외곽 500m 안은 군사제한구역
- 방공기지 500m 안은 군사통제구역, 500m에서 1km 안은 군사제한구역
- 군용전기통신장비 설치장소 반경 2km 안은 군사제한구역
- 훈련장, 사격장 외곽 1km 안은 군사제한구역

인원보안

인원보안의 활동에는 신원조사, 동향파악, 보안교육, 보안서약 4가지가 있습니다.

- 신원조사: 일단 정부기관에서 일한다는 것은 그 나라의 정책을 만들고 집행한다는 뜻입니다. 정책 하나 하나는 모두 국민들에게 지대한 영향을 끼치는 만큼 공무원 모두는 본인이 하는 일이 어렵고도 중요하다는 인식을 가지고 있어야 합니다. 국가에 대한 충성심도 없고, 성실하지도 않고, 거짓말을 일삼는 사람은 응당 정부기관에 앉혀서는 안 되는 것입니다. 이것이 바로 신원조사가 필요한 이유이며, 신원조사는 반드시 해야 할 보안활동 중 하나입니다. 신원조사의 대상은 각급 기관장이 필요하다고 인정하는 사람, 공무원임용예정자, 비밀취급인가예정자, 국가 중요시설 장비 및 자재 관리자 등이 있으며, 신원조사는 그들이 가진 국가에 대한 충성심, 업무 성실성, 신뢰성 등을 파악하는 행위입니다.
- 동향파악: 쉽게 말해서 배신을 하는지 감시하는 겁니다. 배신이라 함은 반란, 도주, 간첩행위 등을 말하며 이를 위해 특정인에 대한 신상변화, 행동변화 등을 추적하는 일입니다.
- 보안교육: 보안지식 교육과 보안의식 고취를 위해 보안업무규정에 대한 교육을 합니다. 각 기관들은 정기적으로 연 1회 실시하며 기관장의 판단에 따라 수시로 실시할 수도 있습니다.
- 보안서약: 임용자, 승진자, 퇴사자, 중요업무 관련자들에게 보안각서에 서명하도록 해서 기밀누설에 대한 심리적 압박감과 법적 책임을 지우게 하기 위한 활동입니다. 보안서약은 정부기관뿐 아니라 기업들에서도 이뤄지는데, 특히 영업비밀을 지키는 수단으로 사용되고 있습니다.

통신보안과 전산보안

21세기 들어서 거의 모든 업무는 컴퓨터로 하고 있습니다. 이에 따라 통신보안과 전산보안의 역할도 막중해지고 있습니다. 실제로 보안감사라든지 보안사고의 대부분이 통신 및 전산과 관련됩니다. 하지만 아직도 많은 사람들이 컴퓨터랑 관련 있으면 전부 전산보안으로 인식하는 것 같습니다. 전산은 전기계산기의 약자로 컴퓨터입니다. 컴퓨터는 하드웨어·소프트웨어이며 네트워크는 연결망으로, 전산과는 다릅니다. 이 둘은 서로 상호연관성은 있어도 절대 같은 것이 아닙니다. 통신보안과 전산보안을 비교해 본다면 다음과 같이 구분할 수 있을 겁니다.

구분	통신보안	전산보안
영역	네트워크, 독립망, 인터넷망	하드웨어, 소프트웨어
활동	암호장비, 보안자재 관리, CERT, 침해행위감시, DDos 등 사이버공격 방어	보안 프로그램 개발 · 관리, 무허가 저장매체 사용 감시, 하드디스크 및 저장매체 비밀 저장 관리, 바이러스 · 악성코드 대비

[암호 관련 법령]

군형법

제81조(암호 부정사용) 다음 각 호의 어느 하나에 해당하는 사람은 2년 이상의 유기징역이나 유기금고에 처한다.

1. 암호를 허가 없이 발신한 사람

2. 암호를 수신(수신)할 자격이 없는 사람에게 수신하게 한 사람

3. 자기가 수신한 암호를 전달하지 아니하거나 거짓으로 전달한 사람

암호 관련 용어 정리

- 국가용 보안시스템: 비밀 등 중요자료를 보호하기 위하여 국정원장이 개발하거나 안전성을 검증한 암호장비 · 보안자재 · 암호논리 등을 말한다.

- 암호장비: 정보통신망으로 처리 · 저장 · 송수신되는 정보를 보호할 목적으로 암호논리를 내장하여 제작된 장비를 말한다.

- 보안자재: 통신내용 등의 정보를 보호할 목적으로 사용하는 암호 · 음어 · 약호자재를 말한다.

- 암호자재: II급비밀 이하의 통신내용 등의 정보를 보호할 목적으로 사용하는 문자 · 숫자 · 기호 등으로 구성된 환자표와 난수 또는 암호논리 등을 수록한 문서나 도구를 말한다.

- 음어자재: III급비밀 이하의 통신내용 등의 정보를 보호할 목적으로 사용하는 문자 · 숫자 · 기호 등으로 구성된 환자표 또는 암호논리 등을 수록한 문서나 도구를 말한다.

- 약호자재: 대외비 이하의 통신내용 등의 정보를 보호할 목적으로 특정 용어와 그에 대응 · 변환되는 문자 · 숫자 · 기호 등을 수록한 문서나 도구를 말한다.

[감청 관련 법령]

통신비밀보호법

제6조(범죄수사를 위한 통신제한조치의 허가절차) ③ 제1항 및 제2항의 통신제한조치 청구사건의 관할법원은 그 통신제한조치를 받을 통신당사자의 쌍방 또는 일방의 주소지 · 소재지, 범죄지 또는 통신당사자와 공범관계에 있는 자의 주소지 · 소재지를 관할하는 지방법원 또는 지원(보통군사법원을 포함한다)으로 한다.

⑦ 통신제한조치의 기간은 2개월을 초과하지 못하고, 그 기간 중 통신제한조치의 목적이 달성되었을 경우에는 즉시 종료하여야 한다. 다만, 제5조 제1항의 허가요건이 존속하는 경우에는 소명자료를 첨부하여 제1항 또는 제2항에 따라 2개월의 범위에서 통신제한조치기간의 연장을 청구할 수 있다.

제7조(국가안보를 위한 통신제한조치)

1. 통신의 일방 또는 쌍방당사자가 내국인인 때에는 고등법원 수석판사의 허가를 받아야 한다. 다만, 군용전기통신법 제2조의 규정에 의한 군용전기통신(작전수행을 위한 전기통신에 한한다)에 대하여는 그러하지 아니하다.

2. 대한민국에 적대하는 국가, 반국가활동의 혐의가 있는 외국의 기관·단체와 외국인, 대한민국의 통치권이 사실상 미치지 아니하는 한반도내의 집단이나 외국에 소재하는 그 산하단체의 구성원의 통신인 때 및 제1항 제1호 단서의 경우에는 서면으로 대통령의 승인을 얻어야 한다.

② 제1항의 규정에 의한 통신제한조치의 기간은 4월을 초과하지 못하고, 그 기간중 통신제한조치의 목적이 달성되었을 경우에는 즉시 종료하여야 하되, 제1항의 요건이 존속하는 경우에는 소명자료를 첨부하여 고등법원 수석판사의 허가 또는 대통령의 승인을 얻어 4월의 범위 이내에서 통신제한조치의 기간을 연장할 수 있다.

이렇게 방첩과 보안에 대해 알아봤습니다. 이 외에도 알아두면 좋은 것들을 소개하고 이 장은 끝내도록 하겠습니다.

알아두면 좋은 것들

• 스카이테일(Scytale): 기원전 450년경 그리스인들이 고안해 낸 역사상 가장 오래된 암호입니다. 당시 그리스 도시국가에서는 제독이나 장군을 다른 지역에 파견할 때 길이와 굵기가 같은 2개의 나무 봉을 만들어 하나는 본부에 두었고 나머지 하나는 파견인에게 주었습니다. 이 나무 봉에 종이 테이프를 서로 겹치지 않도록 감아올린 뒤 그 위에 가로로 글씨를 씁니다. 종이 테이프를 풀어 세로로 길게 늘어선 글을 읽으면 무슨 뜻인지 전혀 알 수 없습니다. 하지만 풀어진 종이 테이프의 해독을 위해 같은 크기의 나무 봉에 감아 가로로 글을 읽으면 비로소 내용이 드러나는 원리입니다. 이 나무 봉을 스카이테일이라 불렀기 때문에 '스카이테일 암호'라 부릅니다.

• 사이퍼 디스크(Cipher Disk): 암호화 및 해독을 할 수 있는 장치로 이탈리아 건축가이자 작가인 레온 바티스타 알베르티가 1470년 개발한 도구입니다. 이 도구는 2개의 동심원 판으로 구성된 장치(통칭 Alberti 암호 디스크)로 만들어졌으며, 큰 판은 고정되어 있고 작은 판은 돌릴 수 있어서 알파벳 암호표를 통해 암호문을 만드는 원리입니다.

• 팬 레지스터(Pen Register): 특정 전화선에서 전화를 건 모든 전화번호와 관련된 데이터를 수집하는 데 사용하는 전자도구입니다. 왼쪽 사진은 초창기 펜 레지스터 장치이며 지금은 디지털 장치를 사용합니다. 펜 레지스터를 활용하여 특정 유선전화에서 발신한 전화를 모니터링하는 등 다양한 유형의 감시를 할 수 있습니다. 다만 통화내용은 감시할 수 없습니다. 많은 국가에서 펜 레지스터는 개인정보 보호법에 의해 통제되며, 범죄수사에 한해 제한적으로 사용할 수 있습니다.

- **제3자 거래기록**: 은행거래 기록, 보험등록기록, 도서대출기록, 통장개설기록, 총포판매기록, 세금기록, 교육수강기록, 의료기록 등 개인의 거래 및 계약 기록 등이 모두 '제3자 거래기록'에 해당합니다.
- **그린메일**: 기업사냥꾼들이 상장기업의 주식을 대량으로 매입한 후 경영진을 위협하여 적대적인 인수합병을 포기하는 대가로 자기가 확보한 주식을 매우 높은 가격에 되사도록 강요하는 행위입니다.
- **그레이메일**: 스파이 용의자가 자신이 알고 있는 비밀을 재판과정에서 폭로하겠다고 정부나 정보기관에 협박하는 행위입니다.
- **블랙메일**: 개인, 기업, 집단에게 협박하는 메일을 일컫습니다.

05 테러

생각해보면 한국처럼 종교적으로 안정된 나라도 드물 겁니다. 개신교, 천주교, 불교, 이슬람교, 민간신앙 등 다양한 종교들이 한국에 공존하며 사람들과 상호작용하면서 지내지만 신기하게도 다른 종교에 대한 증오나 폭력은커녕 갈등조차 잘 보이지 않습니다. 오히려 타 종교에 대한 이해와 인정이 보편화되어 있습니다. 또한 민족에 대한 배타성도 거의 없다시피 합니다. 러시아나 독일처럼 네오 나치 같은 무리가 시민들에게 폭력을 행사하고 다니는 것은 상상조차 할 수 없습니다. 세계 어느 지역의 사람들이든 한국은 이들을 특별히 증오하거나 배척하는 문화 자체가 없습니다. 만약 당신 앞에 어떤 인종이든 누군가가 도움을 요청한다면, 아마 당신은 어떻게든 도와주려고 '최선을 다해' 노력할 겁니다. 물론 아직도 우리나라보다 못사는 나라 출신의 외국인을 겉모습만 보고 무시하는 사람도 있고 역시나 겉모습만 보고 한국인과 '비한국인'을 구분하는 사람도 있지만 점차 사라지고 있는 것도 사실이라 걱정할 만한 수준은 아니라고 생각합니다. 물론 한국이 왜 이런 문화를 갖게 되었는지 생각하면 인류학이라든지 지리학이라든지 생물학 등 여러 분야에서 근거를 찾아야 합니다만 어쨌든 현실은 그렇다는 겁니다.

테러 이야기를 하면서 종교와 민족에 대해 먼저 말을 꺼낸 것은 그만큼 대부분의 테러가 종교와 민족 갈등을 배경으로 하기 때문입니다. 인류 전쟁사와 현재 중동, 남미, 아프리카, 심지어 미국이나 유럽에서도 빈번하게 일어나는 테러들을 떠올려 보면 쉽게 알 수 있습니다. 시아파 vs 수니파, 아르메니아인 vs 터키인, 기독교 vs 이슬람교, 유대인 vs 독일인, 슬라브 vs 게르만, 동양인 vs 서양인, 티베트인 vs 중국인, 천주교 vs 개신교, 후투족 vs 투치족, 알바니아인 vs 세르비아인 등 인류 역사 대부분의 전쟁과 학살은 직간접적으로 민족 갈등이나 종교가 원인이었습니다. 그런데 한국은 이게 없다는 겁니다. 개인적으로 이 부분은 한국인으로서 매우 자랑스럽게 생각합니다.

테러방지법 및 관련 사건

이제 본격적으로 테러에 대해 이야기해 봅시다. 테러에 대해 알고 싶다면 다른 것보다 2016년 3월 3일에 공포된 「국민보호와 공공안전을 위한 테러방지법」을 보시면 됩니다. 그중에서 특히 제2조와 제17조를 살펴보도록 합시다. 여기에 테러의 정의와 범위, 처벌 등이 나오기 때문입니다.

국민보호와 공공안전을 위한 테러방지법

제2조(정의) 이 법에서 사용하는 용어의 뜻은 다음과 같다.

1. "테러"란 국가·지방자치단체 또는 외국 정부(외국 지방자치단체와 조약 또는 그 밖의 국제적인 협약에 따라 설립된 국제기구를 포함한다)의 권한행사를 방해하거나 의무 없는 일을 하게 할 목적 또는 공중을 협박할 목적으로 하는 다음 각 목의 행위를 말한다.

　가. 사람을 살해하거나 사람의 신체를 상해하여 생명에 대한 위험을 발생하게 하는 행위 또는 사람을 체포·감금·약취·유인하거나 인질로 삼는 행위

• 가목 관련 테러: 이한영(아래 사진)은 김정일의 전처 성혜림의 언니 성혜랑의 아들입니다. 1976년 5월 17일 성혜림(이모), 성혜랑(어머니)과 모스크바에서 생활하다 홀로 1982년 9월 28일 스위스 어학연수 중 귀순 의사를 밝히고 1982년 10월 1일 한국으로 망명하였습니다. 이한영의 망명 이후 북한에서는 이한영에게 여러 차례 암살 협박을 했습니다. 그는 1988년 12월 결혼하여 경기도 성남시 분당구에 아파트를 마련하고 정착하였으나, 북한 공작원의 보복테러에 의해 자신의 임시거처 문 앞에서 저격당하여 뇌사상태에 빠졌다가 결국 세상을 떠났습니다.

▲이한영

제2조(정의) 1.

　나. 항공기(「항공안전법」 제2조 제1호의 항공기를 말한다. 이하 이 목에서 같다)와 관련된 다음 각각의 어느 하나에 해당하는 행위

　　1) 운항중(「항공보안법」 제2조 제1호의 운항중을 말한다. 이하 이 목에서 같다)인 항공기를 추락시키거나 전복·파괴하는 행위, 그 밖에 운항중인 항공기의 안전을 해칠 만한 손괴를 가하는 행위

　　2) 폭행이나 협박, 그 밖의 방법으로 운항중인 항공기를 강탈하거나 항공기의 운항을 강제하는 행위

　　3) 항공기의 운항과 관련된 항공시설을 손괴하거나 조작을 방해하여 항공기의 안전운항에 위해를 가하는 행위

• 나목 관련 테러: 1986년 9월 14일 오후 3시 12분경 김포국제공항에서 1층 외곽 5번과 6번 출입문 사이에 위치한 음료수 자동 판매기 옆 쓰레기통에서 시한 폭탄이 폭발하여 총 5명이 숨지고 38명이 중경상을 입었습니다. 당시에 현장보존을 하지 않아서 오랫동안 미제 사건으로 남아 있다가 월간조선 2009년 3월호에 팔레스타인 출신인 아부 니달이 북한으로부터 사주를 받아서 일으킨 테러라는 보도가 있었습니다. 아부 니달은 1985년 로마 공항, 빈 공항 습격과 1986년 팬암 73편 납치사건 등과 관련이 있는 인물입니다.

▲김포공항 폭탄테러 사건 보도

제2조(정의) 1.

다. **선박**(「선박 및 해상구조물에 대한 위해행위의 처벌 등에 관한 법률」 제2조 제1호 본문의 선박을 말한다. 이하 이 목에서 같다) 또는 해상구조물(같은 법 제2조 제5호의 해상구조물을 말한다. 이하 이 목에서 같다)과 관련된 다음 각각의 어느 하나에 해당하는 행위

1) 운항(같은 법 제2조 제2호의 운항을 말한다. 이하 이 목에서 같다) 중인 선박 또는 해상구조물을 파괴하거나, 그 안전을 위태롭게 할 만한 정도의 손상을 가하는 행위(운항 중인 선박이나 해상구조물에 실려 있는 화물에 손상을 가하는 행위를 포함한다)

2) 폭행이나 협박, 그 밖의 방법으로 운항 중인 선박 또는 해상구조물을 강탈하거나 선박의 운항을 강제하는 행위

3) 운항 중인 선박의 안전을 위태롭게 하기 위하여 그 선박 운항과 관련된 기기 · 시설을 파괴하거나 중대한 손상을 가하거나 기능장애 상태를 일으키는 행위

• **다목 관련 테러:** 2011년 1월 15일 한국 선적 삼호 주얼리호가 소말리아 해적들에게 피랍된 것을 한국 특수전부대 UDT 투입으로 구출에 성공한 사례입니다. 왼쪽 사진에 체포되어 앉아있는 소말리아 해적들이 보입니다.

▲소말리아 해적 소탕 작전(아덴만의 여명 작전)

제2조(정의) 1.

라. 사망 · 중상해 또는 중대한 물적 손상을 유발하도록 제작되거나 그러한 위력을 가진 생화학 · 폭발성 · 소이성(燒夷性) 무기나 장치를 다음 각각의 어느 하나에 해당하는 차량 또는 시설에 배치하거나 폭발시키거나 그 밖의 방법으로 이를 사용하는 행위

1) 기차 · 전차 · 자동차 등 사람 또는 물건의 운송에 이용되는 차량으로서 공중이 이용하는 차량

2) 1)에 해당하는 차량의 운행을 위하여 이용되는 시설 또는 도로, 공원, 역, 그 밖에 공중이 이용하는 시설

3) 전기나 가스를 공급하기 위한 시설, 공중이 먹는 물을 공급하는 수도, 전기통신을 이용하기 위한 시설 및 그 밖의 시설로서 공용으로 제공되거나 공중이 이용하는 시설

4) 석유, 가연성 가스, 석탄, 그 밖의 연료 등의 원료가 되는 물질을 제조 또는 정제하거나 연료로 만들기 위하여 처리 · 수송 또는 저장하는 시설

5) 공중이 출입할 수 있는 건조물 · 항공기 · 선박으로서 1)부터 4)까지에 해당하는 것을 제외한 시설

• **라목 관련 테러:** 1983년 9월 23일 영남고등학교에 재학 중이던 고등학생 허병철은 미국문화원 주변에서 가방 몇 개를 발견하고 그중 하나를 가지고 경찰에 신고했습니다. 신고를 받은 김철호 순경은 허병철과 함께 미국문화원으로 이동했는데 도착하자마자 현장에 있던 가방이 폭발해서 허병철은 폭사했으며, 김철호는 중상을 입었습니다. 수사를 진행 3개월 후인 12월 3일, 부산 다대포 해안에서 2명의 무장간첩(전충남, 이상규)이 체포되었는데 이들의 증언에 따르면 대구 미국문화원 폭발사건은 북한의 지령에 따른 것이라고 밝혔습니다.

▲대구 미국문화원 폭발사건

제2조(정의) 1.

마. **핵물질**(「원자력시설 등의 방호 및 방사능 방재 대책법」 제2조 제1호의 핵물질을 말한다. 이하 이 목에서 같다), 방사성물질(「원자력안전법」 제2조 제5호의 방사성물질을 말한다. 이하 이 목에서 같다) 또는 원자력시설(「원자력시설 등의 방호 및 방사능 방재 대책법」 제2조 제2호의 원자력시설을 말한다. 이하 이 목에서 같다)과 관련된 다음 각각의 어느 하나에 해당하는 행위

1) 원자로를 파괴하여 사람의 생명·신체 또는 재산을 해하거나 그 밖에 공공의 안전을 위태롭게 하는 행위

2) 방사성물질 등과 원자로 및 관계 시설, 핵연료주기시설 또는 방사선발생장치를 부당하게 조작하여 사람의 생명이나 신체에 위험을 가하는 행위

3) 핵물질을 수수(授受)·소지·소유·보관·사용·운반·개조·처분 또는 분산하는 행위

4) 핵물질이나 원자력시설을 파괴·손상 또는 그 원인을 제공하거나 원자력시설의 정상적인 운전을 방해하여 방사성물질을 배출하거나 방사선을 노출하는 행위

테러단체

"테러단체"란 국제연합(UN)이 지정한 테러단체를 말합니다. UN에서 지정한 테러단체는 총 61개로 자세한 현황은 군사안보지원사령부 홈페이지(https://www.dssc.mil.kr)에서 볼 수 있습니다. 참고로 UN에서 지정한 테러단체들은 대부분 이슬람 원리주의자들이 만든 단체들인데 이름이 '알'로 시작하는 단체들이 많습니다. 아랍어로 '알'은 따로 뜻은 없고 관사라고 하며, 알 다음에 나오는 단어들이 진짜 뜻을 담고 있습니다. 가령 알 카에다는 근본, 알 샤리아는 이슬람 율법, 알 아크사는 실제 모스크 사원의 이름을 뜻한다고 합니다. 미 국무부가 따로 테러지원국으로 지정한 국가로는 이란, 시리아, 북한, 쿠바 등이 있습니다.

국민보호와 공공안전을 위한 테러방지법

제2조(정의)

2. "테러단체"란 국제연합(UN)이 지정한 테러단체를 말한다.

3. "테러위험인물"이란 테러단체의 조직원이거나 테러단체 선전, 테러자금 모금·기부, 그 밖에 테러 예비·음모·선전·선동을 하였거나 하였다고 의심할 상당한 이유가 있는 사람을 말한다.

4. "외국인테러전투원"이란 테러를 실행·계획·준비하거나 테러에 참가할 목적으로 국적국이 아닌 국가의 테러단체에 가입하거나 가입하기 위하여 이동 또는 이동을 시도하는 내국인·외국인을 말한다.

5. "테러자금"이란 「공중 등 협박목적 및 대량살상무기확산을 위한 자금조달행위의 금지에 관한 법률」 제2조 제1호에 따른 공중 등 협박목적을 위한 자금을 말한다.

6. "대테러활동"이란 제1호의 테러 관련 정보의 수집, 테러위험인물의 관리, 테러에 이용될 수 있는 위험물질 등 테러수단의 안전관리, 인원·시설·장비의 보호, 국제행사의 안전확보, 테러위협에의 대응 및 무력진압 등 테러 예방과 대응에 관한 제반 활동을 말한다.

7. "관계기관"이란 대테러활동을 수행하는 국가기관, 지방자치단체, 그 밖에 대통령령으로 정하는 기관을 말한다.

8. "대테러조사"란 대테러활동에 필요한 정보나 자료를 수집하기 위하여 현장조사·문서열람·시료채취 등을 하거나 조사대상자에게 자료제출 및 진술을 요구하는 활동을 말한다.

제17조(테러단체 구성죄 등) ① 테러단체를 구성하거나 구성원으로 가입한 사람은 다음 각 호의 구분에 따라 처벌한다.

1. 수괴(首魁)는 사형·무기 또는 10년 이상의 징역

2. 테러를 기획 또는 지휘하는 등 중요한 역할을 맡은 사람은 무기 또는 7년 이상의 징역

3. 타국의 외국인테러전투원으로 가입한 사람은 5년 이상의 징역

4. 그 밖의 사람은 3년 이상의 징역

② 테러자금임을 알면서도 자금을 조달·알선·보관하거나 그 취득 및 발생원인에 관한 사실을 가장하는 등 테러단체를 지원한 사람은 10년 이하의 징역 또는 1억원 이하의 벌금에 처한다.

③ 테러단체 가입을 지원하거나 타인에게 가입을 권유 또는 선동한 사람은 5년 이하의 징역에 처한다.

④ 제1항 및 제2항의 미수범은 처벌한다.

⑤ 제1항 및 제2항에서 정한 죄를 저지를 목적으로 예비 또는 음모한 사람은 3년 이하의 징역에 처한다.

⑥ 「형법」 등 국내법에 죄로 규정된 행위가 제2조의 테러에 해당하는 경우 해당 법률에서 정한 형에 따라 처벌한다.

테러 증후군

아무리 법으로 테러를 규정하고 처벌조항을 만들어도 일단 터지면 그 공포는 상상을 초월한다고 합니다. 그리고 테러범과 대면하게 되면 대부분이 평소와 다른 행동과 생각을 하게 된다고 합니다. 흔히들 말하는 테러 증후군인데, 테러 증후군에는 어떤 것들이 있는지 알아봅시다.

- **스톡홀름 증후군**: 1973년 8월 23일에 잔 에릭 올손(왼쪽 사진)은 스톡홀름 중심가에서 은행강도를 시도했

▲체포된 잔 에릭 올손

습니다. 그는 4명을 인질로 잡고 28일까지 경찰과 대치하며 친구 클라크 올로프손을 자기와 합류시킬 것과 현금 300만 크로너, 두 자루의 창과 방탄조끼, 헬멧, 도주용 차량을 요구했습니다. 올로프손은 당시 수상인 올로프 팔메와 전화 통화까지 했는데, 두 번째 전화 땐 인질 중 한 명이던 크리스틴 엔마크라는 사람이 자신을 포함해 인질들은 안전하게 잘 있으니 범인들의 요구를 모두 수용하라고 요청했습니다. 28일 드디어 올손과 올로프손은 진압당하고 체포됐습니다. 재판에서 엔마크 등 인질들은 증언을 통해 올로프손의 편을 들었고, 올손에 대해서도 우호적인 증언을 이어 나갔습니다. 인질들은 범인들이 언제나 신사적이었으나 경찰이 강경한 태도로 행동했다고 주장했습니다. 이 소식에 올손에게 여성들의 팬레터가 오기 시작했으며 올손은 그중 한 명과 약혼까지 하게 됩니다. 믿기지 않겠지만 전부 사실입니다. 이후 테러범들에게 인질들이 감정적, 사상적으로 동화돼서 옹호까지 하게 되는 현상을 '스톡홀름 증후군'이라고 합니다.

- **리마 증후군**: 1996년 12월에 페루의 좌파무장단체인 '투팍아마루 혁명운동(MRTA)' 소속 14명의 테러범

▲MRTA 소속 테러범

(왼쪽 사진)들이 일본 리마 대사관을 불법 점거하며 1997년 4월 22일 테러범 14명이 모두 사살되기까지 무려 약 4개월을 400여 명의 인질들과 함께 지냈습니다. 그런데 테러범들은 점차 인질들에게 동화되는 모습을 보이기 시작했습니다. 인질들이 가족들에게 편지를 보내는 것을 허용해 주었으며 인질들이 미사 의식을 개최하거나 의약품, 또는 의류를 반입하는 것 역시 허락했습니다.

나중에는 테러범들이 자진해서 인질들에게 자신들의 신상정보를 이야기하기도 했답니다. 리마 일본 대사관 점거사건에서 생긴 이 현상을 따서 테러범이 인질들에게 감정적, 사상적으로 동화되는 현상을 '리마 증후군'이라 이름 붙였습니다. *테러범들도 테러 현장에서는 제정신이 아니게 되는 것 같습니다.*

▲SAS의 지시에 따라 탈출하는 인질

- 런던 증후군: 미국심리학회의 설명에 따르면 런던 증후군은 "인질범이 인질극 동안 인질들에게 기대했던 행동들에 대해 인질들이 계속 거절하고 확고하게 반항하는 것"이라고 되어 있습니다. 1981년에 영국 런던에 있던 이란 대사관에서 테러범들이 인질을 잡았는데, 인질 중 하나인 압바스 라바사니(Abbas Lavasani)가 테러범들과 계속 적대적으로 언쟁하고 반항하다가 결국 테러범들에게 살해당해 건물 밖으로 던져진 사건이 있었습니다. 이후 이와 유사한 현상에 대해 '런던 증후군'이라는 이름이 붙여졌습니다. 사진은 당시 인질 중 한 명인 샘 해리스가 영국 대테러부대 SAS의 지시에 따라 이란 대사관 건물 밖으로 탈출하는 장면입니다. *SAS 요원이 소지하고 있는 MP5가 인상적입니다.*

마약

세계는 현재 마약과의 전쟁을 치르고 있습니다. 테러조직이 마약 생산 · 유통과도 밀접한 관련이 있으므로 이번 테러와 관련하여 정리하고 넘어가도록 하겠습니다.

- 대마류

종류	특성	작용	주산지
대마초	• 연녹색, 황색, 갈색 잎 • THC(Tetra Hydro Canabinol) 성분이 도취 · 환각 유발	• 흥분과 억제 2가지 작용 • 초조, 풍족, 이완, 꿈꾸는 느낌, 공복감, 단것 먹고 싶은 느낌, 감각의 미묘한 변화, 빠른 감정 변화, 공중에 뜨는 느낌 • 변비, 환각, 심박증가, 공포, 불안, 사고 및 기억 단절, 집중력 상실, 자아상실감, 영상 왜곡 • Flashback(중단 후 환각 재현)	온대, 열대(아시아, 아프리카, 미주)
대마수지 (해시시)	• 대마초 300kg로 해시시 1kg 제조 • 갈색, 흑색의 수지 • THC 2~10% 함유		
대마오일 (해시시 오일)	• 해시시 3~6kg로 해시시오일 1kg 제조 • 암록색, 흑색의 기름 형태 • THC 10~30% 함유		

• 천연마약

종류		특성	작용	주산지
아편계	양귀비	백색, 적색, 자색 꽃	진통 · 진정 · 지사	• 황금의 삼각지대(미얀마, 태국, 라오스) • 황금의 초승달지대(이란, 파키스탄, 아프간) • 중심 온대, 아열대 등 거의 세계 전역
	아편	• 설익은 꽃봉우리에 생채기를 내어 우유빛 즙을 담아 두면 암갈색 타르화(생아편), 응고하면 딱딱한 왁스형 • 달콤하고 톡 쏘는 향, 건초향	• 고통 완화, 졸린 듯한 상태에서 편안함, 황홀감 경험 • 의존성, 내성, 변비, 얼굴 창백, 신경질적, 식욕 · 성욕 상실, 구토, 동공수축, 호흡장애	
	모르핀	• 아편으로 모르핀 제조(10 : 1) • 무취, 쓴맛 • 백색 · 갈색 · 커피색 분말, 캡슐, 주사약	• 의약용으로 사용 • 강력한 진통작용, 도취, 수면 • 아편보다 강한 중독성 • 호흡억제, 구토, 발한, 변비	
	헤로인	• 모르핀의 1/2 양으로 동일 효과 • 백색 · 황백색 · 회색 · 연갈색 설탕 형태 미세결정 • 무취, 쓴맛, 모르핀에 무수초산을 가한 제조로 밀조품은 강한 식초 냄새	• 쾌감 쇄도 후 졸음, 도취 • 모르핀보다 강한 중독성 • 변비, 동공수축, 호흡감소, 무감각, 내분비계통 퇴화, 자아 통제불능	• 황금의 삼각지대 • 황금의 초승달지대 • 중미(멕시코, 콜롬비아)
	코데인	• 모르핀으로부터 분리 • 주사, 캡슐, 정제	• 의약용으로 사용 • 진통, 진해 특효	
코카계	코카인	• 코카엽에서 추출 • 솜털 같은 백색결정분말 • 코로 흡입, 주사, 구강투여	• 효과 신속 · 일시적 • 대뇌흥분, 동공확장, 심박증가, 심장장애, 호흡곤란, 경련, 공격적, 과대망상, 정신착란	남미(콜롬비아, 볼리비아, 페루)
	크랙	• 코카인에 베이킹소다와 물을 넣고 가열하여 제조 • 작은 돌과 같은 결정체 • 워터파이프로 흡연 • 투약 간편, 저렴	• 효과 신속 · 강렬, 황홀감 • 코카인보다 중독 위험 심각 • 코카인과 유사한 부작용	

• 합성마약

종류	특성	작용
페티딘계	• 모르핀 대용 • 3~6시간 지속 • 주사, 정제, 캡슐 • 중국명은 도냉정	• 진통, 진정 • 졸립고 멍해짐 • 호흡감소, 경련 • 내성, 의존성

메타돈계	• 모르핀 대용 • 24시간 지속 • 주사, 정제, 캡슐	• 아편계 중독치료 • 내성, 의존성

• 향정신성 의약품

종류		특성	작용	주산지
환각제	LSD	• 무색, 무미, 무취 결정분말 • 투명액, 정제, 각설탕, 캡슐형 • 이쑤시개, 아스피린, 종이, 사탕, 빵 등에 흡착하여 섭취 • 소량(1회 0.1mg)으로 6~12시간 환각 상태	• 환각, 자기모습을 제3자 입장에서 관찰 • 음악의 색 · 맛 감상, 광범위한 감정 체험 • 인지 · 판단력 감소, 자기통제력 상실 • 동공확대, 홍조, 체온저하, 발한, 현기증, 혈압 상승 • 재발성 환각 질환	• 북미, 유럽 • 동남아
	MDMA (엑스터시)	• 암페타민류 합성마약 • 로고 각인 정제, 캡슐	• 도취, 식욕상실 • 변비, 혼수, 자아통제 불능	유럽, 미국
	메스칼린	• 멕시코 선인장 페이오트(Peyote)에서 추출 • 분말, 캡슐, 용액	• 환상, 환각	
	암페 타민류	• 염산에페드린이 원료 • 백색, 회색, 황색 분말 또는 크리스탈 덩어리 • 약간의 신맛, 물에 잘 녹음 • 주사, 코 흡입, 술이나 음료에 타서 남용	• 기관지 확장, 혈압 상승, 심박증가, 동공확대, 혈당증가, 근력증가 • 황홀, 공복감상실, 상쾌, 자신감, 식욕억제, 피로억제, 정신적의존성, 내성 • 불안, 흥분, 환각, 망상, 불면, 정신착란 • 플래시백	• 중국, 필리핀, 대만, 홍콩, 태국 • 미국(히로뽕) • 유럽(암페타민)
	야바 (YABA)	• 암페타민류 25% 함유 • 작은 정제(1알: 0.2g)	• 도취, 흥분, 환각, 공격성 • 우울증, 정신착란, 공포	태국, 미얀마
각성제	진정 수면제	• 바르비탈제제 등 • 알콜과 남용 시 치명적	• 생리기능 억제, 불안, 긴장, 불면 치료 • 의존성, 내성, 호흡곤란, 심기능 저하, 동작 · 사고 둔화, 기억력 장애	
	신경 안정제	알콜과 남용시 치명적	• 불안, 긴장 완화 • 의존성, 내성, 운동실조, 착란, 졸음	

각국의 테러 대응

이번에는 이러한 테러를 각국에서는 어떻게 대응하고 있는지 알아봅시다. 모든 나라에서는 테러 상황을 컨트롤하고, 대테러활동의 위 정책과 중요사항들을 심의·의결하는 컨트롤타워가 있습니다. 또한 현장에서 테러범과 대치하거나 진압하는 특수부대들이 있습니다.

• 한국: 한국에서는 국가테러대책위원회, 대테러센터, 테러정보통합센터 등이 대표적인 컨트롤타워 시스템이 있습니다. 국가테러대책위원회의 위원장은 국무총리이며 이곳에서 대테러활동에 관한 국가의 정책 수립 및 평가와 국가 대테러 기본계획 등 중요 중장기 대책 추진 사항을 심의·의결하고 있습니다. 한마디로 한국의 대테러 최고 정책기구라고 보시면 됩니다. 국가테러대책위원회 아래에 대테러센터라는 조직이 있는데 여기 센터장은 국무총리가 임명한 자로, 임무는 대책위원회의 회의 및 운영에 필요한 사무의 처리, 국가대테러활동 관련 임무분담 및 협조사항 실무 조정, 장단기 국가대테러활동 지침 작성 및 배포, 테러경보 발령, 국가 중요행사 대테러안전대책 수립 등이 있습니다. 특히 테러경보를 대테러센터에서 내린다는 사실을 꼭 알아 두시길 바랍니다.

참고로 테러경보는 총 4단계로 관심(테러 발생 가능성이 낮은 상태), 주의(테러로 발전할 수 있는 상태), 경계(테러 발생 가능성이 높은 상태), 심각(테러 발생이 확실시되는 상태)이 있다는 점도 알아두시길 바랍니다. 또한 테러 정보를 모으고 24시간 테러 징후, 상황 등을 감시하는 실무기구인 국정원 산하 테러정보통합센터가 있으며 테러 현장에 가서 조사하고 통제하는 대테러합동조사팀, 줄여서 '합조팀'도 운영 중입니다. 합조팀은 어느 한 기관에서 하는 것이 아니라 여러 관련 기관에서 합동으로 나와서 조사를 한다는 의미에서 합동조사팀이라는 이름이 붙여진 겁니다.

[한국의 대테러부대]

육군특수전사령부 제707특수임무단	해군특수전전단 특수임무대대	경찰특공대	해양경찰특공대	제24화생방 특수임무대대

• 외국: 이번에는 다른 나라들의 대테러대응 시스템을 알아봅시다.

구분	미국	영국	러시아	독일	프랑스	이스라엘
테러 컨트롤타워	NSC, NCTC, DHS	JTAC, Counter Terrorism Policing, NaCTSO	NAC	BPOL	DGPN, DGSI, SDAT	아만(AMAN)
대테러부대	DEVGRU, Delta Force, SEAL	SAS, SS	Al-fa, Vympel	GSG-9	GIGN/GSIGN, RAID	샤이렛 매트칼 (Sayeret Metkal)

북한의 테러

마지막으로 북한의 테러 역사를 알아봅시다. 북한의 테러는 한국과 매우 직접적인 연관이 있으므로 비단 공부를 위해서가 아니라도 상식으로 알고 계시면 좋으리라 생각합니다. 다음은 대표적인 북한의 대남 공작·도발 사건들에 대한 설명입니다.

1950년대

• **성시백 간첩사건:** 성시백(1905~1950, 황해도 평산)은 중국공산당에 입당 후 대한민국 임시정부를 대상으

▲성시백 묘비

로 통일전선공작을 진행했습니다. 해방 후 남로당 박헌영과 연락 및 정보수집, 좌우합작 공작을 했고 특히 1946년 김일성의 특사로 서울에 와서 우익진영의 이간·분열과 미군정청, 경찰, 군, 첩보기관, UN한국위원회 등에서 정보수집 첩보망을 구축·조종·통제해 왔습니다. 성시백이 했던 비밀공작은 많지만 가장 대표적인 것이 국회 프락치 사건을 통해서 주한미군철수결의안을 통과시킨 것입니다. 성시백은 김구에게 김일성의 특사임을 밝히면서 남북조선제정당단체 대표자연석회의 초청장을 전달하여 김구, 김규식, 김두봉, 김일성의 '4김 회담'을 열게 만들었습니다. 이건 대한민국의 역사에 큰 영향을 끼친 공작입니다. 이후 남북지도자협의회

결과, 발표된 '남북조선제정당사회단체 공동성명서'는 첫째 미·소 양군 동시 철수, 둘째 내전 반대, 셋째 정치회의를 통한 민주주의 임시정부 수립, 넷째 단독 선거 절대 반대라는 내용이 들어있었습니다. 이는 대한민국 건국에 엄청난 어려움을 야기하였고 현재까지도 그 영향력이 없어지지 않고 있습니다. 그 후 성시백은 활동 중 정체가 탄로나 1950년 5월 15일 체포, 6월 27일 총살형을 당하였습니다.

• **창랑호 납북사건(1958.2.16.):** 1958년 2월 16일 11시 30분, 부산 수영 비행장을 이륙한 창랑호는 12시 40

▲한국 최초로 공중 납치된 창랑호

분경 평택 상공에서 기수를 돌리고 북한의 평양 순안 국제공항으로 갑니다. 대한민국 최초의 항공기 공중 납치사건인 '창랑호 납북사건'의 시작입니다. 창랑호는 대한민국 최초의 민항사인 대한국민항공사의 여객기로, 기장과 부기장은 모두 미국인이었으며 승객 29명과 승무원 3명, 미군 군사고문단원 중령 등 총 34명이 탑승하고 있었습니다. 5명의 남파공작원이 항공기를 납치한 이 사건은 다음 날인 2월 17일 언론

기관을 동원해 '의거 입북했다'고 발표해서 사건의 주체가 북한임을 알 수 있게 되었습니다.

1960년대

• **해군 당포함 격침사건(1967.1.19.):** 1967년 1월 19일 한국해군 당포함이 동해상에서 명태잡이 민간 어선

▲한국해군 당포함

단을 보호하고 있었습니다. 오후 1시 30분경 명태잡이 어로작업을 하던 어선단 70척이 어군을 따라 해군이 설정한 어로저지선과 해상휴전선을 넘게 되었고 이때 북한해군 PBL 2척이 나타나 어선단 납북을 시도했습니다. 한국해군 당포함은 북한함정의 납북시도를 확인하고 한국 어선단을 남하시키기 시작했습니다. 이때 북한의 해안 동굴진지에

서 포격이 개시되었고, 당포함도 대응 사격을 하였습니다만 당포함의 선체와 기관실이 대파당하고 당포함은 침몰하였습니다. 당시 당포함 승무원 79명 중 장교 2명과 사병 37명이 전사하고 14명이 중경상을 입었습니다.

- 푸에블로호 피랍사건(1968.1.23.): 1968년 1월 23일 오전 11시 30분경, 북한 원산 앞바다에서 해양 조사

▲미군 정찰함 푸에블로호

선으로 위장한 미군의 정찰함 푸에블로호가 항해 중이었다. 일본에서 출항한 후 블라디보스토크에 있는 소련의 극동 기지를 정찰한 뒤 북한의 동해안에서 정보를 수집하고 있었습니다. 하지만 3척의 무장 초계정과 2대의 미그기에 의해 나포되어 원산항으로 이동하였습니다. 이에 미국은 핵 항공모함 엔터프라이즈호와 3척의 구축함을 진로를 변경시켜 원산만 부근에서 대기토록 하였으며, 25일에는 해공군의 예비역 14,000여 명에게 긴급 동원령을 내렸습니다. 오산과 군산기지에 2개 전투기대대를 급파했으며 28일에는 추가로 2척의 항공모함과 구축함 1척 및 6척의 잠수함을 동해로 이동시킴으로써 한반도에 전쟁이 날 분위기였습니다. 결국 미국은 북한과 협상을 하게 되고 사건발생 후 11개월이 지난 1968년 12월 23일 판문점을 통해 승무원 82명과 유해 1구가 송환되었습니다. 하지만 푸에블로호 함정과 거기에 설치된 비밀전자장치는 결국 돌려받지 못했습니다.

- 울진·삼척 무장공비 침투사건(1968.11.2.): 1968년 11월 그 해 1월 청와대 폭파를 목표로 서울에 침투하

였던 북한민족보위성정찰국 소속의 124군부대 소속 120명의 북한 무장공비가 울진·삼척 지역에 침투한 사건입니다. 이들은 침투지역 일원에서 공포 분위기를 조성하며 주민들을 선전·선동하는가 하면, 양민학살 등을 저질렀습니다. 15명씩 8개 조로 편성되어 경상북도 울진군 고포 해안에 상륙, 울진·삼척·봉화·명주·정선 등으로 침투하였습니다. 기관단총과 수류탄을 지닌 채 주민들을 집합시켜서 북한책자를 배포하고 북한의 발전상을 선전하는 한편, 정치사상교육을 시키면서 '인민유격대' 가입을 강요하였습니다. 공비들의 위협에도 불구하고 주민들은 신고하였고, 한국 정부는 군과 향토예비군을 출동시켜 소탕전을 벌였습니다. 소탕작전 결과 1968년 12월 28일까지 무장공비 113명을 사살하고 7명을 생포했으며 한국 측은 소탕작전 중 민간인 23명 사망, 군경 38명 전사로 집계되었습니다. 이 사건으로 한국 사회에는 반공정서가 크게 퍼져나가게 되었습니다.

1970년대

- 어선 오대양호 납북사건(1972.12.28.): 오대양호 사건은 1972년 서해에서 홍어잡이를 하던 쌍끌이 어선 오

▲오대양호 선원들

대양 61/62호가 북한 경비정에 납치된 사건입니다. 사진은 오대양호 선원들이 납북된 이후 북한 묘향산에서 찍은 단체사진으로, 납북자 가족모임에서 공개한 겁니다. 이 사건으로 어부 25명이 북한으로 끌려갔고 이후 이들의 생사는 알려지지 않았습니다. 그러다 2013년 9월 선원 전욱표 씨가 북한을 탈출해 한국으로 귀환했습니다. 오대양호 선원 중 귀국에 성공한 것은 전 씨가 처음이었습니다.

• 휴전선 남침용 땅굴 발견 사건(1974.11.5.): 제1땅굴은 육군 제25사단 수색대가 DMZ에서 수색임무를 수행하던 중 땅 밑에서 수증기가 올라오는 것을 보고 발견(1974.11.15. 고랑포 북동쪽 8km, 높이 1.2m, 폭 90cm, 지하 45m)하게 되었습니다.

제2땅굴은 시추 탐사에 의하여 발견(1975.3.19. 철원 북쪽 13km, 높이 2m, 폭 2m, 지하 50~160m)되었습니다.

제3땅굴은 시추 작업 중 한 시추공에 박혀 있던 PVC 파이프가 튀어나오고 지하수가 공중으로 12m 가량 솟아오르면서 발견(1978.10.17. 판문점 남쪽 4km, 높이 2m, 폭 2m, 지하 73m)되었습니다.

제4땅굴은 한국에 귀순한 북한군 출신 신중철의 증언으로 발견(1990.3.3. 양구 북쪽 26km, 높이 1.7m, 폭 1.7m, 지하 145m)되었습니다.

• 판문점 도끼 만행 사건(1976.8.18.): 1976년 8월 18일 오전 10시 30분 경비병력 10명, 노무자 5명으로 구성된 유엔사 작업반이 미루나무 주변에 도착해서 가지치기 작업을

▲당시의 언론 보도

시작했는데 북한군 중위 박철을 포함한 북한군 장교 2명과 병사 9명이 트럭을 타고 와서 작업을 계속하면 문제가 생길 것이라고 경고했습니다. 그러나 유엔사 작업반은 이 경고를 무시하고 작업을 계속하였습니다. 11시 경 10여 명의 북한군 경비대원들이 현장에 도착하였고, 북한군 병력은 30여 명으로 늘어났습니다. 이때 박철은 작업을 중지하지 않으면 죽이겠다고 협박하기 시작했습니다. 이에 한국인 노무자들은 작업을 중지했지만, 미군 책임자 보니파스 대위(사진 왼쪽)는 노무자들에게 작업을 계속하라고 명령했습니다. 그 직후 박철이 "죽여" 하는 고함 소리와 함께 보니파스 대위를 때리자, 북한군들이 달려들어 보니파스 대위를 쓰러뜨렸습니다. 그중 몇 명이 주위에 있던 도끼로 보니파스의 머리를 공격했습니다. 또한 함께 있던 베렛 중위(사진 오른쪽)도 공격당했으며 이

▲보니파스 대위(왼쪽)와 베렛 중위(오른쪽)

후 이들은 후송 중에 사망했습니다. 이 사건으로 인해 한국군 장교 1명과 사병 4명, 미군 사병 4명 등 총 9명이 부상당했습니다. 이 무지막지한 사건으로 인해 북한은 소련과 중국도 비난할 정도로 궁지에 몰려서, 한국군 특전사대원들이 보복조치로 같은 지역 북한 초소 4곳을 난입해 모두 파괴시켰을 때도 아무런 조치를 취하지 못했습니다.

• 격렬 비열도 간첩선 격침사건(1980.6.21.): 1980년 6월 20일 오후 5시 55분쯤 충남 대천 서북쪽 해상에서

해안으로 접근 중인 간첩선을 아군 초소 근무자가 발견하고 정지 신호를 보냈습니다. 그런데 아무런 응답이 없어 2발의 경고 사격을 가하자 간첩선은 아군 초소에 응사하면서 빠른 속도로 서쪽으로 달아났습니다. 당시 어청도 근해에서 초계 중이던 해군 함정이 무전 연락을 받고 즉각 추격에 나섰으며, 해경 경비정 3척과 공군 전폭기 3대가 출동, 합세하여 21일 새벽 서산 근해 동서 격렬 비열도 사이로 도주하는 간첩선을 발견하였습니다. 간첩선에 일제히 격파 사격을 개시했고 작전이 전개되는 동안 간첩선 침투 기도가 폭로된 것을 탐지한 북한은 도주하는 간첩선의 퇴주를 엄호할 목적으로 미

그-21기 12대와 군함 5척을 서해에 출동시켜 전쟁 발발 직전의 상황이 벌어졌습니다. 그러나 다행히도 한국공군의 적절한 조치로 미그기와 군함은 도주했습니다. 간첩선은 아군의 격파 사격으로 격렬 비열도 근해에서 격침되자 무장공비 9명이 뒤집힌 선체에 매달려 접근 중인 해군 함정에 수류탄 공격을 하면서 최후의 발악을 했지만, 한국군은 공비들을 생포하기 위해 위협 사격을 가하면서 교전을 벌였습니다. 공비의 완강한 저항으로 8명을 사살하고, 새벽 5시 40분 1명을 생포해 작전이 끝났습니다. 당시 얻은 수많은 북한 공작 장비들은 한국에 큰 도움이 되었습니다.

• 아웅산 묘소 폭탄테러(1983.10.9.): 1983년 10월 9일 미얀마를 순방 중이던 전두환 전 대통령 일행 역시

아웅산 묘소를 찾을 예정이었습니다. 당시 대통령의 묘소 참배 시간은 오전 10시였고, 참배 행사를 준비 중이던 한국 정부 측 인사 20명은 행사 전 미리 도착해 있었습니다. 이때 대통령이 행사 예정시간보다 30분 늦게 도착한다는 연락을 받고 한국 정부 인사들은 예행연습을 진행했습니다. 예행연습으로 애국가가 방송되자

북한공작원은 공식 행사가 시작한 것으로 판단해 미리 설치한 폭탄을 터뜨렸고 폭탄 3개 중 1개가 폭발하면서 대통령 수행원 17명과 미얀마인 7명이 사망하고 50명이 큰 부상을 당하는 테러가 발생했습니다.

• 은하계곡 무장공비 침투사건(1991.5.22.): 철원에서 DMZ를 통해 침투 중이던 무장공비 3명을 모두 사살한 사건입니다.

• 부여 간첩사건(1995.10.24.): 북한의 남파간첩을 포섭해서 다른 북한간첩 2명을 생포 및 사살한 사건입니다.

• 강릉 무장공비 침투사건(1996.9.17. ～ 11.5.): 강릉 인근에서 좌초된 북한의 잠수함에서 무장공비 26명이 침투한 사건입니다.

• 최정남·강연정 부부 간첩사건(1997.10.): 남파간첩이자 실제 부부였던 북한간첩을 체포한 사건입니다.

• 여수해안 간첩선 격침사건(1998.12.17.): 여수 근처에서 북한의 반잠수정을 해군이 격침한 사건입니다.

• 제1연평해전(1999.6.15.): 연평도 인근에서 벌어진 해상교전으로 북한 측 경비정 1척 침몰, 5척 파손, 사상자 50명이 발생한 사건입니다.

- 제2연평해전(2002.6.29.): 연평도 인근에서 벌어진 해상교전으로 한국해군 참수리정 1척이 예인하는 도중 침몰되었습니다. 제2연평해전으로 인해 우리 측은 6명이 전사, 25명이 부상을 당하였으며, 북한군은 등산 곶684호가 파괴되고 13명이 전사, 25명이 부상당한 것으로 집계됩니다.
- 북한의 1차 핵실험(2006.10.9.): 함경북도 길주군 풍계리에서 북한이 진행했던 TNT 0.8kt급 핵실험입니다.
- 금강산 관광객 피살사건(2008.7.11.): 금강산 관광을 갔던 한국인 박왕자 씨가 북한군 사격으로 피살당한 사건입니다.
- 북한의 2차 핵실험(2009.5.25.): 함경북도 길주군 풍계리에서 북한이 진행했던 TNT 3~4kt급 핵실험입니다.

- 천안함 피격사건(2010.3.26.): 백령도 인근에서 한국해군 천안함이 북한군 어뢰에 의해 격침당한 사건입니다.
- 연평도 포격전(2010.11.23.): 한국의 연평도에 북한군이 포격하였으며 이에 한국 해병대가 대응사격을 했던 교전입니다.
- 탈북자 박상학 암살 미수사건(2011.9.): 북한 정찰총국에서 박상학 암살을 사주받은 탈북자를 검거한 사건입니다.
- 북한의 3차 핵실험(2013.2.12.): 함경북도 길주군 풍계리에서 북한이 진행했던 TNT 6~7kt급 핵실험입니다.
- DMZ 목함지뢰 매설사건(2015.8.4.): 북한이 DMZ 내 한국 측 지역에 설치한 목함지뢰에 한국군 2명이 부상당한 사건입니다.
- 북한의 4차 핵실험 – 수소폭탄 실험(2016.1.6.): 함경북도 길주군 풍계리에서 북한이 진행했던 TNT 6kt급 수소탄실험입니다.
- 북한의 5차 핵실험(2016.9.9.): 함경북도 길주군 풍계리에서 북한이 진행했던 TNT 10kt급 핵실험입니다.
- 북한의 6차 핵실험(2017.9.3.): 함경북도 길주군 풍계리에서 북한이 진행했던 TNT 100~300kt급 수소탄실험입니다.

- 남북공동연락사무소 폭파(2020.6.16.): 북한이 남북연락사무소 건물을 폭파시킨 사건입니다.
- 연평도 해역 공무원 피격(2020.9.21.): 연평도 인근에서 실종된 한국 공무원이 북한 등산곶 인근에서 북한군에게 피격당한 사건입니다.
- 북한 해커, KISA 사칭 해킹공격(2021.5.10.): 북한의 해커가 한국인터넷진흥원을 사칭한 이메일을 통해 피싱 대상의 온라인 계정을 탈취한 사건입니다.
- 북한의 지령받은 시민단체 활동가 3명 구속(2021.8.2.): 북한 문화교류국 공작원들의 지령을 받고 F-35A 도입 반대운동을 추진한 시민단체 활동가 3명을 체포한 사건입니다.

06 사이버

사이버의 어원

▲노버트 위너

▲『Burning Crame』

Cyber라는 단어는 노버트 위너(정보사회론에서 많이 본 이름입니다!)라는 천재가 만든 책인 『Cybernetics, or Control and Communication in the animal and the machine』(1948)에서 처음 등장한 표현입니다. 사이버네틱스는 스스로 통제·관리하는 기계론에 대한 단어로, 인공두뇌학이라고도 불립니다. 이후 시간이 흘러 미국 소설가 윌리엄 포드 깁슨의 『Burning Crome』(1982)에서 드디어 'Cyberspace'라는 단어가 나옵니다.

책 표지를 보면 머리에 뭔가를 뒤집어쓴 여인이 인상을 쓰고 있는데 저 모자 같은 것이 인간에게 공감각적 자극을 느끼도록 만드는 시뮬레이션 기계장치입니다. 저 장치가 전 세계 네트워크로 연결되어 있어 가상세계인 'Cyberspace'가 가능해지는 겁니다. 이때부터 'Cyber'라는 단어가 대중에게 널리 알려지게 되었으며, 훗날 영화 「MATRIX」와 게임 「Half-Life: ALYX」가 나왔고, 현재의 '메타버스'라는 개념까지 생기게 된 겁니다. 이 얼마나 인류역사에 큰 영향을 끼친 아이디어란 말입니까?

사이버 범죄, 사이버 테러, 사이버전의 분류

이 사이버상에서는 이제 범죄도 생깁니다. 그래서 Cyber-Crime도 생기고 테러도 일어나서 Cyber-Terrorism도 생겼습니다. 전쟁도 하게 되니 Cyber-Warfare도 생겼습니다. 이들의 정의는 무엇일까요?

• Cyber-War와 Cyber-Warfare: 먼저 짚고 넘어가야 할 부분이 'War'와 'Warfare'가 다르다는 겁니다. 먼저 'War'는 국가와 국가 간의 무력 충돌, 즉 전쟁이 있어야 'War'라고 부를 수 있습니다. 비군사적 수단(외교, 정치 등)을 이용하여 충돌을 해결할 수 없고, 여기에 걸린 이익이 자국에 사활인 경우, 국가는 군사적 수단을 동원하게 됩니다. 반면 'Warfare'는 공중·지상·해상·우주·사이버와 같이 특정 영역에서 일어나는 전투입니다.

예시로 사이버전은 사이버라는 특정 영역에서 일어나는 전투입니다. 따라서 Cyber-War라는 단어는 엄밀히 따지면 의미상 맞지 않으므로 Cyber-Warfare가 옳은 표현이 아닐까 생각합니다. 한글로 번역을 하더라도 사이버전쟁이 아니라 사이버전이라고 표현하는 것이 맞다고 생각합니다. 만약 Cyber-War라는 단어가 있다면 사이버상에서 두 국가가 무력충돌을 한다는 뜻인데, 사이버상의 군사력이 무엇인지에 대해 따져 본다면 의미가 매우 모호해지게 됩니다. 현실적으로 사이버상에서 국가적으로 투사하는 전력이라고 한다면 주로 대규모 DDoS 공격, 상대 군사 네트워크에 숨겨둔 악성코드로 상대 군 무력화, 국가기관 시스템 해킹 등이 있겠습니다만 이것이 군사력이라고 할 수 있을까 의문입니다.

세계 최고의 백과사전인 『브리태니커』에서는 Cyber-War라는 단어를 공식적으로 설명하기도 합니다. 하지만 『브리태니커』에서도 Cyberwar라는 단어가 많은 전문가들에게 논란거리가 된다고 설명합니다.

Cyber-War는 사이버 공간에서 적대적인 행동으로 특정을 짓는 것이 옳은가? 사이버상 적대적 행동은 오히려 범죄에 가까운 양상인데 어떻게 전쟁이 될 수 있는가? 또한 다른 전문가들은 사이버상에서의 적대적인 행동들은 전통적인 전쟁이 시작되기 전의 전조로서도 일어나기에 Cyber-War라는 말 자체가 성립되기가 어렵다고 합니다. 그도 그럴 것이 2008년 러시아의 조지아 침공에서도 침공 전에 대규모 사이버 공격이 있었고, 2006년 레바논에서 이스라엘-헤즈볼라의 전투에서도 사이버 공격이 선행되었습니다. 위키피디아에서는 아예 Cyber-War라는 단어를 Cyber-Warfare와 연결하여 설명하고 있습니다.

• 사이버 범죄와 사이버 테러리즘: 사이버 범죄(Cyber-Crime)에 대한 『브리태니커』의 정의를 살펴보면 "사기, 아동포르노 및 지적재산 밀매, 개인정보탈취 혹은 사생활 침해 같은 불법적 목적들을 이루기 위한 도구로써 컴퓨터의 사용"이라고 합니다. 하지만 이러한 정의에는 몇 가지 의문이 듭니다. 그럼 사이버 테러리즘과 무엇이 다른가? 사이버 테러리즘 역시 불법적 목적들을 이루기 위한 도구로써 컴퓨터를 사용하는 것이 아닌가?

사이버 범죄 전문가이자 데이턴 로스쿨 교수인 Susan W. Brenner가 발표한 논문을 보면 "기본적으로 범죄는 개인적이고 테러는 정치적입니다. 범죄는 개인의 이익, 욕망, 필요 등 개인적 이유로 생깁니다. (중략) 테러리즘은 범죄로 생기는 결과들과 구별하기 어렵지만 매우 다른 이유로 이뤄집니다."라는 내용이 있습니다.

2000년 2월 22일 국정홍보처에서 작성한 테러의 개념을 보면 테러의 요건으로 첫 문장이 다음과 같습니다. "첫째, 정치적 목적이나 동기가 있다." 이제 사이버 범죄와 사이버 테러리즘을 정의해 본다면 다음과 같을 겁니다. "사이버 범죄는 사적 이익과 욕구를 충족하기 위해 불법적 목적을 이루려는 컴퓨터 사용이다.", "사이버 테러리즘은 특정 정치·사상을 개인·단체·정부에게 강요하기 위해 불법적 목적을 이루려는 컴퓨터 사용이다."

• 사이버전: 다음으로 사이버전의 정의를 알아봅시다. 사이버전은 반드시 국가가 주체가 되어야 합니다. 다음 정의들을 봐도 알 수가 있습니다. "사이버전은 정보를 저장하고 의사소통을 하기 위한 컴퓨터 네트워크에 기술적 무력을 국가 간 사용하는 것을 뜻한다."(Green James, 2016.), "사이버전은 정치의 확장이다. 타국의 보안에 심각한 위협을 야기하거나 국가안보에 대한 심각한 위협에 대응하기 위해 국가가 주체가 된 사이버 공간에서 이뤄지는 활동이다."(Shakarian Paulo, 2013), "사이버전은 타국의 컴퓨터 혹은 네트워크에 피해를 입히려는 시도나 공격으로 국제단체나 국가에 의한 활동이 수반된다."(RAND Corporation)

지금까지 사이버 범죄, 사이버 테러, 사이버전을 목적과 주체에 따라 분류했지만 사실 그 방법과 결과는 거의 비슷하다고 보시면 됩니다. 특히 사이버 범죄와 사이버 테러는 구분하기 어려울 정도로 양상이 비슷해서 사이버 범죄의 종류 중 하나로 사이버 테러를 구분하는 학자들도 있습니다.

사이버 범죄, 사이버 테러, 사이버전의 방법

경찰청 사이버안전국의 예방수칙 모바일 버전을 한눈에 알아볼 수 있도록 정리해 놨으니 많이 읽어보시길 바랍니다. 공부를 떠나서 살아가는 데도 도움이 됩니다.

- **이메일 공격**: 이메일을 통해 악성프로그램, 바이러스, 랜섬웨어 등을 유포하여 다른 범죄에 다시 이용하는 경우입니다. 저는 개인적으로 저한테 올 일이 없는 이메일은 그냥 다 지워버립니다. 부모님 제외하고 아무 이유도 없이 내게 이득을 주겠다는 모든 행위는 사기라는 것을 기억하시길 바랍니다.
- **직거래 사이버 사기**: 중고물품 거래에서 구매자를 속이는 행위입니다. 중고 핸드폰을 샀는데 벽돌이 들어 있는 경우 등이 대표적인 예입니다.
- **쇼핑몰 사이버 사기**: 쇼핑몰 사이트와 유사한 사이트로 유인 후 물건대금만 탈취하는 사기입니다.
- **파밍**: 악성코드로 인해 특정 금융회사 홈페이지에 접속을 해도 그 금융회사 홈페이지와 똑같이 생긴 다른 사이트로 접속시켜 금융정보 탈취해서 계좌에 돈 전부 빼가는 아주 악질적인 방법입니다.
- **스미싱**: 무료쿠폰이나 지인의 돌잔치 초대를 내용으로 하는 문자 메시지나 SNS 메시지 안에 인터넷 주소를 써서 악성코드를 설치하게끔 만드는 방법입니다. 이를 통해 감염된 핸드폰에 저장되어 있는 연락처로 다시 똑같은 메시지가 보내집니다. 아무 이유 없는 무료쿠폰 같은 공짜는 세상에 없으며, 누군가 아무 대가 없이 뭔가 혜택을 주겠다고 한다면 100% 사기라는 것을 명심하시길 바랍니다.
- **계정 도용**: 인터넷 사이트나 게임 내 계정 ID와 PW를 해킹해서 불법침입 후 자료파괴, 아이템 강탈 등을 하는 방법입니다. *개인적으로는 과거에 「디아블로2」 계정을 해킹당해서 접속해 보니 아이템과 골드 모두 거지가 된 제 블리자드 소서리스를 보며 눈물을 흘렸던 기억이 있습니다.*
- **악성 프로그램**: 다른 이름으로 악성코드, 맬웨어, 악성 소프트웨어 등으로도 불리며 컴퓨터, 네트워크, 소프트웨어 등에 피해를 입히려는 의도를 가지고 만들어진 모든 소프트웨어를 뜻합니다. 사이버 범죄 대부분의 시작이 바로 이 악성 프로그램이며, 그 종류에 따라 사이버전이나 사이버 테러에도 사용이 가능한 일종의 무기라고 보시면 됩니다. 특히 웜 바이러스의 일종인 Stuxnet이 이란의 핵발전소 및 14개 국방부 직할 부대 및 기관의 시스템에 침입하여 기관들의 시스템을 무력화시킨 일이 있습니다.

[악성 프로그램의 종류]

이름	종류	특징
바이러스	Creeper Virus(최초의 바이러스), Jerusalem Virus	다른 파일이나 시스템 등에 숨어서 컴퓨터를 감염시키는 컴퓨터 프로그램
웜	the Morris Worm, the Storm Worm	스스로를 복제하여 컴퓨터와 네트워크를 감염시키는 컴퓨터 프로그램
트로이 목마	Mokes, Dofoil, Stealthbit	일반 프로그램으로 위장한 악성코드

애드웨어	–	특정 소프트웨어를 실행할 때 또는 설치 후 자동적으로 광고가 표시되는 프로그램
랜섬웨어	CryptoLocker, WannaCry	컴퓨터로의 접근을 방해하고 컴퓨터 재사용을 위한 대가를 요구하는 악성 프로그램

- **메모리 해킹**: 악성코드를 이용해서 컴퓨터 내 저장되어 있는 데이터를 위조·변조하여 정상 은행사이트의 보안 프로그램을 무력화시켜 예금을 인출·강탈하는 방법입니다.
- **스파이 앱**: 스마트폰 사용자의 통화 내용, 문자메시지, 위치정보 등을 실시간 수집할 수 있고 음성녹음을 통한 도청·감청, 데이터 삭제 및 접근 제한까지 가능한 기능이 있는 스마트폰 앱입니다. 스파이 앱을 제작한 회사에서 의뢰인에게 앱을 제공하고 그것을 피해자 스마트 폰에 직접 설치하면 작동이 되는 방식입니다. 드라마 「나의 아저씨」에 나온 주인공의 도청 방식이 전형적인 스파이 앱 사용의 예입니다.
- **몸캠피싱**: 일명 '몸또'라고 불리는 이 수법은 채팅 앱을 통해 야한 화상 채팅을 하자고 유혹하여 상대방의 알몸을 녹화한 후, 상대방의 스마트폰에 악성코드까지 설치하도록 유도합니다. 그 뒤 악성코드가 설치된 상대방 스마트폰 연락처에 있는 모든 주변 사람들에게 상대방(피해자)의 알몸 영상이나 사진을 공유하겠다고 협박하는 범죄입니다. 이건 돈도 돈이지만 피해자의 사회적 인격을 박살내는 수법으로 아주 악질적인 범죄입니다. 항상 명심하시길 바랍니다. 세상에 공짜는 없으며, 누군가 아무 대가 없이 뭔가 해주겠다고 한다면 100% 사기라는 것을 말이죠. 모르는 이성이 갑자기 다가와 유혹을 하는 것은 본인이 진짜 엄청난 외모의 소유자가 아니라면 뭔가 사기를 치려는 것으로 보시면 됩니다. 본인이 어떤 외모인지는 본인이 잘 알테니 현명한 처신하시길 바랍니다.
- **랜섬웨어**: 몸값을 뜻하는 'Ransom'과 제품을 뜻하는 'Ware'의 합성어로, 랜섬웨어 대부분은 특정 타겟을 노린 범죄입니다. 랜섬웨어는 누군가가 해커에게 돈을 주고 랜섬웨어를 만들도록 주문해서 특정 타겟에게 공격하기 위해 받은 상품입니다. 그래서 웨어(Ware)라는 단어가 붙은 겁니다. 이 랜섬웨어에 감염되면 컴퓨터 시스템에 접근이 불가능해지거나 하드에 저장된 파일들이 암호화되어 사용할 수 없게 됩니다. 이때 해커는 이 암호화 해제를 대가로 비트코인이나 돈을 달라고 협박합니다.

랜섬웨어는 그 사례를 인터넷에 찾아 보면 수없이 많이 나옵니다만, 이제는 단순히 금품갈취를 떠나 사람의 생명까지 담보로 협박을 하는 상황까지 왔습니다. 2020년 9월 11일 독일의 중환자 한 명은 뒤셀도르프 대학병원에서 수술을 받을 예정이었습니다만 병원이 전날 랜섬웨어 공격을 받아 서버 30대가 모두 암호화돼 수술을 진행할 수 없게 되었습니다. 중환자는 긴급 수술을 위해 32km 떨어진 다른 병원으로 옮겨졌으나 결국 숨졌습니다. 여러분도 일상생활에서 랜섬웨어를 조심하시길 바랍니다.

위 사진은 크립토락커라는 대표적인 랜섬웨어에 감염된 화면입니다. 0.5비트코인을 자신들에게 보내라고 적혀 있습니다.

- **디도스 공격**: 정확한 명칭은 분산서비스 거부공격(Distributed Denial of Service)으로 여러 컴퓨터에 악성코드를 감염시키고 감염된 컴퓨터(일명 좀비컴퓨터)를 이용해서 공격 대상 컴퓨터나 서버에 수많은 좀비컴퓨터들을 끊임없이 동시에 접속 요청하게 만들어서 시스템을 마비시키는 사이버 공격 수법입니다. 이 디도스 공격은 일반 사기업을 대상으로 할 뿐만 아니라 사이버전에서도 쓰이는 공격 방식으로 주로 상대국에게 물리적인 군사력을 투입하기 전에 사회와 군대를 마비시키기 위해 쓰입니다.

대표적인 사이버전의 예가 러시아와 에스토니아 사이에 있었던 사건입니다. 2007년 4월 27일 에스토니아 정부가 수도 탈린 중앙에 있는 구소련의 제2차 세계대전 참전 기념 청동 군인상(왼쪽 사진)을 수도 외곽의 공동묘지로 이전하겠다고 발표했습니다. 문제는 이 동상은 러시아가 에스토니아를 50년간 통치한 상징으로 에스토니아 국민에게는 불명예의 상징이었으나, 러시아계 주민에게는 나치와 싸우다 전사한 영웅을 상징한다는 것이었습니다. 에스토니아의 러시아계 주민들은 군인상 이전에 반대해 시위를 벌였고, 이 과정에서 많은 사람이 체포되고 사상자가 발생했습니다. 이는 결국 러시아와 에스토니아의 외교전으로 확대되었고 이와 동시에 에스토니아의 대통령궁과 공공 및 금융기관, 통신기업 대상으로 웹사이트를 마비시키는 디도스 공격이 대규모로 발생했습니다. 북대서양조약기구(NATO)는 에스토니아에 전문가를 파견해 조사한 결과, 신원이 확인된 공격자 대부분이 러시아인이고 공격 IP도 러시아로 이어져 있어 에스토니아는 러시아에 공식적으로 수사지원을 요청했지만, 러시아는 관련성이 없다고 부인하며 수사 요청을 거절했습니다. 결국 이 사건은 배후가 없는 공격으로 결론이 났습니다. 이 공격으로 국민의 절반 이상이 인터넷 뱅킹을 이용하던 에스토니아는 큰 사회적 혼란과 함께 수천만 달러에 달하는 금전적 피해를 보았습니다.

이후 디도스 공격은 사회적 혼란과 물리적 피해가 동반되는 상당히 치명적인 군사적 행동이라는 점에서 전쟁의 개념 자체를 바꾸게 되었습니다. 이 일이 일어난 뒤 북대서양조약기구(NATO)가 「탈린 매뉴얼」(Tallinn Manual: 사이버전에서 적용되는 국제법을 담은 지침서)을 2013년 발표하기에 이르렀습니다. 참고로 스머핑도 디도스 공격의 일종이니 알아두시길 바랍니다.

- **IoT 해킹**: 'IoT'는 'Internet of Things'의 약자로 스마트TV, IP 카메라, 유·무선 공유기, CCTV 등 인터넷에 연결되어 통신과 원격조종이 가능한 모든 물건들을 뜻합니다. 이들도 네트워크에 연결되어 있기 때문에 악성코드와 해킹으로 타인의 물건을 자기 마음대로 쓸 수 있게 되는 겁니다. 2016년 10월 21일 미국의 DNS서비스업체인 DYN이 DDos 공격을 당하게 되었는데 조사 결과 '미라이'라는 악성코드에 감염된 수많은 IoT(카메라, 아기 모니터, 무선공유기 등)들이 한꺼번에 접속요청을 시도했다는 겁니다. 또한 집안의 CCTV를 해킹해 사적 동영상을 인터넷에 유포하거나, 자동차를 해킹하여 핸들과 브레이크를 조작하거나, 아파트 도어록 해킹 후 절도를 하는 등 여러 범죄에 동원되고 있습니다.

- **피싱(Phishing)**: 이메일이나 메신저를 사용해서 신뢰할 수 있는 사람이나 기업이 보낸 것처럼 속여서 클릭을 하면 가짜 사이트로 이동시켜 비밀번호 및 신용카드 정보와 같이 기밀을 요하는 정보를 탈취하는 수법입니다. 이것도 역시 악성코드로 이뤄지는데 그냥 피싱은 불특정 다수에게서 정보를 빼오는 단어라면, 스피어 피싱은 말 그대로 창으로 사냥하듯 특정 대상을 목표로 이뤄지는 수법입니다. 이 피싱에 SNS가 사용되면 이것이 바로 '스미싱'이 됩니다.

- **로맨스 스캠**: SNS, 이메일 등 온라인상으로 접근하여 호감을 표시한 뒤 재력이나 외모 등으로 신뢰를 형성한 후 각종 이유로 금전을 요구하는 방법의 사기입니다. 대표적인 사례로 자신을 미혼이라 소개하며 거액을 상속받을 예정인데 상속세를 내야 하므로 잠시 빌려 달라며 돈을 탈취한 사례가 있었습니다. 다시 한 번 명심하시길 바랍니다. 세상에 공짜는 없으며 누군가 아무 대가 없이 뭔가 해주겠다고 한다면 100% 사기라는 것을 말이죠.
- **게임 사기**: 게임 내에서 계정이나 아이템, 게임머니 등을 구매할 때 돈만 받고 잠적하는 수법입니다.
- **이메일 무역 사기**: 이메일을 이용해 무역 사업을 하는 기업들의 이메일을 해킹해 국내외 거래처 임직원들이 나누는 이메일을 오랜 기간 모니터링 한 뒤, 중요 거래가 발생할 때 끼어들어 대금 지급 계좌를 변경하는 등의 이메일을 발송해 대금을 가로채는 범죄 수법입니다. 대표적인 사례로 2016년 3월 LG화학은 사우디아라비아의 한 회사로부터 납품대금 계좌가 변경됐다는 이메일을 받았습니다. 이메일과 계좌 명의를 확인한 LG화학은 거래대금 240억 원을 송금했으나 해당 계좌는 명의를 도용한 제3자의 계좌였습니다. LG화학 측은 곧바로 검찰에 수사를 의뢰했으나, 피의자는 검거되지 않았습니다.
- **사이버 스토킹**: 네트워크를 통해 악의를 가지고 특정인에게 지속·반복적으로 공포·불안감을 유발하는 행위입니다. 한 마디로 인터넷에서 '혼자 상상 속에서' 사귀는 이성에게 상대는 싫다는 의사를 밝혔음에도 불구하고 계속 좋아한다, 만나자 등의 메시지를 보내거나, 심하면 상대방에게 너의 집 주소를 안다, 찾아가서 죽이겠다는 등의 협박까지 일삼는 경우입니다. 이러한 범죄 유형은 대부분 SNS나 인터넷 방송에서 본 이성에게 범죄를 행하며 결국은 경찰에 잡혀서 처벌을 받게 됩니다.
- **스니핑**: 네트워크 중간에서 타인의 패킷정보를 빼돌리는 수법입니다.
- **스푸핑**: TCP/IP의 결함을 이용하여 사용자의 권한을 빼앗아 정보를 훔치는 방식입니다.

지금까지 20가지의 사이버 공격 방법들을 알아봤습니다. 앞서 언급했지만 이러한 사이버 공격 방식을 누가 무슨 목적으로 이용하느냐에 따라 사이버 범죄도, 사이버 테러도, 사이버전도 될 수 있는 겁니다. 또한 대부분의 사이버 공격 방법들은 기본적으로 사기, 도둑질, 협박 등 고전적인 범죄행동들이 사이버상으로 옮겨진 것일 뿐입니다. 물론 디도스 공격은 아예 새로운 양상의 사이버 공격이지만 다른 범죄들은 옛날 술을 새로운 병에 담은 것과 같은 꼴인 셈입니다. 다시 한번 명심하시길 바랍니다. 세상에 공짜는 없으며 누군가 아무 대가 없이 뭔가 해주겠다고 한다면 100% 사기라는 것을 말이죠.

사이버 공격에 대한 한국의 대처

이러한 사이버 공격들을 한국에서는 어떻게 대처하고 있는지 알아봅시다.

먼저 사이버전을 관할하는 기관은 국방부 예하의 사이버작전사령부가 있습니다. 북한에 사이버전을 담당하는 기관인 정찰총국 예하 사이버전 지도국(일명 121국)과 라이벌 관계인 곳입니다. 그리고 국방부 내 사이버 침해행위를 24시간 감시하는 각 군 CERT(Computer Emergency Response Team)반이 있습니다. 국방부에서는 사이버전 위협에 맞춰 경보를 발령하는데 그 이름이 인포콘 (Information Operations Condition)입니다. 각 단계는 다음과 같습니다.

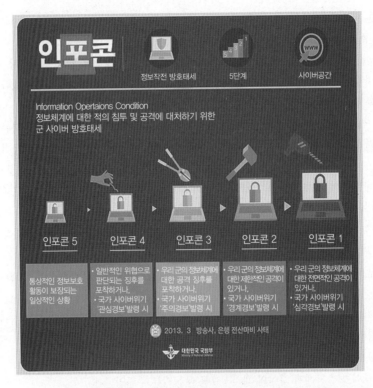

인포콘

정보작전 방호태세   5단계   사이버공간

Information Opertaions Condition
정보체계에 대한 적의 침투 및 공격에 대처하기 위한
군 사이버 방호태세

인포콘 5	인포콘 4	인포콘 3	인포콘 2	인포콘 1
통상적인 정보보호 활동이 보장되는 일상적인 상황	• 일반적인 위협으로 판단되는 징후를 포착하거나, • 국가 사이버위기 '관심경보' 발령 시	• 우리 군의 정보체계에 대한 공격 징후를 포착하거나, • 국가 사이버위기 '주의경보' 발령 시	• 우리 군의 정보체계에 대한 제한적인 공격이 있거나, • 국가 사이버위기 '경계경보' 발령 시	• 우리 군의 정보체계에 대한 전면적인 공격이 있거나, • 국가 사이버위기 '심각경보' 발령 시

2013. 3 방송사, 은행 전산마비 사태

대한민국 국방부
Ministry of National Defense

사이버 범죄와 관련해서는 한국인터넷진흥원의 인터넷침해사고대응지원센터가 있습니다. 일명 CERT-KR이라고 불리는 곳으로 이곳에도 5단계 경보가 있습니다. 다만 이 경보는 인포콘과 다르게 민간부문에서의 경보입니다. 이들의 경보구성은 다음 표와 같습니다. 한국인터넷진흥원에 대해 간략히 덧붙이자면 전자서명 인증관리 기관으로 모든 한국의 공동인증서를 관리하는 곳입니다. 금융인증서는 금융결제원에서 관리합니다.

[민간부문 침해사고 대응 안내서]

구분	내용

정상(Green)	• 국내 민간 분야 인터넷 정상 소통
	• 인터넷 소통 및 사용에 지장이 없는
	  – 웜 · 바이러스 등 악성코드 출현 탐지
	  – 신규 보안 취약점 또는 해킹기법 등 발표
	• 위험도가 낮은 국지성 이상 트래픽 발생 가능성 존재

관심(Blue)	• 위험도가 높은 웜 · 바이러스, 취약점, 해킹기법 및 공격코드 출현으로 인해 피해 가능성 증대 • 해외에서 침해사고 확산 또는 일부 국내유입 및 확산 가능성 증대 • 국내 인터넷 이상 트래픽 발생 가능성 증대 • 국내외 정치 · 군사적 위기상황 조성 등 사이버위협 징후 탐지활동 강화 필요
주의(Yellow)	• 웜 · 바이러스, 해킹 등으로 국지적 피해 발생 • 국지적인 인터넷 소통장애, 인터넷 관련 서비스에 장애가 발생되거나 매우 우려되는 경우 • ISP/IDC, 일반 사용자, 기업 등의 긴급대응 및 국내외 정치 · 군사적 위기발생 등 사이버안보 위해 가능성 고조

경계(Orange)	• 복수 ISP망 또는 주요 정보통신 기반시설의 피해 발생 • 해킹 및 신종 위협으로 주요기업 및 포털, 연구소 등의 민간부문에 중대한 피해 발생 • 웜·바이러스, 해킹 등 침해사고로 민간부문에 다수 기업, 이용자 등 피해 발생 • 상황 해결을 위해 민관 각 분야의 협조 및 공동 대응이 필요한 상황
심각(Red)	• 국내 인터넷 전 분야에 소통 장애 발생 • 주요 정보통신 기반시설의 피해로 인하여 대국민 서비스 지장 발생 • 민간 부분 전반에 대규모 침해사고 피해 발생 • 국가적 차원에서 공동 대처해야 할 필요성이 있는 상황

※ 위험 정도가 낮은 웜·바이러스, 해킹기법, 보안 취약점이 발견된 경우는 위기경보 이전 단계인 '정상(Green)' 수준으로 간주

공공기관 사이버 범죄를 관할하는 조직은 국가정보원의 사이버보안센터와 경찰청의 사이버안전국이 있습니다. 사이버안전국을 공공부문이라고 분류하기는 했지만 민간도 당연히 사이버안전국에 신고를 할 수 있고 경찰에서도 수사를 합니다.

이 모든 사이버 관련 기관들의 앞으로 나아가야 할 방향과 정책들을 만드는 곳이 바로 국가안전보장회의에 속해 있는 국가사이버안전정책조정회의입니다. 2021년에는 7월 16일에 개최되었습니다. 또한 국가정보원 홈페이지에 가시면 매년 「국가정보보호백서」라는 문서를 공개합니다. 한국의 정보보호 관련 정책, 활동, 최신 이슈 등을 볼 수 있으니 참고하시길 바랍니다.

CIA 삼각형

CIA 삼각형이란 기밀성(Confidentiality), 무결성(Integrity), 유용성(Availability)을 뜻하는 단어로 정보보호의 핵심기반들로 보시면 됩니다. 모든 보안통제 및 보안약점들은 이 3가지를 고려해서 살펴볼 수 있습니다. 광범위하고 완벽한 보안프로그램을 위해서라면 이 CIA 삼각형에 대해 반드시 고민해야 합니다. 기밀성은 데이터를 허가받지 않은 접속이나 열람으로부터 보호하는 상태를 뜻합니다. 무결성은 데이터가 손상 없이 신뢰될 수 있는 상태를 뜻합니다. 유용성은 허가받은 사용자가 필요할 때 언제라도 데이터들을 쓸 수 있는 상태를 뜻합니다.

군사정보 직렬에서 녹을 먹으면 경제나 상업과 관련된 정보활동은 하지 않습니다. 산업스파이는 국가정보원이나 경찰에서 잡고 있으니 혹시라도 산업도둑을 보면 바로 111이나 112로 신고하시길 바랍니다. 그럼 경제와 산업 분야의 정보활동은 무엇이 있는지 알아봅시다.

구분	불법	합법
국가 주체	Economic Espionage(경제 간첩)	Economic Intelligence(경제 정보)
회사/개인 주체	Industrial Espionage(산업 간첩)	Competitive Intelligence(경쟁 정보)

경제 · 산업에서의 정보활동은 국가정보기관의 정보활동의 영향을 크게 받았습니다. 당연히 경제 · 산업에서 정보활동에도 비밀공작과 정보생산이 있으며, 지적재산을 탈취하거나 영업비밀(고객정보, 가격책정, 판매노하우 등)을 빼앗는 불법적이고 비밀스러운 활동과 기업 외부의 어려운 경영환경(산업 트렌드 변화, 세금정책, 경쟁회사의 변화양상, 각 국가별 환경정책 등)을 분석해서 기업 경영에 도움을 주는 합법적 활동으로 나뉩니다. 이들은 주체가 공공서비스인지 사기업인지에 따라 나뉘며 그 분류는 위의 표와 같습니다. 개인적으로 한글로 번역한 이름들은 내포된 의미나 뉘앙스가 영어와 미묘하게 다르기에 영문 명칭 그대로 알고 있는 것을 추천하며 이후 용어도 영문 그대로 쓰겠습니다.

역사적으로 경제 · 산업 관련 정보활동은 수없이 많이 생겼습니다. 지금 현재도 진행 중이며 국가정보원의 자료를 보면 2016년 1월부터 2021년 4월까지 106건의 산업기술 해외유출이 생겼고 전기 · 전자(40건), 디스플레이(16건), 조선(14건), 자동차 · 정보통신 · 기계(각 8건) 순으로 나타났습니다. 저 유출 하나하나가 우리의 밥줄과 연관되어 있다는 생각을 하면 진심으로 우려가 되는 현실입니다.

Economic · Industrial Espionage의 역사적 사례

이번에는 Economic · Industrial Espionage의 역사적 사례인 비단과 관련된 이야기입니다.

17세기 이탈리아에서는 비단이 최고급 사치품으로 팔렸는데 특히 이탈리아 볼로냐에서 만든 비단이 유명했습니다. 볼로냐 비단 생산 공장들은 길드까지 만들어서 비단생산 독점을 유지하려고 노력했는데 이를 본 영국에 사는 토마스 롬브가 이복동생인 존 롬브(왼쪽 사진)를 이탈리아로 보내 동력으로 작동하던 방적기 기술을 가져오게 합니다. 토마스 롬브는 가업을 이어받아 직물 제작 사업을 계속했으며 그의 이복동생인 존 롬브는 도제로 들어가 기술을 배우고 있던 때였습니다. 롬브 가는 결국 기술 습득에 성공하여 1717년 영국의 더비에서 Lombe's mill이라는 시설을 만들고 영국 최초로 성공적인 비단 제작을 성공하여 이탈리아 볼로냐의 비단 독점시대는 막을 내립니다. 이후 존은 1722년 사망하였습니다.

볼로냐에서 암살자를 보내 존을 독살했다는 설이 있지만 홀로 남은 토마스가 방적기들을 더욱 발전시켜 영국 산업혁명의 시작을 이끌었습니다.

SAMUEL SLATER
Bulit First of American Cotton Mill

산업혁명 시기 영국도 이탈리아에서 기술을 훔친 일이 어떤 파급효과를 낳았는지 직접 느끼고 있었기에 기술유출을 막기 위해 많은 규제정책을 시행합니다. 방적기나 방직기 기계를 해외로 가지고 나가는 것은 물론 부품도 가지고 나가지 못하게 금지시켰으며, 관련 기술자들의 해외여행까지 금지시킬 정도였습니다. 이 당시 개국한지 얼마 안 된 미국에서도 산업발전이 절실했기에 어떻게든 섬유 관련 기술을 가져오는 기술자에게는 엄청난 부와 명예를 준다고 약속했습니다. 이에 영국의 사무엘 슬레이터가 당시 최고급 기술이었던 수력방적기 부품 하나하나의 모습과 조립과정을 외워서 미국으로 가게 되었습니다. 사무엘은 원래 Strutt라는 기술자의 도제였는데, 조국 영국을 버리고 미국으로 가게 된 겁니다. 이후 사무엘은 미국 최초로 수력방적기를 만드는 것에 성공하고 미국 면직공업의 폭발적 성장을 견인했습니다. 더 나아가 사무엘의 수력방적기 제작은 미국이 초강대국으로 나아갈 수 있는 토대를 만들었습니다. 그렇게 그는 영국에서는 반역자로, 미국에서는 영웅으로 다시 태어나게 되었습니다. 영국인이 도둑질하고 도둑질당한 것으로 인류역사가 좌지우지되는 것을 보면 너무나 놀라울 따름입니다.

그렇게 시간은 흘러 세계대전들이 터지고 냉전의 시대로 갑니다. 이때는 Economic · Industrial Espionage보다 정치 · 군사 관련 정보수집과 비밀공작이 활발하였으며 Economic · Industrial Espionage는 각국 정보기관들에게 부차적인 임무였습니다. 하지만 소련의 멸망과 세계화, 다국적 거대 기업들의 성장으로 기술과 산업정보의 필요성은 폭발적으로 늘어났으며 이는 국가기관까지 나서서 Economic Espionage와 Economic Intelligence를 하도록 만들었습니다. 기업이 Industrial Espionage와 Competitive Intelligence 활동을 하게 된 것은 물론이고 이로 인한 분쟁 역시도 폭발적으로 늘어났습니다. 이 바닥에서는 돈이 걸려있다 보니 군사 · 정치적 동맹관계도 그다지 중요치 않고, 어떻게 하면 기술을 빼돌릴까 서로 궁리만 하는 것이 현실입니다.

한국의 Economic · Industrial Espionage 대응

그럼 한국에서는 어떤 기관들이 Economic Espionage와 Industrial Espionage를 막는지 알아봅시다.

구분	홈페이지 모습	역할
국가정보원 산업기밀보호센터		• 첨단기술과 영업비밀 등을 해외로 불법 유출하려는 산업스파이 적발 • 기술유출과 관련된 정보를 사안에 따라 해당업체 또는 검찰 · 경찰 등 수사기관에 지원 • 기업 · 연구소 등을 대상으로 산업보안 교육 및 진단 실시 • 기업체를 대상으로 산업보안 설명회 개최 • 산업부 · 방사청 등 유관기관 협조 • 전략물자의 불법 수출과 방산 · 군사기술의 해외 유출 차단 활동 • 외국과 연계된 투기자본 등에 의한 경제안보 침해행위와 인수합병(M&A)을 가장한 기술유출 등 위법행위에 대한 정보활동에 주력

국방부 군사안보지원사령부		• 방위산업보안 관련 전담 기관으로, 방산기밀보 호와 국내외 방위산업정보 수집·처리 활동 • 특히 방산스파이로부터 핵심방산기밀을 지키 며 방산비리 예방업무, 국내 방위산업 육성지 원업무 지속
산업기술보호협회		• 산업기술보호를 위한 정책의 개발 및 협력 • 산업기술의 해외유출 관련 정보 전파 • 산업기술의 유출방지를 위한 상담홍보교육 실 태조사 • 국내외 산업기술보호 관련 자료 수집분석 및 발간 • 산업기술의 보호를 위한 지원업무 추진
한국정보보호 산업협회		• 정보보호 관련 산업의 발전을 위해 만든 단체 • 정보보호사업체들의 해외진출 지원 • 각종 해외 정보보호 동향 조사 • 해외 정보보호 유관기관 협력 • 정보보호의 연구개발 촉진 • 제도적으로 정보보호산업을 개선해 나가도록 정보보호제품 인증제도 개선 • 정보보호 실태조사, 정보보호산업 실태조사, 정보보호 전문인력 양성지원 등 • 회원사 교류협력으로 국방보안 컨퍼런스, 금융 정보보호 컨퍼런스 주최
한국재정정보원 사이버안전센터		• 재정경제 분야의 사이버보안 관제센터로서 24 시간 365일 모니터링을 통한 탐지·분석·대 응 활동을 통해 각 기관의 보안수준 향상 • 공동 대응체계를 구축하여 업무환경의 온라인 화로 국가·공공기관의 해킹, 홈페이지 위변 조, 내부정보 유출 등 급증하고 있는 정보보안 사고에 대해 조직적이고 범국가적으로 대응 ※ 보안관제 대상: 기획재정부, 한국재정정보원, 조달청, 통계청, 관세청, 한국은행, 수출입은 행, 한국투자공사, 한국조폐공사

한국뿐 아니라 전 세계 모든 나라들이 Economic Espionage와 Industrial Espionage를 막기 위해, 혹은 하기 위해 혈안이 되어 있습니다. 미국은 주로 CIA에서 담당하고 있으며 러시아는 SVR, 프랑스는 DGSE, 일본은 CIRO와 JETRO에서 담당하고 있습니다. 일본은 다른 나라들과 약간 다르게 정부의 정보기관과 민간 기업, 단체들이 함께 경제와 산업정보를 모으고 있습니다. 독일에서는 1988년에 라합 프로젝트를 가동하여 전 세계를 상대로 컴퓨터 해킹으로 산업정보를 모으기도 했습니다.

각국의 정보기관

각국 정보기관의 이름과 특징, 임무, 역사 등은 반드시 알아두시길 바랍니다. 시험에도 잘 나오는 부분이고 무엇보다 이들이 바로 우리의 경쟁자들이기 때문입니다.

01 한국

명칭	임무	주업무
국가정보원	• 해외정보 • 산업정보 • 사이버 범죄	• 형법 중 내란 · 외환의 죄, 군형법 중 반란의 죄, 암호부정사용의 죄, 국가정보원 직원의 직무와 관련된 수사 • 국가사이버안전센터, 산업기밀보호센터, 국제범죄정보센터, 테러정보통합센터 운영
경찰청 안보수사국	• 국내방첩 • 테러수사 • 산업범죄	국정원의 대공수사권 이전의 핵심 기관
국방정보본부	국방전략정보	• 예하에 777과 정보사령부 운영 • 무관 파견 업무 전담 • 군사정보정책 및 기획 • 군사전략 정보생산
777	SIGINT	미국의 NSA와 합동으로 대북 신호정보 수집
정보사령부	• GEOINT • HUMINT • OSINT • MASINT	• 군사 관련 영상, 지리공간, 인간, 기술, 계측, 기호 등 정보의 수집 · 지원 및 연구에 관한 업무 • 적의 영상정보 등의 수집에 대한 방어 대책으로 대정보에 관한 업무
안보지원사령부	• 군사보안 · 방첩 • 방위산업 보안	• 군 동향 파악과 방첩업무 • 방위산업 보안 • 각 군 보안업무 지원

당 소속

명칭	임무	특징
통일전선부	• 남북회담 • 해외교포 공작사업 • 대남심리전 • 통일전선 사업	조국통일민주주의전선(조국전선), 반제민족민주전선(반제민전), 조선아시아태평양평화위원회(아·태평화위), 민족화해협의회, 우리민족끼리를 산하단체로 두고 있음
문화교류국	• 간첩(공작원) 남파 • 공작원 밀봉교육 • 한국 내 고정간첩 관리 • 지하당 구축 공작 • 해외공작	통일혁명당 사건(1968.7.), 조선노동당 중부지역당(1992), 민족민주혁명당(1999), 일심회 간첩단(2006), 왕재산 사건(2011) 등의 활동

정 소속

명칭	임무	특징
국가보위성	• 주민 사상동향 감시 • 반체제 인물 색출 • 정치범수용소 관리 • 반탐 • 해외정보수집·공작 • 국경경비·출입국 관리	• 북한의 최고 지도자인 김정은과 노동당 및 국가의 제도 보위를 최우선 임무로 함 • 2008년 원정화, 2010년 김미화, 2012년 이경애 등 탈북자로 위장한 국가보위성 소속의 공작원 남파 • 북한 최고의 방첩기관
사회안전성	국민 감시·통제	감시자와 감시 대상자, 통제자와 피통제자의 수직적 관계와 모든 주민이 상호 감시·견제하는 수평적 관계를 통합한 그물망 통제방식을 사용하여 주민을 통제함
정찰총국	• 군사첩보 수집 • 요인암살 • 테러 • 무장간첩 남파 • 중요 전략 시설물 파괴 • 사이버 공격 주도	• 육·해상 정찰국(1국, 구 작전부) – 주업무: 공작원들에 대한 기본 교육훈련, 침투공작원 호송·안내·복귀, 대남 테러공작 및 대남 침투루트 개척 – 활동: 속초 잠수정 침투(1998.6.), 동해시 해안 무장간첩 사체(1998.7.), 여수 해안 반잠수정 침투(1998.12.) • 정보종합분석국(2국, 구 정찰국) – 주업무: 무장공비 양성·남파, 요인암살, 파괴·납치, 게릴라 활동, 군사정찰 – 활동: 청와대 기습사건(1968.1.), 울진·삼척 지역에서의 무장 게릴라 침투사건(1968.10.), 미얀마 아웅산 묘소 폭파사건(1983.10.), 강릉 잠수함 무장공비 침투사건(1996.9.) • 해외정보국(3국, 구 35호실) – 주업무: 해외에서 주재국의 대남 관련 정보수집, 남한에 대한 우회 침투, 요인 납치 및 테러 등의 특수임무 수행 – 활동: 최은희·신상옥 납치(1978), KAL 858기 공중 폭파(1987.8.), 무하마드 깐수 간첩사건(2006.7.), 이병진 간첩사건(2009)

명칭	임무	특징

정찰총국	• 군사첩보 수집
	• 요인암살
	• 테러
	• 무장간첩 남파
	• 중요 전략 시설물 파괴
	• 사이버 공격을 주도
		• 기술정찰국(5국)
		  – 주업무: 사이버 테러, 해커양성, 암호통신 분석, 통신감청, 침투장비 및 기술개발
		  – 활동: 디도스 공격(2009.7, 2011), 농협 전산망 해킹(2011), 선거관리위원회 디도스 공격(2011), 중앙일보 전산망 해킹(2012), 사이버 공격(2012.3, 2013.3.~6.), 미국 소니픽쳐스사 사이버 공격(2014.11.), 한전 원자력발전소 설계도 유출 해킹사건(2014.12.)
		• 대적협상국(6국): 대남군사회담
		• 후방지원국(7국): 보급지원

군 소속

명칭	임무	특징
보위국	• 군부대 내 불순분자들의 색출 · 검거 • 능동적 방첩임무 • 최고지도자 군부대 현지지도 시 경호 • 군대의 주민등록사업 • 일반범죄자들의 색출 · 처리	군 내 간첩, 불순분자 적발 및 살인 · 절도 · 무단 탈영 · 성폭행 등 모든 군사범죄에 대한 수사 · 처벌을 집행하는 북한군의 방첩기관으로서 한국의 안보지원사령부와 유사

03 미국

2022년 1월 기준 18개 정보기관이 미국 정보협력체(IC; Intelligence Community)에서 활동 중입니다.

독립기관 소속

명칭	특징
ODNI(Office of the Director of National Intelligence)	• 9 · 11 테러 이후 미국 정보공동체의 수장은 DCI에서 DNI로 바뀜 • DNI는 매일 PDB(대통령 일일 브리핑)를 생산하고 미국 대통령과 NSC, 의회 국토안보위원회에게 정보를 제공하고 조언하고 해주는 역할을 함 • DNI를 도와 실무업무를 하는 곳인 ODNI에서는 모든 정보공동체의 정보들(군사정보, 해외정보, 국내정보 등)을 융합하여 필요한 정보를 DNI에게 제공

명칭	특징
CIA(Central Intelligence Agency)	• 미국 최고의 국가정보기관으로 고위급 정책결정자들에게 국가정보를 생산하여 제공 • 해외 인간정보 출처들을 채용 · 관리 • CIA 국장은 대통령이 지명하고, 상원의원들이 검증 • 조직은 기본적으로 7개의 부서로 나뉘며 분석실, 작전실, 과학 및 기술실, 지원실, 디지털혁신실, 파견센터, 국장실 등이 있음 • 원칙은 미국 국내에서 활동이 불가능하지만 사건에 따라 FBI의 협조를 통해 미국 내에서도 정보활동을 할 수 있음

국방부 소속

명칭	특징
DIA(Defense Intelligence Agency)	• 미군의 작전, 계획, 무기시스템 획득을 위해 국방부와 IC 내의 국방정책결정자들에게 군사정보를 제공 • 해외 군사정보 수집 · 생산하는 기관 • DIA 국장은 미국방부장관과 미합동참모총장의 중요한 조언자로 국방정보위원회의 의장도 겸함
NGA(National Geospatial-Intelligence Agency)	• 국가안보를 위해 지리공간정보를 소비자의 요구에 맞춰서 제작 · 제공하는 역할 • 비단 정부기관과 군대뿐 아니라 민간기업과 단체에게도 필요로 하는 지리공간정보를 제공
NRO(National Reconnaissance Office)	• 미국 정찰위성들을 운영 · 제작 · 설계하는 기관 • 정찰위성에서 수집한 영상들을 CIA나 국방부에 제공하여 전 세계적으로 잠재적 위험이 있는 지역들을 경고하고, 군사작전을 실행하는 데 도움을 주고, 환경을 모니터링 • 국방부 소속 기관이지만 NRO에는 CIA와 국방부 등 여러 기관의 인원들이 근무
NSA(National Security Agency)	• 세계 최고의 신호정보 기관 • 프리즘, 에셜론 등을 이용하여 전 세계의 유선, 무선 통신에 대한 감시가 가능 • 미국 및 동맹국의 국가안보를 위해 신호정보를 생산하여 공유 • 미국 사이버 시스템의 보호를 위해 보안시스템 및 프로그램 제작까지 담당 • 세계 최고의 암호전문 기관으로 언어학자, 수학자, 물리학자 등 온갖 분야의 전문가들이 모여서 협업하는 기관
CSS(Central Security Service)	• NSA를 통해 미군이 필요로 하는 신호정보나 암호 관련 정보들을 제공 · 지원 · 교육 • 미군은 육 · 해 · 공 · 우주 모두 독립된 정보수집 시스템이 있지만 신호정보나 암호학은 그 전문성으로 NSA의 도움이 반드시 필요한 상황 • 점점 미국의 신호정보, 암호학 관련 요구가 늘어나 CSS는 NSA와 미군 사이의 가교 역할을 충실히 하고 있음
Space Force Intelligence (Space Delta7)	• 미국 우주군의 정보기관으로 상대국의 잠재적 우주전력을 감시 · 정찰 • 우주에서 진행되는 군사작전에 필요한 능동적이고 긴급한 정보들을 생산 · 공급
ONI(Office of Naval Intelligence)	• 미국 해군의 정보기관으로 해양과 관련된 국가 최고의 정보 생산자 • 해군은 물론 정책결정자들과 미국 정보공동체에게도 정보를 공유 • 미국 정보공동체에서 가장 오래된 기관으로 1882년에 생겨서 아직도 왕성히 활동 중

명칭	특징
USAF ISR(16AF, U.S. Air Force Intelligence Surveillance and Reconnaissance)	• 미국 공군의 정보기관으로 공중 · 우주 · 사이버 등에 있는 센서들로부터 얻은 정보들을 최종적인 정보로 만들어 제공하는 기관 • 국가적, 전략적, 작전적, 전술적 요구들을 만족시키기 위해 세계 어디에 있는 목표라도 지휘관이 원하는 물리적 · 비물리적 영향력 행사를 할 수 있도록 결정의 우위를 제공
G-2(U.S. Army Intelligenc)	• 미국 육군의 정보기관으로 육군 내 5가지 중요한 부분들(영상정보, 신호정보, 인간정보, 측정정보, 대정보 및 보안)의 융합을 책임 • 육군의 정보 달성을 위한 모든 정책적, 재정적, 행정적 결정들을 담당
MCI(Marine Corps Intelligence)	• 미국 해병대의 정보기관으로 전장지원을 위한 전술적, 작전적 정보들을 생산 • G-2와 마찬가지로 여러 종류의 첩보들을 수집하고 참모들에게 제공

법무부 소속

명칭	특징
DEA(Drug Enforcement Administration), ONSI(Office of National Security Intelligence)	• 마약공급을 막아 국가안보를 보호 • 국제테러리즘에 대항하기 위해 조직 • DEA의 하부 조직인 ONSI는 마약과 관련된 모든 정보들을 분석 · 융합해서 다른 정보공동체들과 공유하는 역할을 함
FBI(Federal Bureau of Investigation), IB (Intelligence Branch)	• 미국 국내 방첩기관이자 연방법집행 기관 • 미국에 대한 테러리스트들의 공격과 해외 정보활동, 간첩활동 등을 막고 사이버 범죄와 모든 종류의 공공질서 파괴행위 등과 싸우고 있음 • FBI의 하부 조직 중 하나인 IB는 정보분석과 정보공유의 역할을 하고 있으며 언어분석가, 물리적 감시 전문가, FBI 요원들로 이루어져 있음

국토안보부 소속

명칭	특징
CGI(Coast Guard Intelligence)	• 미국 해안경비대는 미국의 6개 구성군 중의 하나 • 해안에서 시민들 보호, 바다에서 오는 위협으로부터 미국을 보호, 해양 관리까지 광범위한 임무 • 정보기관인 CGI는 해양에서의 특화된 전문성을 바탕으로 해안경비대의 임무에 도움을 주는 것을 넘어 국가 안보에도 크게 기여하고 있음
I&A(Intelligence and Analysis)	• 9 · 11 테러에 대한 대응으로 만들어진 국토안보부와 I&A는 미국에 대한 현재와 미래의 위협을 식별하고 평가하기 위한 정보와 첩보를 수집 · 생산 • I&A를 맡고 있는 국토안보부 차관이 국토안보부 최고정보책임자를 겸하고 있으며 국토안보부 장관과 DNI 모두 책임지고 있음

재무부 소속

명칭	특징
TFI (Terrorism and Financial Intelligence), OIA (Office of Intelligence and Analysis)	• 미국 재무부에 범죄자, 테러리스트, 불량국가들의 불법적인 경제시스템 사용을 막기 위해 TFI가 존재 • TFI에는 5개의 하부조직들이 있는데 그중에서 OIA가 미국의 정보공동체에 가입되어 있음 • OIA 역시 TFI의 활동을 위해 해외경제정보 및 대정보활동들을 분석 · 조사하여 미국 경제시스템을 보호하고 모든 불법적인 경제행위에 대응

에너지부 소속

명칭	특징
OICI(Office of Intelligence and Counter Intelligence)	• 미국 에너지부의 정보기관으로 국가실험시설, 핵무기 및 원자력시설, 방사능 물질 저장소 등에 대한 모든 정보와 보안에 대한 임무 담당 • 해외 핵무기, 핵연료재처리, 핵 테러, 에너지 안보 등에 초점을 맞춰서 정보생산 · 보안

국무부 소속

명칭	특 징
INR(Intelligence and Research)	• 미국 국무부의 INR의 가장 중심 임무는 미국 외교관들을 도와주기 위한 정보들을 생산 · 공급 • 미국의 해외정책의 일관성을 위해 미국 정보공동체에게 정보를 이해시키고 미국 해외정책결정자들의 요구에 따라 정보분석을 하는 것이 INR의 주요 역할 • 주요 역할을 위한 여론조사분석, 해외정책분석, 외부전문가들과의 교류 등이 구체적 활동 • INR은 순수 분석부서로 첩보수집자산은 없으며 다른 정보공동체들의 첩보수집에 의존

04 러시아

명칭	임무	특징
SVR	• 해외정보수집 • 기술정보수집 • 비밀공작 • 경제간첩 운용	• 과거 KGB 제1국의 후신으로 미국의 CIA와 비슷한 역할 • 자슬론이라는 특수부대를 거느리고 있음
FSB	• 국내방첩 • 국내정보수집 • 범죄수사 • 국경 및 국내 보안	• 과거 KGB 제2국의 후신으로 미국의 FBI와 비슷한 역할 • FBI의 권한과 영향력은 비교하기 어려울 정도로 막강한 입지 • 영장 없이 체포할 권한이 있으며, 자체 감옥 소유, 알파라고 불리는 특수부대까지 이용 가능

FSO	• 대통령 경호 • 고위급 인사 경호 • 핵 가방 관리 • 신호정보	• 과거 KGB 제9국의 후신으로 한국의 청와대 경호실과 비슷한 역할 • 미국의 NSA와 비슷한 역할을 하는 FAPSI를 흡수하여 신호정보까지 수집 • 수집한 신호정보로 미리 위협이 될 인물들을 영장 없이 체포할 권한을 가짐
FAPSI	• 신호정보수집 • 암호프로그램 제작 • 정보통신 보안업무	• 과거 KGB 제8국과 16국을 토대로 만들어졌으며, 미국의 NSA나 한국의 777과 비슷한 역할을 하는 신호정보 수집기관 • 정보통신 보안업무도 하며 특히 민관군 할 것 없이 모든 보안시스템은 FAPSI의 인가가 있어야 사용 가능
GU (구 GRU)	• 군사정보수집 • 국내외 인간정보수집 • 사이버전 담당 • 비밀공작	• 과거 KGB는 조직이 분리가 되었지만 GRU는 소령 시절부터 지금까지 거의 온전히 이어져 내려온 러시아 연방군 총참모부 직속 정보기관 • SVR도 있지만 GRU 또한 자체적인 인간정보 시스템을 운영 • 비밀공작도 수행 예 2018년 영국 세르게이 스크리팔을 암살하려 했던 사례

05 영국

외무부 소속

명칭	임무	특징
MI6	• 해외정보 • 해외방첩 • 경제정보 • 마약 · 조직범죄	• 사실 MI6라는 이름은 제2차 세계대전 당시 영국 전쟁청의 하부부서 이름인 'Military Intelligence section 6'를 줄인 말로, 지금은 외교부 아래의 SIS(Secret Intelligence Service), 비밀정보부가 옳은 이름 • 비밀정보부는 미국의 CIA와 비슷한 성격으로 해외정보를 수집하고 인간정보활동을 하는 정보기관 • 20세기 들어서 캠브리지 스파이 링 사건으로 신뢰성에 큰 타격을 입었지만 여전히 영국의 3대 정보기관(SIS, SS, GCHQ) 중 하나로 활동
GCHQ	• 신호정보 • 암호해독	• 정보통신부는 제2차 세계대전 당시 울트라 프로젝트를 통해 나치가 자랑하던 암호체계인 이니그마를 해독하여 전쟁 승리에 엄청난 공을 세운 유명한 신호정보 수집기관 • 미국의 NSA와 함께 전 세계를 상대로 감청

국방부 소속

명칭	임무	특징
DI	군사정보	국방정보부는 예하에 DGC(Defence Geographic Centre, 영상정보 제공), DHO(Defence HUMINT Organisation, 군사 인간정보활동), JAGO(Joint Aeronautical and Geospatial Organisation, 지리정보 제공 및 지리분석), DGIFC(Defence Geospatial Intelligence Fusion Centre, 위성영상개발 및 영상정보 제공) 등 자체적인 정보수집과 분석활동을 하는 군사정보기관

내무부 소속

명칭	임무	특징
MI5	· 국내정보수집 · 방첩 · 대테러 · 조직범죄	· MI5는 MI6와 똑같이 과거 전쟁청 산하 'Military Intelligence section 5'를 줄인 말이며 정식 명칭은 SS(Secret Service) · 16세기 엘리자베스 여왕 시기 프란시스 월싱엄 경이 이끈 영국의 왕실 비밀첩보부의 계승자라고 알려져 있음 · 미국의 FBI와 비슷한 역할을 하며 국내 테러, 방첩, 보안에 관련된 업무 담당
NCA	· 조직범죄 · 무기 · 마약 밀거래 · 인신매매 · 사이버범죄 · 경제범죄	· 국가범죄청의 전신은 SOCA(Serious Organised Crime Agency) · SOCA와 아동범죄 대응센터가 합쳐서 생긴 기관으로 대테러업무를 제외하고 대부분의 범죄에 대해 수사 권한을 가짐
MPS	· 런던치안유지 · 대테러 · 요인경호	· 런던광역경찰청은 영국 런던시의 치안을 유지하는 것이 주업무 · 대테러 업무에 있어서는 영국 전 지역을 관할할 수 있음 · 스코틀랜드 야드라고도 불림

06 프랑스

소속	명칭	임무
내무부	DGSI	국내정보, 방첩
재정부	TRACFIN	경제범죄
국방부	DGSE	해외정보, 비밀공작
	DRM	군사정보
	DRSD(DPSD)	군 방첩기관, 대테러

07 이스라엘

소속	명칭	임무
총리	SHABAK	국내정보, 방첩
	MOSSAD	해외정보, 비밀공작
국방부	AMAN	군사정보수집, 신호정보
내무부	Israeli Police	범죄, 공공안전, 대테러

08 독일

소속	명칭	임무
수상	BND	해외정보, 신호정보, 지형정보, 비밀공작
국방부	MAD	방첩, 보안
	KSA	군사 관련 신호정보, 지형정보, 사이버전
내무부	Lfv	주 단위 방첩기관, 보안
	Bfv	국내정보, 방첩, 대테러
	BKA	범죄 · 경제 · 테러 수사, 증인보호, 요인경호

09 중국

소속	명칭	임무
국무원	국가안전부	해외정보의 수집과 국내 방첩, 해외비밀공작
	공공안전부	공안 · 치안 · 대테러 정책과 정보수집, 출입국관리
	신화사	전세계의 소식을 수집 · 번역 · 요약 · 분석하여 관련부처에 보고
인민해방군	2부 정보부	군사전략정보, 대간첩활동
	3부 통신부	신호정보수집 · 해독
	4부 전자부	전자전
	8341부대	군 내 방첩
노동당	대외연락부	사회주의 국가들과의 대외관계 협력
	통일전선부	대만 관련 비밀공작

10 국가별 정보기관 수사권

연번	국가명	형태	해외	국내	세부 권한
1	나미비아	통합	NCIS(중앙정보부)		법령상 모든 안보위협에 대한 수사
2	노르웨이	분리	NET(해외정보부)	PST(보안정보부)	범죄정보 수집, 압수, 구금, 감청 모두 가능
3	뉴질랜드	통합	NZSIS(보안정보부)		대테러 · 방첩 등에 대한 수사
4	대만	분리	NSB(국가안전국)	MJIB(조사국)	간첩, 국제범죄, 공무원 부패혐의 수사권 보유
5	덴마크	분리	FE(국방정보부)	PET(보안정보부)	간첩 · 테러 · 극단주의 범죄 등
6	러시아	분리	SVR(해외정보부)	FSB(연방정보부)	수사권 보유, 안보목적 감청, 개인정보 수집 가능
7	레바논	부문		GS(보안총국)/ ISF(보안군)	GS/ISF는 국가안보 관련 수사권
8	말레이시아	분리	RD(조사연구부)	SB(국내정보부)	안보범죄에 대한 강제수사 가능
9	몰도바	통합	SIS(보안정보부)		방첩 · 테러 · 조직범죄 등에 대한 수사권 보유
10	몽골	통합	GIA(몽골정보부)		압수수색, 체포구금 가능

11	미국	분리	CIA(중앙정보국)	FBI(연방수사국)	내란 · 간첩 · 대테러 등 국가안보 범죄수사 및 정보활동 권한
12	미얀마	통합	OCMSA(군 정보부)		부문정보기관 컨트롤타워, 민간인 대상 강제 수사, 감청 가능
13	민주콩고	통합	ANR(국가정보부)		사법경찰관과 동일 권한 보유
14	방글라데시	통합	NSI(국가정보부)		간첩, 테러, 국제범죄에 대한 광범위한 수사권 보유
15	베트남	통합	MPS(공안부)		국가안보 범죄 뿐 아니라 일반범죄 수사권도 보유
16	벨기에	분리	SGRS (정보안전총국)	VSSE (국가안전부)	수색 및 감청, 통신 금융정보 조회 가능
17	벨라루스	통합	KGB(국가보안위원회)		안보범죄 관련 감청, 수색, 체포 등 수사권 보유
18	불가리아	분리	SIA(해외정보부)	SANS(국가안보청)	법상 수사권 및 감청권 보유
19	사우디	분리	GIP(국가정보부)	SSP(국가보안부)	테러 · 국내보안 전담 수사
20	세르비아	통합	BIA(국내정보부)		조직범죄, 테러, 국가내란 등에 대한 수사권 보유
21	수단	통합	NISS(국가정보보안부)		국가안보 전반에 대한 정보수집 및 집행
22	스웨덴	분리	MUST/FRA	SAPO(보안경찰청)	방첩, 테러, 대정부전복 등 국가안보 관련 수사 및 예방조치
23	싱가포르	분리	SID(해외정보청)	ISD(국내보안청)	국가전복, 테러, 내란, 간첩행위에 대한 수사권 보유
24	UAE	분리	NIS(해외정보부)	SSD(연방정보부)	내란, 폭동 등 국가안보, 테러 관련 수사권 보유
25	아제르바이잔	분리	FIS(해외정보부)	SSS(국가보안부)	방첩, 대테러, 국가기밀 보호 등 관련 수사권 보유
26	아프가니스탄	통합	NDS(국가정보부)		테러범 등에 대한 감청 및 강제수사권 보유
27	앙골라	분리	SIE(해외정보부)	SINCE (연방수사국)	반국가 · 테러 · 간첩 등에 대한 수사권
28	오만	분리	L&CS (해외정보부)	ISS(국내정보부)	
29	오스트리아	분리	HNA(군 정보부)	BVT(연방헌법보호대테러청)	대테러 및 방첩 수사업무 강화
30	요르단	통합	GID(국가정보부)		국가안보범죄 혐의 시 14일간 영장 없이 구금 가능
31	우간다	분리	ESO(해외정보부)	ISO(국내정보부)	

32	우즈베키스탄	통합	SNS(국가안보부)		테러, 방첩, 조직범죄 등에 대한 수사권 보유
33	우크라이나	분리	SZRU (해외정보부)	SUB(국내보안보)	테러, 방첩, 조직범죄 등에 대한 수사권 보유
34	이라크	통합	INIS(국가정보부)		근거 규정은 없으나 수집 조사권 행사
35	이란	통합	MOIS(정보보안부)		국가안보 관련 범죄 수사권 보유
36	이스라엘	분리	ISIS(모사드)	GSS(보안정보부)	국가안보 관련 범죄 수사권 보유
37	이집트	통합	NSS(국가보안청)		안보사범에 대한 무소불위의 권한 보유
38	잠비아	통합	ZSIS(보안정보부)		경찰사법관리와 동일한 권한 보유
39	적도기니	통합	ANIGE(대외안보부)		수사권을 보유하고 있으나, 국내범죄는 경찰 수사
40	조지아	분리	GIS(해외정보부)	SSS(국가보안부)	국가안보 위협에 대한 수사권 보유
41	중국	통합	MMS(국가안전부)		안보관련 광범위한 수사권 보유, 기본권 제한 가능
42	짐바브웨	통합	CIO(국가정보부)		초법적 수사권 보유
43	카타르	통합	SSB(국가정보부)		
44	캐나다	통합	CSIS(보안정보부)		국가안보 관련 범죄 수사권 보유
45	쿠웨이트	분리	KSSES(해외정보부)	KSSIS(국내정보부)	국가안보, 왕권수호, 대테러 분야 수사권 보유
46	키르기즈스탄	통합	SCNS(국가보안위원회)		국가안보, 고위층 비리, 대통령 지시사항에 대한 수사권 보유
47	터키	통합	MIT(국가정보부)		안보 및 방첩 분야 수사권 보유
48	튀니지	통합	DGSN(국가안보청)		
49	폴란드	분리	AW(해외정보부)	ABW(국내정보부)	테러, 방첩, 국가전복 등 광범위한 수사권 보유
50	프랑스	분리	DSGE (해외안보총국)	DGS I(국내보안총국)	국가기본권, 국익 관련 수사권 보유
51	핀란드	국내만	–	SUPO (보안경찰청)	수사권이 있으나, 실제는 조사업무만 수행(국가수사청이 수사)
52	호주	분리	ASIS(비밀정보부)	ASIO(보안정보부)	대테러 · 방첩 · 보안 분야 등 수사권 보유

15일 만점
국가정보학

PART 02

15 DAYS
모의고사

01 다음 중 국가정보활동 분야가 아닌 것은?

① 정보수집
② 징후경보
③ 정보분석
④ 비밀공작

02 다음 중 정보의 개념과 그것을 주장한 학자가 잘못 연결된 것은?

① Michael Herman – 정보는 추론적이고 평가적인 지식이다.
② Mark Lowental – 모든 정보는 첩보지만 모든 첩보가 정보는 아니다.
③ Jeffery Richelson – 정보는 외국에 관련된 수집 가능한 첩보를 수집, 처리, 종합, 분석, 평가하여 얻은 결과물이다.
④ Sherman Kent – 정보는 국가이익을 달성하고 실제적이고 잠재적인 적대세력들을 대비하는 정부 정책 입안 및 정책 수행에 관한 것이다.

03 다음 정보요구에 대한 설명 중 틀린 것은?

① 한국은 1년에 1번 국가정보원장이 PNIO를 작성하고 그것에 근거하여 해당기관들이 EEI를 작성한다.
② 미국은 PNIO를 DNI에서 영국은 JIC에서 작성한다.
③ 급격한 정보환경 변화로 SRI를 하고 이를 근거로 OIR을 한다.
④ 정보요구로는 국가정책담당자의 요구, 타 부서에서의 정보요구, 부서 내 자체적인 정보요구 등 3가지가 있다.

04 다음 중 간첩으로 처벌을 받지 않은 인물은?

① 킴 필비
② 엘리 코헨
③ 리하르트 조르게
④ 로버트 한센

05 다음 중 암호해독 작전이 아닌 것은?

① 퍼플
② 베노나
③ 매직
④ 울트라

06 정보의 질적 요건이 아닌 것은?

① 적절성: 판단결과가 논리적으로 적절한가?

② 정확성: 정확하게 사실에 부합하는가?

③ 적합성: 정보수요와 관련이 있는가?

④ 적시성: 적시에 정보를 지원했는가?

07 다음 소프트웨어 공격에 대한 설명 중 틀린 것은?

① 피싱: 네트워크상 패킷을 불법으로 확인하여 정보 탈취

② 파밍: 합법적인 사이트에 접속해도 가짜 사이트로 접속하도록 악성코드를 심어 개인정보 탈취

③ 스미싱: SMS와 피싱의 합성어로 신뢰할 수 있는 인물로 위장해 비밀정보를 요구하거나 소액결제를 유도

④ 스푸핑: TCP/IP 결함을 이용해 시스템 권한 획득 후 정보를 탈취

08 다음 중 수사권이 아예 없는 정보기관은?

① NIS

② SVR

③ DGSI

④ PSIA

09 제국익문사에 대한 설명 중 틀린 것은?

① 화학비사법을 이용했으며 고종에게 직접 보고했다.

② 비밀활동규정으로 제국익문사 비보장정이 있다.

③ 수장인 독리 밑에 사무, 사기, 사신 등 3명의 중간 간부가 있었다.

④ 한국 최초의 정보기구이며 6 · 25 전쟁 전까지 활동 을 지속했다.

10 다음 중 정찰총국 제3국의 테러는?

① 이한영 암살사건

② 황장엽 암살 미수사건

③ 울진 · 삼척 무장공비 침투사건

④ 무하마드 깐수 간첩사건

11 다음 법령 중 잘못된 것은?

① 적국을 위해 간첩행위를 한 자는 사형 · 무기 또는 7년 이상 징역에 처한다.

② 외교상 기밀을 누설한 자는 5년 이하의 징역 또는 1천만 원 이하의 벌금에 처한다.

③ 국가보안상 통신제한조치는 2개월 초과 금지, 법원 에 연장청구 시 2개월 추가가 가능하다.

④ 산업기술 유출 시 외국 유출은 15년 이하 징역 또 는 15억 이하 벌금, 국내 유출은 10년 이하 징역 또 는 10억 이하 벌금에 처한다.

안심Touch

12 다음 중 정보수집 이슈는? (정답 2개)

① TPED 이슈

② Vacuum Cleaner 이슈

③ Layering 이슈

④ Clientism 이슈

13 정보작전방호태세에 대한 설명 중 틀린 것은?

① INFOCON이라고 한다.

② 발령권자는 합참의장이다.

③ 5단계인 델타가 가장 높은 단계이다.

④ 특정한 공격징후를 포착한 상황에서는 3단계를 발령한다.

14 한국의 방첩업무기관이 아닌 것은?

① 법무부

② 감사원

③ 관세청

④ 해양경찰청

15 다음 중 1급비밀 취급 인가권자가 아닌 인물은?

① 서울특별시장

② 국가안보실장

③ 국가인권위원회 위원장

④ 검찰총장

16 다음 중 세계 최초의 군사광학정찰위성은?

① ZY

② 스푸트닉

③ 코로나

④ 제니트

17 다음 중 테러에 대한 설명으로 틀린 것은?

① 국가테러대책위원장은 국무총리이다.

② 대테러센터는 국가테러대책위원회의 실무를 위한 조직이며 센터장은 국무총리가 추천한 자이다.

③ 테러사건대책본부는 테러발생 종류에 따라 주무부서에서 맡는다.

④ 테러경보는 5단계로 나뉘며 발생 시 레드단계로 격상한다.

18 다음 중 『손자병법』에서 말하는 가장 하책은?

① 벌모

② 벌교

③ 벌병

④ 공성

19 정보보고서 생산원칙이 아닌 것은?

① 간결성

② 현실성

③ 명료성

④ 추상성

20 다음 〈보기〉의 인물(㉠)과 기관(㉡)이 알맞게 연결된 것은?

┌─ 보기 ─────────────────────────┐
│ (㉠)은 독일의 (㉡)에 의해 소련과 내통하고 │
│ 있다는 사실이 밝혀진다. (㉡)은 이 사실을 이스라엘 │
│ 의 모사드에게 알려서 (㉠)은 잡히게 된다. │
└──────────────────────────────┘

	㉠	㉡
①	이스라엘 비어	BND
②	피터 풀만	Bfv
③	조너선 폴라드	MAD
④	두스코 포포프	Abwehr

21 이스라엘의 모사드가 '신의 분노' 작전을 실제로 실행한 조직으로 옳은 것은?

① 하가나

② 쉐이

③ 키돈

④ 사야님

22 다음 중 기술정보 관련 용어가 아닌 것은?

① 蒼空

② SAR

③ ES/EA/EP

④ 정상선

23 다음 중 MASINT에 속하지 않는 것은?

① 레이더정보

② 통신전파정보

③ 감마선정보

④ 지진파정보

24 다음 중 「보안업무규정」에 없는 구역은?

① 통제구역

② 통제지역

③ 제한구역

④ 제한지역

25 다음 중 1968년에 일어난 일이 아닌 것은?

① YS-11기 납북사건

② 푸에블로호 납치사건

③ 1 · 21사태

④ 울진 · 삼척 무장공비 침투사건

✎ DAY 02

15일 만점 국가정보학

01 OB에 속하지 않는 요소는?

① 병력규모
② 배치현황
③ 임무
④ 구성

02 국가정보와 정책의 관계를 보는 두 가지 관점이 있다. 다음 설명 중 관점이 다른 하나는?

① 현재 대부분의 국가에서 선호하는 방식이다.
② 셔먼 켄트는 "정보는 정책과 필요한 만큼 밀접해야 하나 판단의 독립성을 위해 거리를 둬야 한다."고 이야기하였다.
③ CIA의 과도한 현용정보 중심 분석활동에 반발하여 생긴 관점이다.
④ 정보와 정책은 공생관계라고 보는 입장이다.

03 정보배포의 원칙이 아닌 것은?

① 명확성
② 적시성
③ 비밀성
④ 계속성

04 인간을 통해 첩보를 수집하는 활동을 인간정보라고 한다. 다음 중 인간정보가 아닌 것은?

① 정보사령부 북한특수전분석관
② 16세기 영국 월싱햄 경의 재외공관원
③ 향간
④ 해외 무관

05 다음 중 짝이 잘못 지어진 것은?

① IMINT – 영상정보
② HUMINT – 인간정보
③ OSINT – 기술정보
④ SIGINT – 신호정보

06 다음 중 미국의 사활적 이익에 해당하지 않는 것은?

① 동맹국의 생존과 협력의 확보
② 미국 주변의 불량국가 출현 방지
③ 군사적 핵심기술 우위 유지
④ 금융시장의 국제적 안정성 확보

07 분석대상에 대한 다수의 가설을 설정 후, 각 수집된 첩보들을 적용해서 가설들을 압축·선택하여 핵심가설을 도출해내는 질적분석기법은?

① Role Playing

② Key Judgement

③ Hierarchy Analysis

④ Competing Hypotheses

08 다음 중 II급비밀은?

① 전략무기 저장시설

② 전략무기 제원

③ 전략무기 운용계획

④ 군사동맹조약

09 한국에서 정보기구의 정치개입 금지법 변화에 대한 것 중 잘못된 것은?

① 1973년 – 중앙정보부장, 차장, 기획조정실장은 정당에 가입하거나 정치활동 관여 금지

② 1980년 – 중앙정보부 일반직원의 정치개입문제 삭제

③ 1988년 – 법원, 행정기관에 파견된 안기부 요원 철수

④ 1992년 – 국가안전기획부장, 차장, 일반직원으로 정치개입금지 확대

10 시설보안에 대한 설명 중 틀린 것은?

① 통제구역: 민통선 이북 지역

② 제한구역: 비인가자의 접근을 방지하고 안내를 받아서 출입하도록 만든 구역

③ 제한지역: 비밀 또는 국·공유재산의 보호를 위해 울타리 또는 경비인력에 의해 일반인의 출입을 감시하는 구역

④ 제한구역: 중요군사기지 최외곽 경계선으로부터 300m 이내 지역

11 마약류 관리에 관한 법률에 있는 처벌기준이 아닌 것은?

① 마약을 수출입, 제조, 매매하거나 매매를 알선하면 무기 또는 5년 이상의 징역

② 영리를 목적으로 마약을 수출입, 제조, 매매하거나 매매를 알선하면 사형, 무기 또는 10년 이상 징역

③ 마약의 원료가 되는 식물을 재배하거나 그 성분을 함유하는 원료·종자·종묘를 소지, 소유하면 1년 이상의 유기징역

④ 마약을 투약하거나 투약하는 행위를 제공한 자는 3년 이하의 유기징역

12 다음 중 국가정보원 소속 기관은?

① 사이버 안전국

② 대테러센터

③ DSSC

④ 산업기밀보호센터

13 다음 중 국가정보원의 수사권이 아닌 것은?

① 국가정보원 직원의 직무와 관련된 수사

② 형법상 내란 또는 외환의 죄

③ 테러방지법 위반죄

④ 국가보안법 위반죄

14 다음 중 미국 정보공동체가 아닌 것은?

① I&A

② NRO

③ NCTC

④ OICI

15 러시아 정보기구와 설립자가 잘못 연결된 것은?

① 오프리치니나 – 이반 4세

② 프리오브라젠스키 프리카츠 – 표트르 대제

③ 제3국 – 알렉산더 2세

④ 오흐르나 – 알렉산더 3세

16 영국의 정보기관과 소속이 잘못 연결된 것은?

① MI6 – 외무부

② GCHQ – 국방부

③ DI – 국방부

④ JIC – 내각

17 다음 중 기관과 모토가 잘못 연결된 것은?

① CIA – 진리가 너희를 자유롭게 하리라.

② NIS – 음지에서 일하고 양지를 지향한다.

③ DGSE – 사랑과 전쟁, 그리고 경제에 관련된 모든 활동은 정당하다.

④ Mossad – 모사가 많으면 평안을 누리리라.

18 다음 중 산업보안의 요소가 아닌 것은?

① 적시성
② 가용성
③ 기밀성
④ 무결성

19 다음 중 신호정보와 관련이 없는 사건은?

① 키홀
② 에셜론
③ GRAB
④ 베노나 프로젝트

20 다음 중 Ⅰ급비밀 취급 인가권자가 아닌 사람은?

① 대법원장
② 고위공직자범죄수사처장
③ 개인정보 보호위원회 위원장
④ 감사원장

21 다음 중 Jeffery Richelson이 말한 정보의 정의에 나오는 정보생산 과정으로 옳은 것은?

① 수집 → 처리 → 분석 → 종합 → 평가
② 수집 → 처리 → 평가 → 분석 → 종합
③ 수집 → 처리 → 종합 → 평가 → 분석
④ 수집 → 처리 → 종합 → 분석 → 평가

22 다음 중 PNIO와 EEI에 대한 설명으로 틀린 것은?

① PNIO를 기본으로 각 부서에서 EEI를 정한다.
② 국가정보원에서는 PNIO를 정하지 EEI를 정하지 않는다.
③ 한국에서는 국가정보원장이, 미국에서는 DNI가 PNIO를 정한다.
④ PNIO는 국가정보목표 우선순위라고 하고 EEI는 첩보기본요소라고 한다.

23 진돗개에 대한 설명 중 틀린 것은?

① 발령권자는 연대장 이상 지휘관이다.
② 4단계부터 1단계까지 있다.
③ 2단계는 무장공비 침투가 예상되는 상황이다.
④ 국군방어준비태세가 진돗개이다.

24 한국 주변의 지정학적 상황에 대한 설명으로 틀린 것은?

① 중국에서 매년 더 많은 황사와 미세먼지를 발생시켜 인접국인 한국의 환경주권을 침해하고 있다.

② 일본은 2020년 한국에게 제2의 수출국이자 제3의 수입국으로 경제적으로 매우 중요한 위치를 차지하고 있다.

③ 미국은 한미상호방위조약에 따라 둘 중 어느 한 국가가 공격을 당하면 나머지 한 국가는 자동으로 참전하는 군사동맹국이다.

④ 러시아에서 한국에 대한 이미지를 설문조사 하면 '긍정적'이라는 대답이 94.8%일 정도로 러시아는 한국에 매우 우호적인 분위기의 국가이다.

25 다음 중 랜섬웨어에 대한 설명으로 틀린 것은?

① Crypt0L0cker: 시스템 보호 기능의 백업본을 삭제한 후 동작한다.

② Magniber: 모든 확장자를 일정 시간이 지나면 랜덤으로 계속 바꾼다.

③ GANDCRAB: 비트코인과 대쉬코인으로 비용 지불이 가능하지만 비트코인으로 지불하면 15%를 더 내야 한다.

④ Locky: 확장자가 [파일명].[사용자ID].[해커이메일주소]로 바뀐다.

01 다음 중 CIA 정보순환 단계는?

① 기획 및 지시 – 정보수집 – 처리 및 탐색 – 분석 및 생산 – 배포

② 정보요구 – 정보수집 – 처리 및 탐색 – 분석 및 생산 – 배포 및 소비 – 환류

③ 기획 및 지시 – 수집 – 처리 및 탐색 – 분석 및 생산 – 배포 – 평가

④ 요구 및 임무 취합 – 수집 – 분석 – 배포 – 요청

02 다음 〈보기〉를 읽고 『손자병법』의 「용간」 편에 나오는 스파이 활용방법과 어울리는 것을 고르시오.

┤ 보기 ├

　북한의 문화교류국 소속 공작원 1명이 한국에 침투해서 정당에 가입하고 거기서 영향력을 길러서 고위공직자가 돼서 고급 정보를 빼돌리려 한다. 이 공작원은 『손자병법』 「용간」 편에 나오는 (　　　)이라고 할 수 있다.

① 향간

② 내간

③ 반간

④ 생간

03 다음 중 정보분석의 대상이 아닌 것은?

① 사실

② 비밀

③ 사건

④ 수수께끼

04 다음 중 정보분석에 대한 설명이 아닌 것은?

① 국가에 미치는 위협과 얻을 수 있는 이익 안에 있는 불확실성을 제거한다.

② 상황과 미래에 대한 불확실성을 제거하는 이유는 정책결정자들이 정책결정을 할 때 지원을 하기 위함이다.

③ 정책지원을 하기 위해서는 정확한 근거를 가지고 합리적인 판단을 내려야 한다.

④ 미국에서는 정보판단을 할 때 모든 분석관들이 합의가 된 결론을 채택한다.

05 셔먼 켄트의 정보분석 9계명이 아닌 것은?

① 정책입안자의 관심을 주시하라.

② 분석관은 개인이 선호하는 주제를 가능한 한 다뤄야 한다.

③ 언어구사를 정확히 하라.

④ 정보판단 결과에 대해 개인에게 책임을 지우면 안 된다.

06 비밀공작에 대한 설명 중 틀린 것은?

① 비밀공작은 국가이익을 위해 다른 세력의 경제, 정치, 문화, 군사력 등에 영향을 미치는 행위이다.

② 비밀공작은 출처를 보호해야 하기 때문에 원칙적으로 불법적이다.

③ 비밀공작은 정부정책을 직접 집행하는 행위이다.

④ 비밀공작은 외교적 노력을 하고 나서도 목표를 달성하지 못했을 때 군사적 행동 이전에 최후로 선택하는 방법이다.

07 정보생산자와 수요자에 대한 설명 중 틀린 것은?

① 국가정보의 생산자는 국가정보기구이다.

② 국가정보는 전술정보와 전략정보로 나뉜다.

③ 주요 정보소비자로는 정책결정자, 타 기관, 조직 내부의 요구가 있다.

④ 정책결정자에는 판사와 검사는 포함되지 않는다.

08 데프콘에 대한 설명 중 틀린 것은?

① 발령권자는 한국 대통령이다.

② 데프콘3일 때 국군이 가지고 있는 작전권이 한미연합사로 이관된다.

③ 전군 탄약지급 100%의 시기는 데프콘2이다.

④ 데프콘은 1에서 5단계가 있고 1단계가 가장 높다.

09 다음 중 준군사공작이 아닌 것은?

① 1983년 아웅산 국립묘지 폭파사건

② 1997년 이한영 암살사건

③ 1996년 강릉 잠수함 침투사건

④ 1968년 통일혁명당 사건

10 다음 중 방첩에 대한 정의가 잘못 연결된 것은?

① 마크 로웬탈: 방첩은 적대국 정보기관의 우리나라에 대한 정보활동을 방어하는 활동으로 간첩 대 간첩 활동이다.

② 한국 방첩업무 규정: 방첩은 국가안보와 국가의 이익에 반하는 외국의 정보활동을 찾아내고 그 정보활동을 견제·차단하기 위한 정보의 수집 작성 및 배포 등을 포함한 모든 대응활동이다.

③ 미국 대통령 행정명령: 방첩은 외국 정부나 기관, 외국의 조직 또는 외국인, 국제테러조직들에 의해 이뤄지는 첩보활동, 기타 정보활동, 태업, 암살 등으로부터 보호하기 위한 정보의 수집과 행위들이다.

④ 미국 국가안보법: 외국 정부, 정부 구성요소, 외국 조직, 외국인 국제테러분자에 의해 수행되거나 이들을 대신해 수행하는 스파이 활동 및 파괴·암살로부터 보호하기 위해 수집하는 정보 및 이를 수행하는 활동이다.

11 「군사기밀보호법」에 대한 설명 중 틀린 것은?

① 군사기밀을 적법한 절차에 의하지 아니한 방법으로 탐지하거나 수집한 자는 10년 이하의 징역에 처한다.

② 업무상 군사기밀을 취급하였던 사람이 그 취급인가가 해제된 이후에도 군사기밀을 점유하고 있는 경우에는 2년 이하의 징역 또는 2천만 원 이하의 벌금에 처한다.

③ 업무상 취급하거나 했던 사람이 아닌 자가 업무상 알게 되거나 점유한 군사기밀을 타인에게 누설한 경우 5년 이하의 징역에 처한다.

④ 업무상 군사기밀을 취급하는 사람 또는 취급하였던 사람이 그 업무상 알게 되거나 점유한 군사기밀을 타인에게 누설한 경우에는 3년 이상의 유기징역에 처한다.

12 다음 중 미국 정보기관과 소속 기관이 잘못 연결된 것은?

① 국무부 – INR
② 대통령 – CIA
③ 재무부 – DEA
④ 법무부 – FBI

13 라합 프로젝트에 대한 설명으로 틀린 것은?

① 독일 Gehlen Organization에서 추진
② 독일의 민간사업과 방위사업의 이익을 위해 만들어졌다.
③ 1989년 미국, 영국 기업 DB망 침입에 성공하였다.
④ 시설은 프랑크푸르트 인근에 있다.

14 다음 사건들을 일어난 시간 순서대로 바르게 나열한 것은?

① 울진·삼척 무장공비 침투사건 – 육영수 여사 저격사건 – KAL기 폭파사건 – 제1연평해전 – 연평도 포격 – 천안함피격 – 이한영 암살사건

② 울진·삼척 무장공비 침투사건 – 육영수 여사 저격사건 – KAL기 폭파사건 – 이한영 암살사건 – 제1연평해전 – 천안함피격 – 연평도포격

③ 울진·삼척 무장공비 침투사건 – 육영수 여사 저격사건 – KAL기 폭파사건 – 이한영 암살사건 – 제1연평해전 – 연평도포격 – 천안함피격

④ 울진·삼척 무장공비 침투사건 – 육영수 여사 저격사건 – 이한영 암살사건 – KAL기 폭파사건 – 제1연평해전 – 천안함피격 – 연평도포격

15 다음 중 만들어진 순서로 바른 것은?

① MI6 – FBI – MI5 – GCHQ – CIA – NSA
② MI6 – FBI – GCHQ – CIA – MI5 – NSA
③ MI6 – MI5 – FBI – CIA – GCHQ – NSA
④ MI6 – MI5 – FBI – GCHQ – CIA – NSA

16 다음 중 산업정보와 연관이 없는 사람은?

① 폴리

② 새뮤얼 슬레이트

③ 표트르 대제

④ 맥나마라

17 다음 중 향정신성 의약품이 아닌 것은?

① 메사돈

② LSD

③ 메사암페타민

④ 바르비탈산류

18 다음 중 해외정보기관이 아닌 것은?

① Mossad

② BND

③ CIA

④ FSB

19 다음 중 대테러부대가 아닌 것은?

① SRU

② 707

③ UDT

④ SSU

20 다음 중 3급비밀에 해당하지 않는 것은?

① 전략무기 또는 유도무기의 사용지침서 및 완전한 제원

② 전략무기 또는 유도무기 저장시설 또는 수송계획

③ 정보부대 또는 군사안보지원부대의 세부조직 및 세부임무

④ 전산보호 소프트웨어

21 정보기구에 대한 통제 종류가 아닌 것은?

① 행정부의 통제

② 사법부의 통제

③ 입법부의 통제

④ 언론의 통제

22 다음 중 징후경보는 시계열에 따른 정보분류 중 어디에 속하는가?

① 현용정보
② 군사정보
③ 판단정보
④ 국가부문정보

24 정보수집에 대한 설명으로 틀린 것은?

① 조직에 영향력이 있는 인물이 자신의 이익을 위해 정보우선순위를 결정하는 것을 Priority Creep이라고 한다.
② 특별한 상황이 발생하여 정보생산의 우선순위가 달라지는 것을 AdHoc이라고 한다.
③ 임시 특별권의 남발은 선취권 잠식이라고 한다.
④ 너무 많은 첩보를 수집해서 어떤 첩보가 알맹이인지 파악하기 어려운 문제를 '밀과 겉겨의 문제'라고 한다.

23 〈보기〉의 빈칸에 들어갈 분석오류로 알맞은 것은?

┤ 보기 ├
　CIA에서 피그만 침공작전이 성공할 근거로 작전이 시작되면 쿠바 본토에서도 반군이 들고 일어나서 지원할 것이라는 보고서를 냈고, 이 보고서를 보고 당시 케네디 대통령의 참모진(국방부장관, 국무장관, 안보보좌관 등)은 아무도 작전에 반대하지 않았다. 이들이 서로 친해서 반대 의견을 내기 꺼렸다는 분석이 있는데 이는 전형적인 (＿＿＿＿＿＿＿＿)라고 볼 수 있다.

① Swarm Ball
② Layering
③ Mirror Image
④ Group Thinking

25 다음 중 군령권이 없는 사람은?

① 대통령
② 국방부장관
③ 육군참모총장
④ 합참의장

01 미국의 DNI에 대한 설명으로 틀린 것은?

① 2004년 12월 미국의 정보개혁 및 테러방지법을 근거로 신설됐다.

② 2001년 9월 11일 미국의 세계무역센터에 가해진 테러를 조사하면서 기존의 DCI 체제를 개혁하자는 의미로 탄생했다.

③ 실무기구로 ODNI가 있으며 미국 정보공동체 소속 전 기구를 조정 · 지도한다.

④ 산하 부서로 NCTC, NCSC, CTIIC, NATO 같은 조직들이 있다.

02 다음 〈보기〉의 비밀공작으로 옳은 것은?

┤ 보기 ├

　제2차 세계대전 당시 일본은 태평양 전쟁에 참가한 미군들의 사기를 저하시킬 목적으로 영어 라디오 방송을 실시했다. 목소리가 좋은 일본 여자 아나운서를 통해 현재 일본이 이기고 있는 중이며 일본에게 항복해서 일본으로 귀화하는 것이 좋을 것이라는 내용을 주로 방송했다.

① 흑색선전

② 백색선전

③ 회색선전

④ 영향공작

03 다음 중 『손자병법』의 공전계가 아닌 것은?

① 타초경사

② 차시환혼

③ 금적금왕

④ 혼수모어

04 다음 중 일본의 정보기관이 아닌 것은?

① 남만주철도주식회사

② 동양척식주식회사

③ 나가노 정보학교

④ 내각조사실

05 다음 중 법적으로 명시된 외교행낭 가등급에 해당하는 내용물이 아닌 것은?

① 군사비밀동맹 관련 비밀문건

② 대통령 및 국무총리 외국 순방관련 자료, 자재

③ 통신보안 자재

④ 각 부처 장관이 국가보안에 필요하다고 인정하는 비밀문건

06 다음 중 방첩업무를 하는 기관은?

① 교육부
② 통일부
③ 국토교통부
④ 기획재정부

07 중국은 공산당의 안녕과 번영이 모든 가치를 우선한다. 이에 따라 이 세상 모든 것들은 공산당을 위한 것이며 수단이 된다. 이와 같은 맥락에서 국영방송사이지만 타국의 언론, 매체에 나오는 정보를 번역, 수집해서 중국정보의 국무원에 보고하는 곳은 어디인가?

① 공공안전부
② 신화사
③ CCTV
④ 중국방송신문총서

08 정보감시태세에 대한 설명 중 틀린 것은?

① 워치콘(WATCHCON)이라고 한다.
② 워치콘1은 한국에서 발령된 적이 없다.
③ 발령권자는 한미연합사령관이다.
④ 1차 연평도 해전 당시 워치콘2를 발령했다.

09 다음 중 용어에 대한 설명으로 틀린 것은?

① 실로비키는 정보기관 및 군 출신 정치인이다.
② 올리가르히는 국영기업을 민영화 하면서 생긴 재벌층이다.
③ 크리샤는 재벌이나 범죄조직의 뒤를 봐주는 정보기관을 뜻한다.
④ 고르바초프 시절 페레스트로이카는 개방, 글라스노스트는 개혁을 뜻한다.

10 러시아 최고의 정보기관으로, 예하에 알파라는 부대도 단독으로 운영하며 영장 없이 수색을 할 수도 있는 이 기관의 이름은?

① SVR
② GRU
③ FSB
④ FAPSI

11 미국이 주도하는 에셜론에 대항해서 만든 프랑스 독자적인 신호정보 수집 프로그램은?

① 프렌체론
② 바게트론
③ 르브르론
④ 몽마르트론

12 다음 중 산하기관이 잘못 연결된 것은?

① 외교부 – MI6

② 국방부 – DI

③ 내무부 – MI5

④ 국방부 – GCHQ

13 다음 프랑스 정보기관 중 소속기관이 다른 곳은?

① DRSD

② DRM

③ DGSE

④ DGSI

14 걸프전쟁 때 정보부족을 극복하기 위해 만든 기관은?

① DPSD

② DRM

③ DGSE

④ DGSI

15 정보순환 중 환류에 대한 설명으로 틀린 것은?

① 마크 로웬탈과 셔먼 켄트가 환류의 중요성을 강조했다.

② 정책결정자들의 인식부족으로 환류가 잘 안 되는 경향이 있다.

③ 정책결정자와 정보생산자 간 커뮤니케이션의 한 방법이다.

④ 환류는 더 나은 정보생산을 위해 필요한 정보순환 과정이다.

16 다음 중 현재 독일에 없는 정보기관은?

① BND

② SD

③ MAD

④ Bfv

17 다음 중 마약에 대한 설명으로 틀린 것은?

① 메스암페타민(Methamphetamine)은 우리나라에서 가장 많이 남용되고 있는 진정제로, 속칭 '히로뽕'으로 널리 알려져 있다.

② 엑스터시(MDMA)는 1914년 독일 의약품회사에서 식욕감퇴제로 최초 개발된 이래 강력한 환각성분으로 인한 뇌손상 유발 등 심각한 부작용을 초래하였다. 이에 시중에 유통이 금지되었음에도 1980년대 이후 환각제로 둔갑하여 전 세계적으로 널리 남용되고 있다.

③ 엘에스디(LSD; Lysergic Acid Diethylamide)는 1938년 스위스 화학자 Albert Hofmann에 의하여 최초로 합성된 무미, 무취, 무색의 환각제로 종이 또는 정제에 LSD 용액을 흡착시켜 사용하는 것이 일반적이다.

④ 세계 최대 마약밀매조직인 '쿤사'가 개발한 야바는 '말처럼 힘이 솟고 발기에 좋은 약'이라고 해서 태국에서는 'Horse Medicine'으로 통용되고 있다.

18 이스라엘의 정보기구에 대한 설명이 아닌 것은?

① 신베트는 국내방첩기관이다.
② 아캄은 아만 소속의 군사기술 수집기관이었다.
③ 하가나의 정보기관은 쉐이이다.
④ 모사드와 아만은 수상 직속의 정보기관이다.

19 다음 중 학자의 저서로 옳지 않은 것은?

① 제프리 리첼슨 – 『A Century of Spies: Intelligence in the Twentieth Century』
② 제니퍼 심즈 – 『Strategic Intelligence for American World Policy』
③ 아브람 n. 슐스키 – 『Silent Warfare: Understanding the World of Intelligence』
④ 마크 로웬탈 – 『The Future of Intelligence』

20 다음 중 정보업무가 아닌 것은?

① 정보생산
② 정보분석
③ 정보수집
④ 방첩활동

21 탈린 매뉴얼에 대한 설명으로 틀린 것은?

① 탈린은 에스토니아의 수도이다.

② 탈린 매뉴얼은 1.0과 2.0 두 가지 버전이 나왔다.

③ 2.0 버전은 사이버전에 적용 가능한 국제법에 대한 내용이다.

④ 탈린 매뉴얼 작성은 마이클 슈미트 교수가 중심이 되었다.

22 다음 중 정보에 대한 설명으로 틀린 것은?

① 데이터는 목적 없이 쌓여 있는 자료들이다.

② 첩보는 특정 목적을 가지고 모아 놓은 자료이다.

③ 정보는 분석되어 의미를 갖게 된 첩보이다.

④ 지식은 특정한 상황에서 유용한 정보이다.

23 공개출처에 대한 설명 중 틀린 것은?

① 공개정보는 수집이 합법적이다.

② 공개정보단은 국방정보본부에 있다.

③ TV, 정부책자, 신문 등이 공개출처에 속한다.

④ 모든 정부기관에서 공개정보를 수집한다.

24 다음 중 미국 법무부가 암호화폐를 훔친 혐의로 기소한 북한 정찰총국 소속 해커 3명에 해당하지 않는 인물은?

① 김일

② 박진혁

③ 리병철

④ 전창혁

25 다음 중 사건과 연도가 잘못 연결된 것은?

① 부여무장 간첩사건 – 1995

② 부부간첩단 사건 – 1996

③ 일심회 간첩사건 – 2006

④ 왕재산 간첩사건 – 2011

01 국가정보학에 대한 설명으로 옳은 것은?

① 국가정보학은 정보기관에 대한 법과 제도를 만드는 학문이다.

② 국가정보학은 정권의 안정을 위한 학문이다.

③ 국가정보학은 지극히 현실적, 실용적인 학문이다.

④ 국가정보학은 정보기관에 대한 비판을 반박하고 대중의 인식을 긍정적으로 만들기 위한 학문이다.

02 다음 〈보기〉의 정보분석 오류에 해당하는 것은?

┤ 보기 ├

분석관이 자신이 생각하는 가치나 관점을 분석대상도 당연히 가지고 있을 것이라고 여기고 분석하는 오류

① 레이어링

② 담합

③ 미러이미지

④ 주석전쟁

03 다음 중 정보실패의 이유가 잘못 연결된 것은?

① 피그만 침공 – 집단사고

② 6 · 25 전쟁 – 정보배포실패

③ 진주만 기습 – 늑대소년효과

④ 이라크 전쟁 – 고객과신주의

04 인간정보에서 국가기관의 정식요원을 무엇이라고 부르는가?

① 정보관

② 정보원

③ 협조자

④ 내간

05 첩보원이 되는 동기인 MICE 중 잘못된 것은?

① M(money): 돈으로 유혹

② I(identity): 정체성의 혼란

③ C(compromise): 타협으로 약점을 보호

④ E(ego): 자존심을 건드림

06 포틀랜드 스파이 링과 관련된 인물은?

① 고든 론즈데일

② 도널드 매클린

③ 귄터 기욤

④ 레이바 돔

07 한국의 위성에 대한 설명 중 틀린 것은?

① 아리랑3호에 한국 최초로 합성개구레이더를 넣어
날씨와 상관없이 활용하고 있다.

② 2022년 현재 한국에는 군사위성 2개가 운용되고
있으며 정보사령부에서 관리 중이다.

③ 아리랑3A호는 2015년에 발사했으며 해상도 0.55m
급의 광학카메라를 탑재했다.

④ 한국 최초의 위성 아리랑1호는 1999년 발사되었다.

08 미국 정보공동체 중 국방부 소속은 총 몇 개인가?

① 6

② 7

③ 8

④ 9

09 다음 정보기구 중 정보활동의 종류가 다른 것은?

① 777사령부

② 국군정보사령부

③ 안보지원사령부

④ 공군항공정보단

10 비밀문서, 줄여서 비문을 만들 때 보호기간과 보
존기간이라는 것을 설정한다. 비문에 대한 설명으로 틀
린 것은?

① 보호기간은 생산부서에서 정하며 비문이 가치가 있
는 기간을 뜻한다.

② 보존기간은 보호기간이 끝난 비문을 문서보관소에
이관하여 존안하는 기간을 뜻한다.

③ 보호기간은 보존기간보다 반드시 길어야 한다.

④ 보존기간은 1년, 3년, 5년, 10년, 30년, 준영구, 영
구로 설정이 가능하다.

11 다음 중 목적은 실패했지만 작전은 성공한 준군
사공작은?

① 이글클로 작전

② 넵튠스피어 작전

③ 피그만 작전

④ 손타이 작전

안심Touch

12 『손자병법』 36계의 6부에 대한 설명 중 틀린 것은?

① 승전계: 아군이 승기를 잡고 있을 때의 방책

② 적전계: 아군과 적군이 비등할 때 계략으로 승리할
   수 있는 방책

③ 공전계: 적이 성 안에서 수성을 할 때 공성하는 방책

④ 병전계: 상황에 따라 적도 될 수 있고 우군도 될 수
   있는 방책

13 제국익문사의 간부에 대한 명칭이 틀린 것은?

① 독리

② 서무

③ 서기

④ 서신

14 「통신비빌보호법」 제6, 7, 8조에 대한 설명으로
틀린 것은?

① 통신제한조치를 할 때 통신의 일방 또는 쌍방당사
   자가 내국인일 때 고등법원 수석부장판사에게 허가
   를 받아야 한다.

② 군용전기통신(작전수행을 위한 전기통신에 한함)에
   대한 통신제한조치는 고등법원 수석부장판사에게
   허가를 받지 않아도 된다.

③ 통신제한조치는 4개월이며 필요시 고등법원 수석
   부장판사나 대통령의 허가가 있으면 4개월을 추가
   로 연장할 수 있다.

④ 외국인을 상대로 긴급통신제한조치를 할 때는 집행
   후 36시간 이내에 법원의 허가를 받아야 한다.

15 다음 중 예방공격과 선제공격에 대한 설명 중 틀
린 것은?

① 예방공격은 전면전은 아니지만 언젠가 위협이 될
   요인을 사전에 공격하는 것을 뜻한다.

② 선제공격은 전면전이 임박했을 때 먼저 선공을 하
   는 것을 뜻한다.

③ 이스라엘이 이란의 핵시설을 폭격한 것은 예방공격
   에 속한다.

④ 미국이 대량살상무기 때문에 이라크를 공격한 것은
   선제공격이다.

16 다음 중 각국의 대테러부대가 아닌 것은?

① 미국 – 데브그루
② 이스라엘 – 샤이렛 매트칼
③ 영국 – GSG-9
④ 프랑스 – GIGN

17 다음 중 국가정보기관이 아닌 것은?

① DIA
② NRO
③ CIA
④ NGA

18 다음 중 전화번호 연결이 잘못된 것은?

① 경찰청 – 112
② 안보지원사령부 – 1337
③ 국가정보원 – 111
④ 재난신고 – 113

19 다음은 미국의 비밀공작에 대한 법령과 위원회에 대한 설명으로 틀린 것은?

① 휴즈라이언법: 1974년 비밀공작 시 반드시 대통령과 국회의 승인이 필요하다고 명시하였다.
② 처치위원회: 1975년 닉슨의 워터게이트 사건을 계기로 정보기관의 불법공작들에 대해 상원 의원인 처치의 이름을 따 만든 위원회이다.
③ 정보수권법: 1991년 비밀공작 시 대통령에게 구두가 아닌 서면으로 보고함을 의무화하였다.
④ 록펠러위원회: 1975년 포드 대통령의 지시로 부통령인 넬슨 록펠러가 CIA의 비밀공작을 조사하기 위해 만든 위원회이다.

20 분리형 정보기구의 설명이 아닌 것은?

① 기능별로 한 가지 임무를 수행한다.
② 정보기관 간의 상호견제로 양질의 정보를 생산할 수 있다.
③ 각각의 기관들이 비대해져 조직 전체가 비대해질 수 있다.
④ 정보기관의 역동성이 떨어지고 전문성이 저하될 수 있다.

21 다음 중 미국 CIA의 작전이 아닌 것은?

① 울트라 작전

② 피닉스 작전

③ 피그만 작전

④ 솔레이마니 암살작전

22 이란의 정보기관이 아닌 곳은?

① 샤박

② 베바크

③ 사바마

④ 메차다

23 중국 최고의 방첩기관이자 해외정보기관인 국가안전부가 소속된 기관은 어디인가?

① 중국 공산당

② 총참모부

③ 국무원

④ 중앙정법위원회

24 영국 합동정보위원회에 대한 설명이 아닌 것은?

① JIC라고도 하며 영국의 PNIO를 작성하는 곳이다.

② 첩보수집 활동을 하면서 영국 정보공동체에 배포하는 역할을 한다.

③ 의장은 내각정보안보조정관이 의장을 맡고 있다.

④ 영국 정보기구의 업무를 조정하면서 정책결정자와 정보기관의 연결 역할을 하고 있다.

25 일본의 정보수집에 대한 설명 중 틀린 것은?

① 일본의 신호정보 수집기관은 정보본부 소속 초베츠(Chobetsu)이다.

② 왓카나이에 주둔해 있는 초베츠 소속 파견부대에서는 1980년대 소련의 공군조종사와 추락한 KAL기 조종사 사이의 교신내용을 잡아냈다.

③ 영상정보는 내각정보실의 내각위성영상정보센터에서 수집하고 있다.

④ 일본무역진흥공사(JETRO)는 전 세계에 지부를 두고 경제정보 및 군사정보를 모으고 있다.

01 21세기 국제사회의 변화에 대한 설명으로 적절하지 않은 것은?

① 정보화로 인해 국제기구나 NGO도 첩보수집 및 정보분석을 한다.

② 20세기까지는 군사안보가 가장 중요한 국가안보 요소였다.

③ 21세기에도 모든 국가정책은 국가의 이익과 안보를 위해 집행되고 있다.

④ 세계가 온라인으로 이어지고 있지만 오히려 국가통제는 강화되고 있다.

02 다음 중 정보순환에 대한 설명으로 틀린 것은?

① 첩보를 수집하고 정보를 생산하고 생산된 정보를 배포하는 일련의 과정을 정보순환이라고 한다.

② 정보순환에서 조지 길더는 환류 단계의 중요성을 강조했다.

③ 마크 로웬탈은 정보순환을 6개 단계로 나누어 정보요구, 정보수집, 처리 및 탐색, 분석 및 생산, 배포 및 소비, 환류로 설명했다.

④ 정보순환은 쓸모없는 정보를 걸러줘서 정제된 정보를 만들어 내는 중요한 장치이다.

03 첩보수집에 대한 설명 중 틀린 것은?

① 통신정보는 신호정보에 속한다.

② 인간정보는 가장 오래된 수집자산이다.

③ 공개출처정보는 기술정보에 속한다.

④ 영상정보는 징후계측정보에 포함되지 않는다.

04 다음 중 양적분석기법에 대한 설명으로 적절한 것은?

① 행렬분석기법은 CIA에서 만든 세계 최초의 확률분석기법이다.

② 정세전망기법은 Faction을 이용해 Policon을 개발한 기법이다.

③ 베이지안기법은 모든 대안을 트리 형태로 분류 후 도식화해 복잡한 문제를 일목요연하게 분석하는 데 사용한다.

④ 게임이론은 서로 다른 국가나 집단이 어떤 선택을 할지에 대해 분석하는 방법이다.

05 다음 중 정보소비자이자 정보생산자는?

① 국가정보원장

② 국회의원

③ 기업 CEO

④ 지방자치단체장

06 다음 중 CIA가 만드는 정보보고서가 아닌 것은?

① PDB

② DEIB

③ SIR

④ MI

07 다음 중 현용정보가 아닌 것은?

① PDB

② NID

③ MID

④ NIE

08 다음 중 비밀공작에 대한 설명으로 틀린 것은?

① 징기스칸은 공격하기 전에 적 지역에 "항복하면 살려주지만 저항하면 전멸시키겠다."는 선전공작을 했다고 알려져 있다.

② 15세기에 이탈리아 베네치아공국에서 세계 최초로 공관을 설치하여 비밀공작을 했다.

③ 17세기에 스페인에서는 샹 브루 누아라는 비밀정보기관을 설치·운용했다.

④ 20세기 미국에서는 CIA를 창설하여 본격적으로 비밀공작을 하기 시작했으며, 가장 활발했던 시기는 베트남전 전후라고 할 수 있다.

09 다음 중 국가정보기관이 아닌 것은?

① 프랑스 – DGSI

② 러시아 – FSB

③ 북한 – 정찰총국

④ 이스라엘 – 신베트

10 다음 중 인원보안에 속하지 않는 것은?

① 신원조사

② 동향파악

③ 비밀교육

④ 보안서약

11 다음 테러단체 중 선거를 통해 정치단체로 인정받은 것은?

① 헤즈볼라

② 알샤바브

③ 보코하람

④ 알카에다

12 다음 중 해킹에 관련된 범죄가 아닌 것은?

① 개인신용정보 도용

② 전자문서 도용

③ 사이버 절도

④ 바이러스 유포

13 다음 중 전화번호의 연결이 틀린 것은?

① 111 – 국가정보원 신고 번호

② 113 – 경찰청 간첩 신고 번호

③ 116 – 학교폭력 신고 상담 번호

④ 118 – 사이버테러 상담 신고 번호

14 다음 중 전자서명인증관리 기관은?

① 국가보안기술연구소

② 한국인터넷진흥원

③ 한국전자통신연구원

④ 국가사이버안전센터

15 다음 중 TCP/IP의 구조적 결함을 이용하여 사용자의 시스템 권한을 획득한 후 정보를 빼가는 해킹기법은?

① 스푸핑

② 스니핑

③ 스머핑

④ 스미싱

16 다음 국제수출통제체제에 대한 설명 중 잘못된 것은?

① 바세나르체제 – 재래식 무기 통제, 1997년 한국 가입
② 핵공급 그룹 – 원자력 비확산체계, 1975년 한국 가입
③ 호주그룹 – 생화학무기 비확산 체제, 1987년 한국 가입
④ 미사일기술 통제체제 – 대량파괴무기 통제, 2000년 한국 가입

17 충무계획에 대한 설명 중 틀린 것은?

① 충무계획은 비상대비계획이라고 부른다.
② 1969년부터 만들어졌으며 정부, 지방자치단체, 공공기관 등이 비상시 조치할 계획으로 만들었다.
③ 충무는 전체 4종이 있으며 1종은 전쟁 임박의 최상 단계이다.
④ 을지태극연습과 충무훈련으로 훈련해 오고 있다.

18 다음 중 북한 통일전선부 산하기관이 아닌 것은?

① 개성공단개발총국
② 조선아시아태평양위원회
③ 대외정보조사부
④ 조국통일범민족연합

19 산업정보에서 처벌에 대한 설명으로 틀린 것은?

① 산업기술을 해외로 유출 시 10년 이하 징역, 10억 원 이하 벌금
② 산업기술을 국내에 유출 시 5년 이하 징역, 5억 원 이하 벌금
③ 산업스파이로 국외유출 시 10년 이하 징역, 5억 원 이하 벌금
④ 산업스파이로 국내유출 시 5년 이하 징역, 5천만 원 이하 벌금

20 다음 중 정보기구와 소속의 연결이 틀린 것은?

① OICI – 재무부
② BND – 수상 직속
③ FAPSI – FSB
④ AMAN – 국방부

21 다음 중 국가정보학의 기능이 아닌 것은?

① 비밀공작의 역사적인 사례를 연구하여 성공과 실패에 대한 이론을 정립한다.

② 방첩활동이 미션크립 현상으로 민간인 사찰에 이르는 것을 막기 위해 정보기관을 감시해야 한다.

③ 첩보수집자산의 최신 해외개발 동향을 연구하여 앞으로의 변화 방향을 제시한다.

④ 정보분석은 분석가나 조직의 오류로 자칫 잘못된 분석을 하므로 분석보고서를 검토해야 한다.

22 정보의 가치를 결정하는 요소가 아닌 것은?

① 연관성

② 적시성

③ 차별성

④ 공통성

23 셔먼 켄트의 정보분석 9계명에 대한 설명 중 틀린 것은?

① 분석에 실패했다면 인정하고 배워야 한다.

② 정책결정자의 관심사항에 주목하라.

③ 최대한 주변의 다른 의견을 배제하고 한 가지 관점을 기준으로 분석해야 한다.

④ 정보판단은 신뢰할 수 있는 첩보를 근거로 해야 한다.

24 국가안보의 새로운 패러다임 현상으로 볼 수 없는 것은?

① 2016년 우크라이나 포병군인들이 쓰는 핸드폰에 악성코드를 심어 우크라이나 반군들이 이를 표적으로 대포병사격을 해 우크라이나 포병화력 50%를 파괴한 적이 있다.

② 2017년 대한민국의 국방부 내부망이 워너크라이라는 일종의 랜섬웨어에 감염되어 엄청난 양의 비밀이 북한으로 넘어갔다.

③ 2019년 북한 정찰총국에서 파견한 간첩이 스님으로 위장하여 불교계에 침투하려다 검거되었다.

④ 2021년에 아프가니스탄 카불에서 배후가 불분명한 폭탄테러가 발생하여 55명이 사망했는데 대부분 민간인이었다.

25 다음 중 정보분석에서의 오류가 아닌 것은?

① Vacuum Cleaner

② Clientism

③ Mirror Image

④ Layering

01 다음 중 국가안보에 들어가지 않는 것은?

① 경제안보

② 환경안보

③ 사회안보

④ 사이버안보

02 학자와 그 학자의 말이 잘못 연결된 것은?

① 마이클 허만 - "정보는 추론적이고 평가적인 지식이다."

② 마이클 위너 - "정보는 적의 영향력을 완화하고 적에게 영향을 주는 비밀스러운 것이다."

③ 라디슬라스 파라고 - "정보는 신뢰도와 내용, 중요도에 따라 기준이 마련되고 그 기준에 충분히 평가된 지식이다."

④ 클라우제비츠 - "정보는 잠재적 위협으로부터 국가안보이익에 대한 위협에 대처하는 정부정책 시행 및 입안에 관한 지식이다."

03 미국의 신호정보수집에 대한 설명 중 틀린 것은?

① 엑스키스코어는 암호나 방화벽을 무력화시킬 수 있는 미국의 정보수집 프로그램이다.

② 에셜론은 약 120개의 위성을 통해 공중에 떠도는 거의 모든 통신들을 감청할 수 있다.

③ 프리즘은 2013년 에드워드 스노든에 의해 존재가 밝혀졌으며 독일, 일본, 미국 같은 군사동맹국 이외의 대부분의 나라들을 감시해왔다.

④ 프리즘은 인터넷과 통신회사에 직접 연결하여 정보를 수집하는 프로그램이다.

04 다음 중 정보효용에 관한 설명으로 틀린 것은?

① 소유효용: 가능한 한 많은 정보를 가지고 있는 것이 적게 가진 것보다 효용성이 크다.

② 형태효용: 정보형태가 소비자의 요구에 부합할 때 더욱 효용성이 크다.

③ 통제효용: 정보는 모든 사람에게 필요한 만큼만 제공될 때 효용성이 크다.

④ 접근효용: 정보를 사용하는 데 필요한 절차가 간소화되어야 정보의 효용이 크다.

05 다음 중 가장 하위개념의 정보는?

① 전투정보
② 전술정보
③ 전략정보
④ 작전정보

06 언제든지 필요할 때 접근이 가능하여 긴급하게 첩보가 요구될 때 쓰이는 첩보수집은?

① 영상정보
② 원격측정정보
③ 공개정보
④ 인간정보

07 여러 가설들을 만들어서 평가하고 비교 · 분석하는 분석기법은?

① 행렬분석기법
② 핵심판단기법
③ 경쟁가설기법
④ 인과고리기법

08 다음 중 한국의 777과 비슷한 역할을 하는 중국의 기관은?

① 중국 총참모부 소속 정보부
② 중국 총참모부 소속 통신부
③ 중국 총참모부 소속 전자부
④ 중국 정치부 소속 연락부

09 제4차 중동전쟁인 욤 키푸르 전쟁에서 정보실패의 원인은?

① 정보기관 사이의 알력
② 정보판단의 정치화
③ 레이어링
④ 미러이미지

10 다음 중 Ⅲ급비밀이 아닌 것은?

① 정보부대 및 안보지원사령부 세부조직 및 임무
② 전산보호 소프트웨어
③ 군용 음어자재
④ 중장기적인 전력 정비 및 운영 · 유지 계획

11 비밀 수발기술 중 소련에서 참나무를 표식으로 편지나 물건을 놔뒀던 방식에서 유래했는데, 스파이가 무기나 물건 등을 숨기는 장소를 뜻하는 이 수법의 명칭은?

① 브러쉬 패스

② 데드 드롭

③ 카포크

④ 드보크

12 다음 정보역할 중 정책환경 진단에 들어가지 않는 것은?

① 미래의 예상되는 상황 예측

② 조기경보

③ 적국 위협 평가

④ 국내외 정책 여건 분석

13 과거 미국 레이건 정부의 전략방위구상, 일명 스타워즈와 관련된 실험을 끝냈다는 발표로 인해 소련이 과도한 예산을 투입시켜 소련붕괴를 앞당겼다고 평가받는 공작의 종류는?

① 선전공작

② 정치공작

③ 전복공작

④ 경제공작

14 다음 중 나머지와 연관성이 없는 것은?

① 타워위원회

② 처치위원회

③ 이란–콘트라 스캔들

④ CIA

15 외교상 기밀 누설은 어떤 처벌을 받는가?

① 5년 이하 징역, 1천만 원 이하 벌금

② 3년 이하 징역, 3천만 원 이하 벌금

③ 3년 이하 징역, 1천만 원 이하 벌금

④ 2년 이하 징역, 2천만 원 이하 벌금

16 다음 중 정보분석의 요건에 대한 설명 중 잘못된 것은?

① 적시성: 생산된 정보가 가치를 가질 시간 동안 소비자에게 전달

② 정확성: 수집한 내용이 사실과 부합하는 정도

③ 적절성: 정책결정과정에 의미가 있는 정도

④ 적합성: 소비자가 요구한 부분과 부합하는 정도

17 다음 중 세계 마약 주요산지에 대한 설명으로 틀린 것은?

① 황금의 삼각지대 – 타이, 미얀마, 라오스
② 황금의 초승달지대 – 아프가니스탄, 파키스탄, 인도
③ 코카인 삼각지대 – 콜롬비아, 페루, 볼리비아
④ 신흥 삼각지대 – 키르기스, 카자흐, 타지크

18 양적분석기법과 질적분석기법에 대한 설명 중 잘못된 것은?

① 양적분석기법은 기본적으로 통계적이며 연역적이며 질적분석기법은 기본적으로 이론적이며 귀납적이다.
② 양적분석기법은 객관적이지만 확실한 해답을 줄 수가 없다.
③ 질적분석기법은 명확한 결론을 이끌어 낼 수 있지만 주관적이다.
④ 양적분석기법에는 행렬분석과 시뮬레이션이 있으며 질적분석기법에는 계층분석기법과 유추법 등이 있다.

19 다른 문화와 예술에 대한 무지로 문화유적 및 공공시설을 파괴하는 것을 무엇이라 하는가?

① 징고이즘
② 쇼비니즘
③ 반달리즘
④ 아나키즘

20 다음 중 테러정보통합센터의 임무가 아닌 것은?

① 테러 관련 정보 24시간 모니터링 및 경보체제 유지
② 국가 주요행사 대테러안전대책 수립
③ 국내외 테러 관련 정보 수집 · 전파
④ 국내 침투 테러분자 조직 · 조사

21 제2종 전략물자를 수출할 때 수출허가가 필요한 곳은?

① 터키
② 멕시코
③ 헝가리
④ 아르헨티나

22 셔먼 켄트의 정보분석 과정에 대한 설명 중 틀린 것은?

① 총 6단계이다.
② 맨 처음 단계는 가설설정에서 시작한다.
③ 가설설정 다음 단계가 첩보수집이다.
④ 가설선택 후 지속적인 모니터링을 해야 한다.

23 준군사공작에 대한 설명 중 틀린 것은?

① 준군사공작은 위장부인이 가장 낮고, 폭력수위가 가장 높다.
② 구출공작, 납치공작, 암살공작 등이 준군사공작에 속한다.
③ 군의 특수부대 정찰활동도 준군사작전의 일종이라고 볼 수 있다.
④ 준군사공작은 훈련된 공작원이 신분을 위장하고 적을 직접 공격하는 공작이다.

24 조선시대의 정보활동에 대한 설명 중 틀린 것은?

① 보부상들은 조선 최고의 인간정보원들로 사발통문 등을 이용해 통신임무도 수행했다.
② 사간원은 원래 일본과 여진의 활동을 감시하고 정보를 수집하기 위해 설립된 기구이다.
③ 세종은 여진족에 대해 끊임없이 정보를 수집하고 분석하여 정책에 반영했다.
④ 선조가 이순신을 견제한 것은 일본의 반간계가 하나의 원인이었다.

25 다음 중 국적이 다른 수집자산은?

① 이단
② 글로벌호크
③ 아리랑3A
④ RF-16

01 다음 중 「통신비밀보호법」상 통신제한조치에 관한 설명으로 틀린 것은?

① 정보수사기관은 대통령의 승인을 얻을 여유가 없을 때 장관의 승인을 얻어 감청이 가능하다.

② 통신제한 당사자가 모두 외국인이라면 구두로 대통령의 승인을 받아야 한다.

③ 국가안전보장과 관련된 통신제한은 8개월, 범죄수사에 관련된 통신제한은 4개월을 넘길 수 없다.

④ 범죄수사에서 통신제한조치 관할은 당사자 주소지ㆍ소재지의 지방법원이다.

02 다음 중 한국의 특허 및 저작권에 대한 설명으로 틀린 것은?

① 한미FTA 이후 보호기간이 늘어났다.

② 저작권은 저작자 생존 동안과 사망 후 70년간 존속한다.

③ 특허권은 출원일로부터 20년간 보호받는다.

④ 한국은 베른협약에서 정하는 바에 따라 방식주의를 택하고 있다.

03 다음 중 나머지 셋과 관련이 없는 것은?

① 라캄

② 아만

③ 라합

④ 조너선 폴라드

04 다음 중 CIA의 전신이며 제2차 세계대전 정보협력국으로 불렸던 정보기관은?

① OWI

② OSS

③ COI

④ SAS

05 다음 중 나머지 3개와 종류가 다른 공작은?

① 한국에서 심리전을 위해 대북확성기로 한국의 사정과 문화를 북한에 방송했다.

② 자유아시아방송은 북한, 라오스 등 아시아 사회주의 국가 국민들을 대상으로 세계뉴스를 방송했다.

③ 삐에르 샤를 빠데는 프랑스 언론인으로, 프랑스 공산주의나 민족주의 성향을 가진 언론인을 채용하여 소련에 우호적인 뉴스를 만들었다.

④ CIA는 과테말라 방송국의 아나운서 목소리를 사용하여 정부정책을 비난하는 방송을 만들었다.

06 학자와 그 학자의 말이 잘못 연결된 것은?

① 제니퍼 심즈 – "정보는 정책결정자를 위해 수집되고 조직화되고 분석된 지식이다."
② 셔먼 켄트 – "모든 정보는 첩보이지만 모든 첩보가 정보는 아니다.
③ 마크 로웬탈 – "정보는 정책결정자의 필요에 부응하는 지식이며 이를 위해 수집, 가공된 것이다."
④ 제프리 리첼슨 – "정보는 수집, 처리, 종합, 분석, 평가 및 해석으로 만들어진 결과이다."

07 현재 미국이 지정한 테러지원국이 아닌 국가는?

① 이란
② 북한
③ 수단
④ 시리아

08 다음 중 UN의 마약청정국 기준은?

① 10만 명당 마약중독자 500명 미만
② 100만 명당 마약사범 100명 미만
③ 10만 명당 마약중독자 1000명 미만
④ 10만 명당 마약사범 20명 미만

09 러시아 정보기구에 관한 설명 중 틀린 것은?

① KGB는 옐친 전 러시아 대통령에 대해 쿠테타를 일으켰다 실패했다.
② 러시아에서는 FSB 소속 FAPSI의 허가가 난 온라인망만을 사용할 수 있다.
③ 소련 최초의 정보기관은 1917년 만들어진 체카이다.
④ 구소련 시절부터 지금까지 군정보기관은 GRU 하나이다.

10 1989년 6월 4일 천안문 사태 때 875명의 민간인을 사살했으며 티베트 분리운동과 신장 위구르 민족분쟁 등을 무력진압한 중국의 정보기관은?

① 대외연락부
② 총 참모부 소속 정보부
③ 국가안전부
④ 공공안전부

11 일본에서 위성을 주로 운용하는 기관은?

① MSS
② DIH
③ PSIA
④ CIRO

12 러시아 특수부대와 소속이 잘못 연결된 것은?

① Vympel – SVR

② Zaslon – SVR

③ Alpha – FSB

④ Omon – 내무부

15 다음 해외정보기구 중 대통령 및 총리 직속 기관이 아닌 것은?

① BND

② NIS

③ DGSE

④ SVR

13 영국 최초의 비경찰 수사기관으로 내무부 소속의 수사기관은?

① SOCA

② NCS

③ NCIS

④ NCA

16 프랑스 해외정보기구인 DGSE가 제2차 세계대전부터 변천된 과정으로 옳은 것은?

① DGER – SDECE – BCRA – DGSE

② BCRA – DGER – SDECE – DGSE

③ BCRA – SDECE – DGER – DGSE

④ SDECE – BCRA – DGER – DGSE

17 2020년 1월 3일 이란 총사령관인 가셈 솔레이마니를 무인기로 암살할 때 미국에게 정보를 제공해 준 기관은?

① BND

② MI6

③ 베바크

④ 모사드

14 다음 중 독일의 신호정보 수집기관은?

① Bfv

② MAD

③ BND

④ BKA

안심Touch

18 비밀의 재분류를 할 수 있는 경우가 아닌 것은?

① 그 비밀의 예고문에 따르거나 생산자의 직권으로 실시할 경우

② 외국 정부나 국제기구로부터 접수된 비밀 중 예고문이 있지만 기재된 예고문이 비밀 관리에 적당하지 아니하다고 인정되는 경우

③ 국가정보원장의 요청이 있는 경우

④ 전시·천재지변 등 긴급하고 부득이한 사정으로 비밀을 계속 보관할 수 없거나 안전하게 반출할 수 없는 경우

19 다음 중 정보의 분류 중 나머지와 다른 한 가지는?

① 예측정보

② 현용정보

③ 판단정보

④ 기본정보

20 1920년 임시정부 내 정보조직에 대한 설명 중 틀린 것은?

① 지방선전부라는 명칭으로 설립되었다.

② 연통제는 임시정부의 국내외 업무연락을 위한 지하 비밀조직으로 주요 업무로는 독립운동 진행, 전쟁동원 징발·수송, 지원금수납, 공채발매 등이 있었다.

③ 교통국은 임시정부의 통신연락 상설기구로 안동지부에 사무국이 설치된 이후 확대되었다.

④ 한국광복군은 임시정부 내 군사조직으로 미국의 OSS에게 훈련을 받아 한반도진공작전을 계획했지만 일본의 항복으로 실행은 하지 못했다.

21 다음 중 국가정보활동의 목적이 아닌 것은?

① 국가 이익 극대화 및 정책 성공을 위한 정보분석

② 최첨단의 과학기술과 전통적인 인간정보를 조화시킨 첩보수집

③ 자국 정치세력들의 정권연장을 위한 비밀공작

④ 타국의 산업스파이 활동을 막기 위한 방첩활동

22 다음 〈보기〉의 빈칸에 들어갈 정보는 무엇인가?

┤ 보기 ├

　영상정보는 특정 시간의 상태만 보여주며 신호정보는 감청이 안 되면 적이 무엇을 하는지 알 수가 없는 단점이 있다. 하지만 _____는 실시간으로 적이 무엇을 하는지 알 수 있는 장점이 있다. 가령 적이 포사격을 하면 사격 당시 나오는 특정 지진파가 있다. 그 지진파는 매우 빠르게 퍼져 거의 즉각적으로 사격 여부를 알 수 있으며 무기마다 나오는 파동 형태도 달라서 포의 종류까지도 알 수 있다.

① COMMINT
② ELMINT
③ TELMINT
④ MASINT

23 국가안보를 위한 통신제한조치는 최대 A개월까지 할 수 있고, 범죄수사를 위한 통신제한조치는 최대 B개월까지 할 수 있다. 이때 A×B의 값은?

① 8
② 64
③ 16
④ 32

24 한국에서 아직 만들어지지 않은 법은?

① 악취방지법
② 사이버테러방지법
③ 테러방지법
④ 공직자의 이해충돌 방지법

25 다음 중 자가복제를 하는 프로그램은?

① 트로이목마
② 바이러스
③ 랜섬웨어
④ 웜

01 국가정보학에 대한 설명 중 틀린 것은?

① 국가정보학은 국가정보활동에 대한 비판적 기능을 해야 한다.

② 국가정보학은 현실적이고 실용적인 학문이다.

③ 국가정보학은 과거에는 정보기관에 대한 자료가 적어 연구도 부실했지만 현재는 정보기관에서 자료를 모두 공개하고 있어 활발히 연구되고 있다.

④ 국가정보학은 선진국의 사례와 성공사례들을 통해 정보기관들이 가야 할 길을 제시해야 한다.

02 21세기 한국의 대외안보환경에 대한 설명으로 틀린 것은?

① 미국은 2019년 국방비만 7320억 달러(한화로 약 820조 원)이며 이는 국방비 지출 2~11위 국가들의 국방비를 합친 것보다 많은 액수이다. 한국은 한미연합사를 통해 유사시 이러한 미군의 자동참전이 보장되어 있다.

② 일본은 한국의 동맹국으로 정보교류협정을 채결한 우방국이다.

③ 중국은 북한과 6·25 전쟁 때부터 혈맹으로 맺어져 북한에 무상원조를 해왔지만 2017년 핵사태 이후 무상원조를 하지 않고 있다.

④ 북한은 핵개발 완수로 김정은 위원장의 독재체제가 더욱 공고해졌다.

03 다음 중 정보기관의 역할이 아닌 것은?

① 정권유지

② 안보강화

③ 정보생산

④ 정책집행

04 다음 중 셔먼 켄트의 정보분류 3가지에 포함되지 않는 것은?

① 예측정보

② 판단정보

③ 현용정보

④ 기본정보

05 다음 중 「보안업무규정」에 어긋난 것은?

① 모든 비밀을 접수하거나 발송할 때에는 그 사실을 확인하기 위하여 접수증을 사용한다.

② 같은 등급 이상의 비밀취급 인가를 받은 사람 중 직속 상급직위에 있는 사람은 그 하급직위에 있는 사람이 분류한 비밀등급을 조정할 수 있다.

③ 외국정부나 국제기구로부터 접수한 비밀은 그 생산기관이 필요로 하는 정도로 보호할 수 있도록 분류하여야 한다.

④ 비밀취급 인가를 받지 아니한 사람은 비밀을 열람하거나 취급하게 할 수 없다.

06 다음 중 비밀의 표시에 대한 설명이 틀린 것은?

① 문서는 매 쪽마다 상단·중단·하단에 규정에 맞는 비밀등급 표시를 해야 한다.

② 지도는 매 면 상·하단 좌우측에 적절한 크기의 비밀등급을 표시해야 한다.

③ 원형을 그대로 보존할 필요가 있는 증거물은 그 자체에 비밀등급 표시를 하지 않아도 된다.

④ 1매로 된 필름은 비밀표시가 되어 있는 용기에 보관하면 된다.

07 다음 중 중국의 비밀등급이 아닌 것은?

① 기밀

② 비밀

③ 비문

④ 극비

08 마크 로웬탈의 비밀공작 분류 중 가장 폭력수준이 높은 것은?

① 선전공작

② 역용공작

③ 노획공작

④ 침투공작

09 다음 중 경제공작의 사례가 아닌 것은?

① 한국 국가안전기획부에서 라핑버드작전으로 GE의 인조다이아몬드 제조기술을 빼돌린 사례

② 러시아 해외정보부에서 프랑스 정부에 요원을 침투시켜 산업정보를 훔치려다 발각된 사례

③ 독일기업을 도청해서 프랑스 기업에 제공한 오닉스의 사례

④ 경제적 압력을 행사하기 위해 일본에 희토류 금속의 수출을 제재한 중국정부의 사례

10 다음 중 비밀공작에 대한 설명으로 틀린 것은?

① 비밀공작은 원칙상 국가안전보장을 위한 활동이다.

② 비밀공작은 원칙상 정책결정자들의 이익에 부합한다.

③ 비밀공작은 원칙상 국가의 정책집행이다.

④ 비밀공작은 원칙상 합법적이다.

11 다음 중 벌교에 해당하는 공작은?

① 소련과 아프가니스탄 무자헤딘 사이에서 벌어진 1979~1989년의 소련–아프가니스탄 전쟁

② 당나라 태종이 안시성을 공격하기 위해 벌인 토산 건설 작전

③ 나치의 노르웨이 핵시설을 무력화시킨 영국의 거너사이드 작전

④ 중국의 송나라와 금나라가 몽골의 통합을 막기 위해 부족들 간의 이간질을 시킨 공작

12 Persona Non Grata에 관한 설명 중 틀린 것은?

① 김정남 피살사건으로 강철주 말레이시아 북한 대사는 페르소나 논 그라타로 지정되었다.

② 비엔나 협약 제9조에 명시되어 있다.

③ 외교관 신분으로 해당국에서 추방당한 사람을 뜻한다.

④ 스페인어로 '환영받지 못한 자'라는 뜻이다.

13 「통신비밀보호법」상 통신제한조치 최대 기간에 대한 설명 중 옳은 것은?

① 안보수사: 6개월 / 범죄수사: 4개월

② 안보수사: 8개월 / 범죄수사: 4개월

③ 안보수사: 8개월 / 범죄수사: 2개월

④ 안보수사: 6개월 / 범죄수사: 2개월

14 무함마드 깐수의 본명은 무엇인가?

① 김용범

② 정수일

③ 조정철

④ 박두호

15 한국의 방첩법률에 대한 설명으로 틀린 것은?

① 적의 간첩을 방조한 자는 처벌받는다.

② 군형법상 반란죄의 경우 반란을 인지하고도 적극적으로 반대하거나 막으려고 시도하지 않아도 처벌받는다.

③ 군사기밀을 적절한 절차 없이 수집하면 처벌받는다.

④ 형법상 간첩죄는 적국을 위한 간첩행위만 해당되므로 외국인은 해당되지 않는다.

16 다음 중 산업기술에 속하지 않는 기술은?

① 「산업발전법」 제5조에 따라 고시된 첨단기술의 범위에 속하는 기술

② 「전력기술관리법」 제6조의2에 따라 지정·고시된 새로운 전력기술

③ 「환경기술 및 환경산업 지원법」 제7조에 따라 인증된 신기술

④ 「전기자동차산업 진흥과 첨단화에 관한 법률」 제14조에 따라 지정된 핵심 전기자동차기술

17 9 · 11 테러 이후 DCI는 무엇으로 바뀌었는가?

① DNI

② ODNI

③ DIA

④ DEA

18 다음 중 영국 MI5의 모토는?

① 도략이 없으면 백성이 망하여도 모사가 많으면 평안을 누리리라.

② 왕실을 보호하라.

③ 진리가 너희를 자유롭게 하리라.

④ 부주의한 말 한마디가 사람의 생명을 희생시킬 수 있다.

19 다음 중 인질들이 테러범에게 적극적으로 반항하는 현상은?

① 리마 증후군

② 런던 증후군

③ 스톡홀름 증후군

④ 예루살렘 증후군

20 국가정보원 주요조직 중 가장 나중에 만들어진 것은?

① 국가사이버안전센터

② 테러정보통합센터

③ 산업기밀보호센터

④ 국제범죄정보센터

21 미국 정보공동체의 설명 중 틀린 것은?

① ODNI는 미국 정보공동체에 속하지 않는다.

② NCTC는 미국 정보공동체에 속한다.

③ NCSC는 미국 정보공동체에 속한다.

④ 미국 정보공동체는 총 18개이다.

22 다음 중 사이버 테러형 범죄는?

① 사이버 스토킹

② 명예훼손죄

③ 악성프로그램

④ 불법 복제 · 유포

23 다음 중 이슬람 테러조직에 대한 설명으로 틀린 것은?

① 아프리카에는 보코하람과 알샤바브라는 이슬람 테러조직들이 있다.

② 요르단의 하마스는 이스라엘에 로켓공격을 했고, 이에 대한 보복으로 이스라엘은 가자지구를 폭격했다.

③ 탈레반은 아프가니스탄에서 활동 중이지만 현재는 조직이 거의 붕괴되었다.

④ ISIS는 이라크 북부 지방을 중심으로 세력을 넓혔지만 극단적인 이슬람원리주의 표방으로 다른 이슬람 국가들에게도 공격대상이 되어 쇠퇴하고 있다.

25 다음 중 신호정보를 수집하지 않는 기관은?

① BND

② DIH

③ ISIS

④ DGSE

24 다음 중 울타리 및 경호원에 의해 출입감시가 요구되는 지역을 무엇이라고 하는가?

① 통제구역

② 제한구역

③ 제한지역

④ 통제지역

✐ DAY 10

01 국가정보학에 대한 설명으로 잘못된 것은?

① 민주화가 되면서 국가정보기관에서 공개하는 자료나 정보가 옛날보다 많아지고 있다.

② 국가정보학은 정보기관들의 모든 비밀공작에 법적 정당성을 갖추도록 법과 제도를 연구한다.

③ 과거에는 정보기관에 대한 부정적인 이미지 때문에 국가정보학 연구를 꺼려했다.

④ 자국뿐 아니라 해외정보기관들의 활동과 사례까지도 폭넓게 연구한다.

02 셔먼 켄트가 정의한 정보요건에 포함되는 것은?

① 공작

② 수집

③ 방첩

④ 활동

03 다음 중 첩보(Information)의 특성이 아닌 것은?

① 특수한 목적에 의해 수집된 자료를 말한다.

② 첩보의 베이스는 생자료(Data)이다.

③ 첩보의 질적 요건에는 적시성, 적합성, 정확성, 객관성 등이 있다.

④ 첩보는 종류에 따라 처리를 해야지만 사용이 가능한 종류도 있다.

04 다음 중 정보와 정책의 관계에 대한 설명으로 옳은 것은?

① 정책은 국가정보기관에게 종속되어서는 안 된다.

② 정보와 정책은 서로 경쟁을 하면서 더 나은 정책을 위해 노력해야 한다.

③ 정보는 정책에 관여할 수 있다.

④ 정보기관은 충분한 정보분석을 바탕으로 국가정책을 정할 수 있다.

05 다음 중 선전공작에 대한 설명으로 틀린 것은?

① 회색선전은 따로 출처를 위장하지도 않고 밝히지도 않는다.

② 흑색선전의 목적은 출처를 위장하거나 속여서 적국에 혼돈을 주기 위함이다.

③ 백색선전은 출처를 밝히므로 선전공작의 효과가 거의 없다.

④ 해하전투에서 사면초가는 선전공작의 좋은 사례이다.

06 다음 〈보기〉의 빈칸에 들어갈 인물은?

┌ 보기 ├
　(　　　　)은/는 미국의 U2 조종사로, 처음으로 소련에
게 격추당했다. 영화 「스파이 브릿지」에서 루돌프 아벨과
맞교환했던 (　　　　)은/는 죽을 때까지 매국노로 손가락
질을 받았다. 또한 이 U2 추락으로 NRO가 탄생했다.
└

① 개리 파워즈
② 엘리 코헨
③ 알드리치 에임즈
④ 앤서니 블런트

07 다음 중 정보분석의 종류가 다른 하나는?

① 베이지안기법
② 의사결정나무기법
③ 시뮬레이션기법
④ 유추법

08 다음 〈보기〉에서 설명하고 있는 것은?

┌ 보기 ├
　정보분석관들이 정책결정자의 관심이슈에만 집중하여
이와 관련된 정보만 분석하는 현상
└

① 클라이언티즘
② 미러이미지
③ 레이어링
④ 스웜볼

09 비밀공작에 대한 각 나라의 명칭으로 틀린 것은?

① 북한: 와해모략공작
② 영국: 특별정치활동
③ 미국: 특별공작활동
④ 이스라엘: 특별임무

10 다음 중 「보안업무규정」상 신원조사에 대한 설명
으로 옳지 않은 것은?

① 신원조사의 요청을 받은 국방부 직할부대 및 기관
　의 장은 특별한 사유가 없는 한 요청받은 일로부터
　10일 이내에 요청기관에 통보해야 한다.
② 국가의 승인이나 동의가 필요한 공공기관의 임직원
　도 신원조사 대상이다.
③ 신원조사의 대상은 공무원 임용 예정자, 비밀취급
　인가 예정자, 입국하는 교포 등이 있다.
④ 학교기록, 전과기록, 신용조회가 기본적으로 이루
　어진다.

11 다음 중 방첩에 대한 설명으로 옳은 것은?

① 방첩의 대상에는 적국만 해당된다.

② 한국의 방첩기관에는 관세청과 법무부가 포함된다.

③ 방첩활동 중 역용은 아군 스파이를 적국에 넘겨 허위정보를 유포시키는 것을 말한다.

④ 자의적 방첩과 타의적 방첩이 있다.

12 다음 〈보기〉에 제시된 특징을 가진 테러단체는?

┌─ 보기 ┐

코카인 삼국지대인 콜롬비아, 페루, 볼리비아에서 생산된 코카인으로 번 돈으로 범죄와 테러를 일으켰던 조직으로 정식 명칭은 페루 공산당이다. 1980년대 페루에 닥친 인플레이션을 기회로 안데스 고지대를 무단 점령하여 자신들의 통치에 반대하던 공무원, 군인, 경찰, 농민들을 닥치는 대로 죽여서 약 7만여 명이 죽었다고 전해진다. 지금은 조직이 거의 와해되었다.

└──────────────┘

① 무자헤딘

② 샨연합군

③ 빛나는 길

④ 헤즈볼라

13 다음 중 「테러방지법」에 대한 설명으로 틀린 것은?

① 테러는 국가, 지방단체, 외국정부의 권한행사를 방해하거나 의무에 없는 일을 하게 할 목적 또는 공중을 협박할 목적으로 하는 행위이다.

② 폭행이나 협박, 그 밖의 방법으로 운전 중인 차량을 강탈하거나 차량의 운전을 강제하는 행위가 포함된다.

③ "테러단체"란 국제연합(UN)이 지정한 테러단체를 말한다.

④ 항공기의 운항과 관련된 항공시설을 손괴하거나 조작을 방해하여 항공기의 안전운항에 위해를 가하는 행위가 포함된다.

14 다음 중 OSINT에 대한 설명으로 옳지 않은 것은?

① OSINT는 신뢰성이 낮지만 접근성이 좋다는 것이 특징이다.

② OSINT는 합법적으로 수집이 가능하다.

③ OSINT에는 신문자료, 논문, 정부공식통계자료, 국제기구조사자료 등이 해당된다.

④ OSINT는 그 양이 너무 방대하고 신뢰성이 낮아서 첩보검증을 철저히 해야 한다.

15 다음 중 형량이 잘못된 것은?

① 국가보안법상 반국가단체 간부는 사형, 무기 또는 5년 이상 징역

② 군형법상 반란의 중요임무종사자는 사형, 무기 또는 7년 이상 징역

③ 형법상 내란의 중요임무종사자는 사형, 무기 또는 5년 이상 징역

④ 업무상 군사기밀을 취급했거나 취급하는 사람이 누설하면 1년 이상 유기징역

안심Touch

16 다음 중 대한민국의 정보기관에 대한 설명으로 틀린 것은?

① 중앙정보부는 박정희 정부 때 국가안전기획부로 바뀌었다.

② 국군기무사령부는 문재인 정부 때 안보지원사령부로 바뀌었다.

③ 국군사이버작전사령부는 북한 정찰총국의 3국과 라이벌 관계이다.

④ 경찰과 해양경찰은 같은 경찰이지만 관리지역이 완전히 분리되어 있어서 따로 구분해서 부른다.

17 다음 국가별 정보기관에 설명으로 옳은 것은?

① 프랑스에는 군 정보분석기관인 DRM과 군 방첩기관인 DPSD가 있다.

② 러시아는 모든 정보기관이 대통령 직속이며 가장 막강한 영향력을 가진 기관은 FSB이다.

③ 현재 이스라엘의 군 정보기관은 AMAN이며, 군사기술수집부서로 LAKAM이 있다.

④ 9·11 테러 이후 DHS가 생겼는데, 이는 국토안보부, 즉 Department of Homeland Security의 약자이다.

18 다음 중 미국의 선제공격에 의한 사건은?

① 6·25 전쟁

② 베트남 전쟁

③ 걸프 전쟁

④ 이라크 전쟁

19 국가안보를 위한 통신제한조치 중 내국인이 대상일 때 누구의 승인을 받아야 하는가?

① 고등법원 수석부장판사

② 내국인의 거주구역 지방법원장

③ 대통령

④ 법무부 장관

20 민주적 통제에 대한 설명으로 틀린 것은?

① 정보기관은 국가안보를 위해 존재하므로 민주적 통제로 정권안보를 위한 활동을 막아야 한다.

② 정보기관에 대한 민주적 통제 중 가장 확실한 방법은 입법부에 의한 통제이다.

③ FBI는 카니보어라는 프로그램으로, CIA는 에셜론이라는 프로그램으로 모든 전자통신을 감시할 수 있기에 민주적 통제에 대한 요구가 있다.

④ 「국가보안법」 제12조에 따르면 국회 정보위원회는 국가정보원 예산내역을 누설해서는 안 된다고 명시되어 있어서 시민단체가 국가정보원 예산을 감시한다는 것은 불가능하다.

21 다음 중 정보성 첩보는?

① 영상첩보

② 인간정보

③ 신호정보

④ 계측정보

22 다음 중 각 행정부처 수준에서 정책수행을 위해 필요한 정보는?

① 장기정보

② 중장기정보

③ 중기정보

④ 단기정보

23 CIA 최초의 여성 국장의 이름은?

① 지나 해스펠

② 엘리자베스 켐버

③ 던 마이어릭스

④ 신시아 랩

24 다음 중 협의의 정보순환 과정은 어떤 과정을 제외한 것인가?

① 수집

② 기획

③ 환류

④ 분석

25 국가정보학에서의 AdHoc은 무엇을 의미하는가?

① 미국의 정찰기 중 하나를 말한다.

② 정보분석관의 개인적 선호도로 인해 분석 결과가 신뢰할 수 없게 되는 것을 말한다.

③ 영향력이 있는 정책결정자에 의해 정보요수 우선권을 빼앗기는 것을 말한다.

④ 급한 정보요구가 생겼을 때 정보요구 우선순위가 변동되는 것을 말한다.

01 다음 중 MASINT에 대한 설명으로 틀린 것은?

① Measurement and Signature Intelligence의 약자로 '측정과 특정 지을 수 있는 요인에 대한 정보'라는 뜻이다.

② '측정을 해서 나온 값이 어떤 특정 대상이라고 부를 수 있는 결과'라는 의미로, 신호정보나 영상정보 이외의 기술정보들을 일컫는다.

③ 상대가 포탄사격을 하게 되면 특정 파동의 지진파가 측정되므로 그 지진파를 통해 포탄사격이라고 특정 지을 수 있다.

④ MASINT는 적외선, 감마선, 합성개구레이더영상, 방사능물질, 화학물질 등의 자료를 수집하는 것을 말한다.

02 북한 동창리 지역에 핵실험의 징후가 포착되었을 때 정책결정자들은 북한이 핵실험을 할지 안 할지에 대한 정보를 원한다. 이러한 종류의 정보를 무엇이라고 하는가?

① 기타정보요구(OIR)

② 첩보기본요소(EEI)

③ 특별첩보요구(SRI)

④ 정보목표우선순위(PNIO)

03 다음 중 국가정보원의 임무인 것은?

① 「테러방지법」상 선박탈취 수사

② 「형법」상 반란의 죄 수사

③ 「군형법」상 내란의 죄 수사

④ 「군사기밀 보호법」상 군사기밀누출 수사

04 다음 중 정보관, 공작원, 협조자에 대한 설명으로 틀린 것은?

① 정보관은 정보기관 소속 공무원이며 공작원은 정보관이 포섭하거나 고용한 인물이다.

② 미국에서는 정보관을 Agent라고 부르고 공작원을 Officer라고 부른다.

③ 협조자는 스스로 정보를 제공하겠다는 사람으로 이중스파이일 가능성이 있으므로 철저한 검증을 해야 한다.

④ 정보관을 중심으로 공작원, 협조자가 협업해서 첩보를 수집하거나 공작을 실행하는 것이 인간정보의 역할이다.

05 정보분석기법에 대한 설명 중 틀린 것은?

① 정보는 과거의 사례를 근거로 분석할 수 있다.

② 분석관은 되도록 판단과 함께 대책 및 예측도 하는 것이 좋다.

③ 징후경보는 현용정보가 아니라 판단정보에 속한다.

④ 첩보는 항상 부족하기 때문에 분석기법으로 해결해야 한다.

06 다음 중 정보분석의 요건이 아닌 것은?

① 적시성: 적절한 시기에 분석이 되어야 한다.

② 적합성: 소비자의 요구에 맞아야 한다.

③ 정확성: 사실과 정확하게 일치해야 한다.

④ 명확성: 결과가 명확해야 한다.

07 다음 중 외무부 소속 정보기구는?

① Bfv

② GCHQ

③ INR

④ MI6

08 다음 중 각국의 테러대응조직이 아닌 것은?

① 한국 – NCTC

② 프랑스 – NCC

③ 영국 – JTAC

④ 독일 – GTAZ

09 한국의 비밀등급에 대한 설명으로 틀린 것은?

① Ⅰ급비밀은 누설되면 외교관계가 단절되며 전쟁이 일어날 수 있는 비밀이다.

② Ⅱ급비밀은 누설되면 국가안보에 막대한 지장을 초래한다.

③ Ⅲ급비밀은 누설되면 국가안보에 손해를 끼칠 우려가 있는 비밀이거나 직무수행상 특별히 보호해야 할 필요가 있는 비밀이다.

④ 대외비는 누설되면 행정상 지장을 초래한다.

10 다음 중 비밀공작에 대한 설명으로 틀린 것은?

① 비밀공작은 선택할 수 있는 정책들 중에 가장 효과적이고 합리적인 방안일 때 선택해야 한다.

② 비밀공작이 성공하기 위해서는 지속적인 지원으로 경험이 많은 요원들의 육성과 공작기술의 개발이 필수적이다.

③ 비밀공작 중에는 암살과 납치와 같이 국제사회에서 용인되기 힘든 방법들도 있다.

④ 비밀공작에서 경제공작은 다른 공작들에 비해 내정 간섭 정도가 약해서 발각이 되어도 비난의 정도가 약하다.

11 다음 중 준군사공작에 대한 설명으로 옳은 것은?

① 납치공작은 극단적 편견의 종식이나 무력화라고 부르기도 한다.

② 자국의 군대는 이용해서는 안 되며 반드시 비정규 군사력을 활용해야 한다.

③ 무인기로 테러단체 지도자를 폭사시키는 것도 준군사공작이다.

④ 미국의 데브그루는 제로니모 작전에서 압둘 하자르를 암살하고 시체는 수장시켰다.

12 미국의 정보기관이 벌인 칠레 아옌데 정권 붕괴 공작에 사용된 비밀공작이 아닌 것은?

① 선전공작

② 정치공작

③ 준군사공작

④ 경제공작

13 인원보안과 시행 주체의 연결이 틀린 것은?

① 보안서약 – 국가정보원

② 신원조사 – 국가정보원

③ 보안교육 – 각 부서장

④ 동향파악 – 안보지원사령부

14 능동적 방첩에 대한 설명으로 틀린 것은?

① 능동적 방첩에는 인원보안, 시설보안이 들어간다.

② 역용공작은 이중스파이의 활용을 뜻한다.

③ 수집활동은 적의 방첩 및 공작 정보를 수집하는 것이다.

④ 기만공작은 적에게 일부러 잘못된 정보를 흘리는 것으로 대표적으로 민스미트 작전이 있다.

15 다음 중 해커에 대한 설명으로 틀린 것은?

① 레이머: 해킹은 하고 싶은데 어떻게 하는지 몰라서 해킹툴만 사용한다.

② 스크립트 키디: 네트워크와 운영체제에 약간의 지식을 가지고 있지만 공격기법이 잘 알려진 것만 사용한다.

③ 디벨로프 키디: 대부분의 해킹기술을 알고 있으며 여러 번의 시도로 해킹에 성공하지만 새로운 기법을 개발할 실력은 없다.

④ 세미 엘리트: 해킹코드를 만들 정도로 실력이 있으며 추적을 당할 여지도 없지만 자신의 실력을 자만해서 자주 실패한다.

16 다음 중 한국의 군 방첩기관은?

① DSSC

② DRM

③ DGSE

④ DIA

17 다음 중 샌드박스에 대한 설명으로 옳은 것은?

① 시스템에 대한 원치 않는 조작을 탐지하는 시스템

② 미리 정의된 보안 규칙에 기반한, 들어오고 나가는 네트워크 트래픽을 모니터링하고 제어하는 네트워크 보안 시스템

③ 외부로부터 들어온 프로그램이 보호된 영역에서 동작해 시스템이 부정하게 조작되는 것을 막는 보안 형태

④ 외부 네트워크로부터 내부 네트워크로 침입하는 네트워크 패킷을 찾아 제어하는 기능을 가진 시스템

18 1983년에 발생한 북한의 공작이 아닌 것은?

① 다대포 무장공비 침투사건

② 아웅산 묘지 테러사건

③ 대구 미국문화원 폭발사건

④ 청사포 간첩선 침투사건

19 다음 중 현재 국가와 소속 정보기구의 연결이 옳은 것은?

① 러시아 – GRU

② 영국 – SOCA

③ 독일 – 갤런

④ 이스라엘 – 라캄

20 다음 중 정보활동에 대한 설명으로 옳은 것은?

① 정치인들을 수사하면 정치탄압이라고 비난받기 때문에 정치인들은 혐의가 있어도 대공수사를 해서는 안 된다.

② 정치적 중립성은 기본적으로 가지고 있어야 정보기관들의 활동에 정당성이 부여된다.

③ 21세기가 되면서 각 분야별 전문가들의 수준을 국가정보기관들이 따라갈 수가 없기 때문에 공작활동을 전부 아웃소싱해야 한다.

④ 공개정보는 정보수집 자산들이 수집할 수 있는 첩보의 양보다 많으므로 정보기관의 수집능력을 공개정보에 집중해야 한다.

21 다음 중 「국가보안법」에 따른 처벌이 아닌 것은?

① 반국가단체 간부는 사형, 무기징역 또는 7년 이상의 징역에 처한다.
② 반국가단체 미수범은 15년 이하 징역에 처한다.
③ 반국가단체 수괴였으면 사형, 무기징역에 처한다.
④ 반국가단체 가입을 권유하면 2년 이상 유기징역에 처한다.

22 다음 중 러시아의 정보기관에 대한 설명으로 틀린 것은?

① SVR에는 S국, K국, T국, L국이 존재한다.
② S국은 비밀공작요원을 관리한다.
③ K국은 과학기술 분야 정보수집 임무를 한다.
④ T국은 해외요원의 파견과 작전 담당이다.

23 다음 중 국가별 군 정보기관에 대한 연결로 옳지 않은 것은?

① 미국 – NSA
② 영국 – DIH
③ 독일 – MAD
④ 러시아 – GRU

24 국가안보와 정보에 대한 설명 중 틀린 것은?

① 정보는 정책에 유용하게 쓰일 때 국가안보에 도움이 되는 것이다.
② 국가안보를 위해서 최대한 정보를 사용하지 않게 하는 것이 보안이다.
③ 국가안보를 위해서라면 적국과 우방국 모두를 상대로 정보활동을 해야 한다.
④ 국가안보는 달성할 목표가 아니라 끊임없이 그것을 유지하는 상태를 말한다.

25 다음 중 OIR(기타정보요구)을 해야 하는 경우는?

① 중요성이 높고 발생 가능성이 낮은 사안
② 긴급성이 높고 발생 가능성이 낮은 사안
③ 중요성이 낮고 발생 가능성이 높은 사안
④ 긴급성이 낮고 발생 가능성이 높은 사안

01 다음 중 국가정보학의 연구에 대한 설명으로 옳은 것은?

① 역사적으로 수많은 정보공작에 대한 풍부한 기록이 있으므로 국가정보학은 연구할 자료가 풍부하다.

② 국가정보학은 자료는 풍부하지만 이 자료들을 연구하기 위해서는 고도의 분석과 실험이 필요하다.

③ 난해한 자료와 고난도의 숙련기술을 요하는 연구방법으로 인해 국가정보학을 연구하는 학자들은 매우 소수에 불과하다.

④ 과거 정보기관에 대한 부정적 인식으로 인해 국가정보학 분야에는 학자들이 연구하기 꺼려했던 부분도 있다.

02 다음 중 국가정보에 대한 설명으로 옳은 것은?

① 정치 및 군사 정보에 대한 수요가 경제 및 과학기술 정보에 대한 수요보다 점점 높아지고 있다.

② 21세기 들어 IoT 및 AI의 발달로 전산보안에 대한 정보요구가 많아지고 있다.

③ 국가정보는 정치·군사 영역에서만 생산하며 사회·경제 영역은 국가부문정보기관에서 생산한다.

④ 국가정보는 국가정보기관에서만 생산해야 한다.

03 전략정보에 대한 설명으로 옳은 것은?

① 전략정보에는 전투서열이 포함되는데 적군의 배치, 병력구성 등이 있다.

② 전략정보에는 적국의 군사력에 대한 정보도 포함된다.

③ 전략정보는 군사작전 지역 내에 수행하는 작전계획이 포함된다.

④ 전비태세와 군의 현대화 등도 전략정보라고 할 수 있다.

04 정보생산자에 대한 설명으로 옳은 것은?

① 정보생산자는 정보소비자가 될 수 없다.

② 정보생산자들은 타 부서와 협력하기를 좋아하는 경향이 있다.

③ 정보생산자들은 비슷한 분석업무를 계속하면 비판적 사고를 잃기 쉽기 때문에 일정기간이 지나면 순환근무를 하는 것이 좋다.

④ 정보생산자들은 대체적으로 변화를 좋아한다.

05 다음 중 첩보를 수집한 후 분석의 과정으로 옳은 것은?

① 해석 – 분석 – 종합 – 평가
② 해석 – 평가 – 종합 – 분석
③ 해석 – 평가 – 분석 – 종합
④ 해석 – 분석 – 평가 – 종합

06 다음 중 영상정보와 관련이 없는 것은?

① 코로나
② 제니트
③ 프리즘
④ 헬리오스

07 기술정보 수집방법에 대한 설명으로 옳지 않은 것은?

① 영상정보는 상대가 모형을 만들거나 숨어 버리면 수집에 제약이 크다.
② 신호정보는 무선침묵을 하면 수집에 제약이 크다.
③ 계측정보는 미사일에서 나오는 전파를 추적해서 미사일의 탄도를 측정할 수 있다.
④ 신호정보는 상대측이 유선일 경우 수집이 불가능하다.

08 다음 중 대안분석기법이 아닌 것은?

① 델파이
② 악마의 대변인
③ A팀B팀
④ 레드팀

09 정보분석기법에 대한 설명으로 틀린 것은?

① 베이지안기법은 여러 가설들을 동시에 평가하기 위해 관련 첩보와 증거들을 비교해 경쟁력 있는 가설을 선택하는 방법이다.
② 게임이론은 서로 다른 집단의 이해가 상충될 때 어떤 선택을 할 것인지 찾아내는 방법으로, 분석 대상의 내부문제를 배제한다는 단점이 있다.
③ 역할연기는 몇 사람이 상호 역할을 연기해 보면서 발생하는 결과를 분석하는 방법이다.
④ 인과고리는 불확실한 현상을 다이어그램을 통해 큰 그림으로 볼 수 있는 방법이지만 변수가 지나치게 많으면 복잡해진다는 단점이 있다.

10 다음 중 한국이 보유하고 있는 수집자산이 아닌 것은?

① 글로벌호크

② 아리랑6호

③ RF-16

④ Hawker800

11 다음 중 미국의 정보실패 사례가 아닌 것은?

① 제3차 중동전쟁

② 9 · 11 테러

③ 피그만 습격

④ 진주만 공습

12 정보순환 단계에 대한 설명으로 틀린 것은?

① 환류는 반드시 해야 하는 단계이다.

② 인간정보, 기술정보, 공개정보는 정보분석 방법들이다.

③ 첩보는 반드시 해석 – 분석 – 종합 – 평가의 단계 를 거쳐야 정보로 만들어진다.

④ 첩보는 반드시 출처를 평가해서 신뢰도를 따져야 한다.

13 다음 중 한국에서 정당을 만들어서 여당이 되어 북한을 위해 정보활동을 하는 사람들을 무엇이라고 하 는가?

① 사간

② 내간

③ 생간

④ 향간

14 다음 중 Ⅰ급비밀이 아닌 것은?

① 비밀군사동맹

② 비밀군사외교

③ 전략무기 개발계획 및 운용계획

④ 전쟁 계획 및 정책

15 학자와 정보의 정의가 잘못 연결된 것은?

① 파라고: 정보는 신뢰도와 내용, 중요도에 따라 적정한 기준이 설정되고 그 설정에 따라 평가된 지식

② 셔먼 켄트: 정보는 국가존립을 위해 필수불가결한 지식

③ 마크 로웬탈: 정보는 정보생산자의 필요에 부응하는 지식

④ 제니퍼 심즈: 정보는 정책결정자나 정책시행자를 위해 수집되고 조직화되고 분석된 지식

16 한국에서 테러경보를 발령하는 기관은 어디인가?

① 국가테러대책위원회

② 테러정보통합센터

③ 경찰청 테러수사반

④ 대테러센터

17 예술작품을 보고 환각을 경험하는 현상은?

① 리플리 신드롬

② 아스퍼거 신드롬

③ 서번트 신드롬

④ 스탕달 신드롬

18 미 국방부 소속의 정보기관이 아닌 것은?

① ONI

② MCIA

③ NGA

④ DRM

19 다음 중 1967년에 일어난 사건이 아닌 것은?

① 당포함 격침사건

② 경원선 초성리역 폭탄테러

③ 울진 · 삼척 무장공비 침투사건

④ 강릉 고단지구 무장공비 침투사건

20 다음 중 실제 북한의 정치체제로 옳은 것은?

① 민주제

② 공화제

③ 군주제

④ 신권정치

21 기타정보요구의 이니셜로 옳은 것은?

① PNIO
② OIR
③ SIR
④ EEI

22 다음 중 정보의 행동주의 입장을 주장했으며 미국 국무부의 INR 국장을 역임했던 인물은?

① 캐빈 스택
② 셔먼 켄트
③ 로저 힐스만
④ 마이클 워너

23 다음 중 공식가장과 비공식가장에 대한 설명 중 틀린 것은?

① 공식가장은 백색정보관, 비공식가장은 흑색정보관이라고도 한다.
② 언론인, 학자, 성직자 신분으로 비공식가장을 하는 것을 금지하는 미국 대통령의 명령이 있다.
③ 비공식가장 또한 실제로는 공무원이거나 국가에서 고용한 사람이지만 발각되면 면책특권을 가질 수 없다.
④ 공식가장은 전문, 외교행낭 등을 통해 첩보를 전달할 수 있다.

24 다음 중 로웬탈이 구분한 비밀공작의 종류 중 위장부인이 높은 순서는?

① 선전공작 – 경제공작 – 선전공작 – 전복공작 – 준군사공작
② 정치공작 – 선전공작 – 경제공작 – 전복공작 – 준군사공작
③ 정치공작 – 경제공작 – 선전공작 – 전복공작 – 준군사공작
④ 선전공작 – 정치공작 – 경제공작 – 전복공작 – 준군사공작

25 다음 법에 대한 설명으로 틀린 것은?

① 해외정보감시법: 미 국가안보국이 테러 용의자 등 외국인이 국외에서 미국 인터넷·통신 회사들을 통해 주고받은 정보들을 영장 없이 수색할 수 있는 법
② 휴즈라이언법: 비밀공작은 대통령에게 서면승인을 받은 후 의회에 48시간 이내에 보고해야 하는 법
③ 정보감독법: 1980년 통과되었고 상원정보특별위원회와 하원정보위원회가 정보기관들의 계획에 대한 승인과 활동에 대한 감독을 규정한 법
④ 정보자유법: 미국 행정부가 소유하고 있는 정보는 법에 명시된 9개의 예외 사항을 제외하면 반드시 공개해야 한다는 법

안심Touch

01 전략정보와 전술정보에 대한 설명으로 옳은 것은?

① 적국의 군대 구성과 배치는 전술정보이다.
② 정책수립을 위한 필요한 정보는 전술정보이다.
③ 적국의 군사력 및 경제력에 대한 정보는 전술정보이다.
④ 전술정보가 있어야 전략정보가 의미가 있다.

02 정보와 정책의 관계에 대한 설명으로 옳은 것은?

① 정책결정은 정책결정자만이 할 수 있다.
② 정보생산자는 정책결정자의 정책환경진단요구와 정책수립요구에 의해서만 정보를 생산해야 한다.
③ 사실상 정책은 정보가 없으면 세울 수가 없으므로 정책은 정보에 전적으로 의지해야 한다.
④ 정보수집능력과 정보분석능력은 정보기관만이 가지고 있으므로 정부는 정보기관의 정책선택과 정책집행에 전적으로 따라야 한다.

03 정보분석방법에 대한 설명으로 옳은 것은?

① 질적분석방법은 양적분석방법보다 자주 사용되지 않는다.
② 양적분석방법은 분석관의 주관성이 거의 사라지는 장점이 있지만 객관성이 부족해지는 단점도 있다.
③ 질적분석방법에는 브레인스토밍이 있다.
④ 양적분석방법에는 전문가들에게 의견들을 모아 통계적으로 분석한 델파이기법이 있다.

04 다음 중 학파에 대한 설명으로 틀린 것은?

① 기술학파는 수집된 첩보에 대한 의견을 정책결정자에게 바로 전달해야 한다는 입장이다.
② 과학적 예측학파는 셔먼 켄트의 시각으로 예측판단까지 가능하다.
③ 기회분석학파는 켄달학파라고도 한다.
④ 영국은 정보분석관들의 의견합의보다 다양한 의견을 중요시한다.

05 한국의 방첩에 대한 설명으로 틀린 것은?

① 과거 안보지원사령부의 명칭은 국군보안사령부였다.
② 문재인 정부가 국군기무사령부를 군사안보지원사령부로 개칭했다.
③ 장성급 인물들의 동향에 대한 첩보를 모은다.
④ 안보사의 임무에는 군 보안 및 방첩 업무, 대통령 경호 지원, 방위사업 관련 보안업무 지원 등이 있다.

06 다음 중 미국의 정보기관 활동에 대한 설명으로 틀린 것은?

① 9 · 11 테러 이후 암살작전을 다시 시작했다.

② NGA는 미국 정부에만 지리정보를 제공한다.

③ OICI는 미국의 에너지부 소속 정보기관이다.

④ DEA는 미국뿐 아니라 해외에서도 작전을 한다.

07 다음 중 통일부의 정세분석국에 대한 설명으로 틀린 것은?

① 인간정보로 정보수집을 한다.

② 정세분석총괄과, 정치군사분석과, 경제사회분석과, 정보관리과로 나뉜다.

③ 북한정보포털이란 사이트에서 북한과 관련된 정보를 공개하고 있다.

④ 고유의 정보수집 루트가 있어서 보안상 국가정보원, 국방부 등 타 부처와의 협업이 어렵다.

08 북한의 정보기관에 대한 설명으로 틀린 것은?

① 인민보안성은 2020년 사회안전성으로 개칭했다.

② 2012년 노동당에 있던 225국을 내각에 있는 통일전선부 산하로 개편했다.

③ 2015년 225국은 문화교류국으로 개칭했다.

④ 국무위원회 산하에는 국가보위성, 사회안전성 등이 있다.

09 다음 중 비밀공작을 하지 않는 기관은?

① INR

② CIA

③ BND

④ SVR

10 NATO의 첩보처리 순서로 바른 것은?

① 대조 – 평가 – 분석 – 종합 – 해석

② 대조 – 평가 – 종합 – 해석 – 분석

③ 대조 – 해석 – 평가 – 분석 – 종합

④ 대조 – 평가 – 분석 – 해석 – 종합

11 국가별 정보기관의 연결이 틀린 것은?

① 중국 – MSS

② 이스라엘 – Mossad

③ 러시아 – Cheka

④ 독일 – Bfv

12 통합형 정보기구가 아닌 것은?

① SAVAK

② KGB

③ CIRO

④ NIS

13 다음 중 한국에서 암구호는 몇 급 비밀인가?

① Ⅰ급비밀

② Ⅱ급비밀

③ Ⅲ급비밀

④ 대외비

14 군사 Ⅰ급비밀 지정권자가 아닌 것은?

① 병무청장

② 군사안보지원사령관

③ 국장정보본부장

④ 국방과학연구소장

15 미국의 펜 레지스터에 포함되지 않는 것은?

① 통화내용

② 통화시간

③ 통화번호

④ 통화횟수

16 다음 중 경보단계에 대한 설명 중 틀린 것은?

① 데프콘은 5단계이고 전투준비태세이다.

② 인포콘은 5단계이고 정보작전 방호태세이다.

③ 진돗개는 3단계로 나뉘며 평시에는 3단계이다.

④ 사이버위기경보는 5단계이며 일부 네트워크에서 장애가 생기면 관심단계가 된다.

17 『이데올로기의 종언』을 쓴 학자는?

① 니콜라스 네그로폰테

② 앨빈 토플러

③ 다니엘 벨

④ 셔먼 켄트

18 한국의 무관들은 『손자병법』의 「용간」 편에 나오는 첩자의 유형 중 어디에 속하는가?

① 생간

② 사간

③ 반간

④ 내간

19 정보실패에 대한 설명 중 틀린 것은?

① 제1차 중동전쟁에서 아랍연맹은 이스라엘 군을 과소평가하여 패배하게 된다.

② 진주만 공격은 미리 일본의 공격을 알았으나 적시적인 정보배포가 되지 않아서 실패했다.

③ 9 · 11 테러는 CIA와 FBI 사이의 정보공유가 되지 않아 생긴 정보실패이다.

④ 소련은 독일의 바르바로사 작전을 미리 알았지만 정보기관들이 스탈린을 설득하는 데 실패하여 피해가 컸다.

20 정보관에 대한 설명으로 틀린 것은?

① 백색정보관 중에 무관이 있다.

② 흑색정보관 중에 기자나 사업가로 위장한 사람들이 있다.

③ 흑색정보관보다 백색정보관에게 더 많은 비용이 든다.

④ 흑색정보관은 노출되면 백색정보관보다 더 위험해질 수 있다.

21 베트남 정책을 반대하는 월남전 반대 비판가들을 지원하거나 비판가들에게 영향을 주는 공산주의자들과 단체를 파악하라는 지시에 따라 실행된 CIA의 미국 내 비밀정보수집 활동은?

① 베노나 작전

② 피닉스 작전

③ MK울트라 작전

④ 카오스 작전

22 다음 중 가장 많은 첩보가 수집되는 방법은?

① 인간정보

② 공개정보

③ 신호정보

④ 영상정보

23 긴급통신제한을 집행할 때 몇 시간 이내에 법원 및 대통령의 허가가 필요한가?

① 12시간

② 24시간

③ 36시간

④ 48시간

24 「보안업무규정」 제36조 제1항에 신원조사의 목적이 나온다. 여기에 해당하는 것은?

① 충성심, 신뢰성

② 충성심, 성실성

③ 애국심, 신뢰성

④ 애국심, 성실성

25 DNI 최초로 국장이 된 여성은?

① 엘리자베타 벨로니

② 라일리 준 윌리엄스

③ 재닛 옐런

④ 에이브릴즈 헤인즈

01 테러에 대한 설명으로 틀린 것은?

① 정치나 종교뿐 아니라 경제적 이유로도 테러가 빈번히 일어나는 추세라 테러가 일상 생활화 되었다.

② 지인 한 명이 죽은 것보다 수백 명이 죽었다는 신문 기사의 충격이 덜하기 때문에 무차별 테러는 점점 줄어들고 있다.

③ 테러조직들이 인터넷으로 사람을 모으고 조직을 운영하는 것을 넘어서 비트코인 등의 인터넷 기반 화폐로 자금을 모으고 있다.

④ 동남아시아나 남미 같은 경우 마약생산과 밀접한 연관이 있기 때문에 테러조직의 영향에서 벗어나기 어려운 실정이다.

02 다음 〈보기〉에서 설명하고 있는 기법은?

| 보기 |

분석 주제에 대한 다양한 가설과 아이디어를 창출하여 이에 대해 정리 · 정제하는 과정을 반복하여 정보를 분석하는 기법

① 의사결정나무기법

② 사례연구

③ 유추법

④ 분기분석

03 비밀문서에 대한 설명으로 옳은 것은?

① 비밀은 필요할 경우 일반문서와 같이 보관이 가능하다.

② 비밀 중 유출 시 전쟁이 일어날 수 있는 비밀을 Ⅰ급비밀이라고 한다.

③ 비밀은 최소등급으로 보관하면 보안상 문제가 생기므로 최소등급보다 1단계 위로 분류한다.

④ 비밀문서는 비밀등급의 표시를 맨 첫 장과 맨 뒷장에만 표시하면 된다.

04 정보의 분류기준에 대한 설명으로 틀린 것은?

① 정보는 과거 사례를 바탕으로 분석해야 하기에 과거 – 미래 – 현재 순으로 중요하다.

② 정보는 국가정보와 국가부문정보로 구분 가능하다.

③ 국가정보는 국가정보기관뿐 아니라 국가부문정보기관에서도 생산이 가능하다.

④ 정보분류의 세부규칙은 「비밀보호규칙」에 나와 있다.

05 정보보호 거버넌스의 핵심활동이 아닌 것은?

① 평가

② 지시

③ 감독

④ 의사소통

06 미국 정보기관의 비밀공작에 대한 설명으로 틀린 것은?

① 소련의 공산주의 확산을 막기 위해 정치공작의 일환으로 Radio Free Europe을 방송했다.

② 사회주의자인 아옌데가 칠레의 대통령이 되자 전복 공작으로 피노체트가 대통령이 되도록 만들었다.

③ 베트남 전쟁기간 동안 CIA는 마음껏 비밀공작을 펼쳤으며 그 당시 경험들이 CIA 발전에 큰 자산이 되었다.

④ 소련의 세력 확장을 막기 위해 아프가니스탄의 탈레반에게 무기 및 자금을 지원해준 적이 있다.

07 다음 중 랜섬웨어에 대한 설명으로 틀린 것은?

① All Cry: 가상통화 약 0.2Bitcoin의 지불을 요구하며 바탕화면 폴더에 "readme.txt" 랜섬노트 파일을 생성한다.

② CERBER: URL주소를 명시하여 복호화도구를 구매하도록 유도한다.

③ DMA Locker: 가상통화 3Bitcoin을 지불하도록 유도하며 파일확장자 변경이 나타난다. 자동실행으로 설정되어 재시작 시 랜섬노트가 실행된다.

④ GlobeImposter: 파일명 "how_to_back_Files.html"의 랜섬노트가 나타난다.

08 방첩업무에 대한 설명으로 틀린 것은?

① 방첩(防諜)은 간첩(間諜)을 방어(防禦)한다는 의미이다.

② 수동적 방첩과 능동적 방첩으로 나뉘는데, 수동적 방첩이 방어적인 활동이라면 능동적 방첩은 공격적인 활동이다.

③ 능동적 방첩활동은 비밀공작 활동과 흡사하다.

④ 능동적 방첩에는 정보수집, 역용, 기만공작, 동향파악 등이 있다.

09 다음 중 죄가 아닌 것은?

① 허가받지 않고 암호를 발신한 행위

② 허가받지 않고 암호를 수신한 행위

③ 허가받지 않고 암호를 유포한 행위

④ 허가받지 않고 암호를 은닉한 행위

10 다음 중 정보기구의 소속이 틀린 것은?

① OICI – 재무부

② CGI – 국토안보부

③ MI – 국방부

④ ODNI – DNI

11 다음 중 한국의 범죄인 인도조약 현황에 대한 설명으로 틀린 것은?

① 1991년 캐나다와 처음으로 조약을 맺었다.

② 2020년까지 78개 국가와 조약을 맺었다.

③ 한국과 미국은 1년 이상 중형으로 처벌 가능한 범죄자를 상호인도 할 수 있다.

④ 정치범의 경우 용의자 인도를 거부한다.

12 한국의 정보기구에 대한 설명으로 틀린 것은?

① 정보사령부는 인간정보 및 신호정보를 수집하는 대북공작기관이다.

② 777사령부는 미국의 NSA의 한국지부인 SUSLAK과 함께 신호정보를 분석한다.

③ 안보지원사령부는 참모총장 소속으로 설치되었다.

④ 사이버작전사령부는 2009년 DDos사건 이후 2010년에 창설했다.

13 국가정보원이 가지고 있는 수사권은?

① 국가 기밀에 속하는 문서·자재·시설 및 지역에 대한 보안 업무

② 「군형법」 중 암호 부정사용의 죄

③ 「군형법」 중 내란의 죄·외환의 죄

④ 국가정보원 직원의 사생활과 관련된 범죄에 대한 수사

14 다음 중 가장 빨리 창설된 정보기관은?

① FBI

② MI6

③ GRU

④ Mossad

15 중국의 국무원 소속 정보기관이 아닌 곳은?

① 신화사

② 공공안전부

③ 통일전선부

④ 국가안전부

16 다음 중 한국의 정보위원회에 대한 설명으로 틀린 것은?

① 정보위원회의 회의는 비공개이다.
② 정보위원회의 위원은 14명이다.
③ 정보위원회 위원은 국회부의장단과 협의해서 뽑아야 한다.
④ 비교섭단체 의원이나 무소속 의원은 정보위원회에 보임할 수 없다.

17 다음 중 이스라엘의 공작원이 아닌 사람은?

① 엘리 코헨
② 슐라 코헨
③ 아론 코헨
④ 볼프강 로츠

18 다음 중 체포 권한이 없는 정보기관은?

① FSB
② DINA
③ PSIA
④ SAVAK

19 다음 중 정보에 대한 여러 학자들의 언급 중 잘못 연결된 것은?

① 마이클 패스벤더: 정보는 추론적 · 평가적 지식이다.
② 잭 데이비스: 정보가 어느 정도 정치화의 위험을 지지 않으면 임무를 수행할 수 없다.
③ 파스너: 정보활동은 적대세력에 대한 의도와 능력을 파악하는 것이다.
④ 리차드 하스: 정보는 정책과 가까워져야 한다.

20 다음 중 파놉티콘의 3가지 원칙이 아닌 것은?

① 자비
② 정당성
③ 정의
④ 감시

21 미국에서는 법집행 목적으로 수집한 정보의 공개가 '특정 문제'를 일으켰을 때 정보를 비공개한다. 이때 '특정 문제'의 종류가 아닌 것은?

① 법 집행 처리 방해
② 정당한 수사 기회 박탈
③ 기밀 출처 정체 노출
④ 법 집행 기술, 절차, 지침 노출

22 산업정보활동에 대한 설명으로 틀린 것은?

① 산업스파이 행위로 인하여 발생하는 기업의 손해가 구체적이지 않고 특정하기가 어려워서 업무상 배임죄의 적용이 어렵다.

② 한국에서 영업비밀은 유체물이나 관리 가능한 동력이 아니라서 재물성이 인정이 안 되고 영업비밀 유출에 형법상 절도죄의 적용이 불가능하다.

③ 영업비밀로 보호받기 위해서는 비공지성, 경제성, 비밀관리성, 유용성, 기술상 · 경영상 정보가 포함돼야 한다.

④ 국가핵심기술로 지정되면 국가핵심기술을 매각 또는 이전 등의 방법으로 수출하고자 하는 경우에 행정안전부장관의 승인을 얻어야 한다.

23 TPED 이슈에 대한 설명 중 옳은 것은?

① Tasking, Processing, Exploitation, Dissemination

② Tasking, Processing, Exploitation, Detection

③ Tasking, Processing, Explanation, Dissemination

④ Tasking, Production, Exploitation, Dissemination

24 한국의 감염병 위기 경보 수준에 대한 설명 중 틀린 것은?

① 관심: 해외에서의 신종 감염병의 발생 및 유행

② 주의: 현장 방역 조치 및 방역 인프라 가동

③ 경계: 중앙방역대책본부(질병청) 설치 · 운영

④ 심각: 필요시 중앙재난안전대책본부 운영

25 북한의 사이버작전 기관이 아닌 것은?

① 전자정찰국

② 지휘자동화국

③ 적공국

④ 문화교류국

01 다음 중 미국의 비밀공작으로 옳은 것은?

① 1989년 파나마 침공
② 1985년 레인보우워리어 폭파사건
③ 1981년 라핑버드 작전
④ 1972년 신의 분노 작전

02 팔래비 왕조에 대한 설명으로 틀린 것은?

① 미국 CIA의 에이젝스 작전으로 모사데크 정권을 전복하려 했다.
② 모사데크 정권은 사회주의 정권으로 민간기업을 국유화하는 정책을 펼쳤다.
③ 1950년대 공산주의 팽창에 대한 미국, 영국의 대응으로 모사데크 정권은 전복되고 팔래비 2세가 등극하게 되었다.
④ 팔래비 왕조 쿠테타 이후 이란에는 정보기관인 아만이 생기게 되었다.

03 다음 중 나머지와 성격이 다른 기관은?

① 777
② NSA
③ DGSE
④ GCHQ

04 다음 중 사이버보안에 대한 설명으로 틀린 것은?

① STOP 랜섬웨어는 개인정보유출 악성코드를 설치해서 개인정보를 탈취한다.
② Lockbit 랜섬웨어는 Tor브라우저를 사용해서 금전을 요구한다.
③ 서비스형 랜섬웨어서비스(RaaS)는 제작자가 공격자가 원하는 형태로 랜섬웨어를 제작해주는 서비스로 갠드크랩, 케르베르 등이 있다.
④ Hermes 랜섬웨어는 다른 랜섬웨어와 달리 감염된 파일의 확장자를 변경시키지 않는다.

05 다음 중 능동적 방첩활동을 모두 고른 것은?

ⓐ 인간정보수집	ⓑ 문서비밀점검
ⓒ 이중간첩 활용	ⓓ 비밀취급인가
ⓔ CCTV시설 감시	ⓕ 허위정보유포

① ⓐ, ⓒ, ⓕ
② ⓑ, ⓒ, ⓕ
③ ⓐ, ⓓ, ⓕ
④ ⓐ, ⓒ, ⓔ

06 다음 북한의 정보기구 중 해외정보를 수집하는 기관은?

① 문화교류국

② 국가보위성

③ 정찰총국 제2국

④ 국무위원회

07 러시아 정보기관에 대한 설명으로 틀린 것은?

① FSB는 자체 감옥시설도 있다.

② GRU는 소련 해체 후 새로 생긴 군 정보기관이다.

③ KGB의 해외정보임무를 계승한 기관이 SVR이다.

④ KGB 당시 T국은 과학기술 수집담당이었다.

08 국가정보원에 간첩신고를 하기 위한 전화번호는?

① 111

② 112

③ 113

④ 114

09 다음 중 국방부 소속 정보기관이 아닌 것은?

① DGSI

② DRM

③ DGSE

④ DPSD

10 다음 중 러시아 위성은?

① GRAB

② POPPY

③ Canyon

④ Tselina

안심Touc

11 다음 〈보기〉에서 설명하는 분석기법은?

| 보기 |

어떤 사안에 대해 여러 팀들에게 분석을 맡겨 다양한 분석을 통해 정보실패를 막으려는 대안기법

① 악마의 대변인
② 사례분석기법
③ 레드팀
④ 베이지안기법

12 다음 정보분석 단계 중 빈칸에 들어갈 단어는?

문제제기 → (　　)설정 → 첩보수집 → (　　)평가 → (　　)선택 → 모니터링

① 이론
② 법칙
③ 목표
④ 가설

13 다음 중 『손자병법』「용간」 편에 대한 해석으로 잘못된 것은?

① 오간구기(五間俱起) – 다섯 가지의 간첩들을 모두 이용한다.
② 막기지도(莫知其道) – 그 방법을 아군도 알지 못한다.
③ 시위신기(是謂神紀) – 이것을 신의 기술이라고 한다.
④ 인군지보야(人君之寶也) – 이것을 임금의 보배라고 한다.

14 다음 설명 중 틀린 것은?

① 소련의 KGB가 가장 활발히 했던 공작은 정치공작이다.
② 소련의 선전공작은 사회공학적 시스템의 붕괴를 목표로 실시된다.
③ 학생들에게 수학, 물리, 외국어 등 건설적이고 실용적인 것들을 못 배우게 성정체성, 사상, 종교, 가치관 혼란 등을 유도한다.
④ 사회적으로 국민들로부터 자주성을 빼앗고, 사회체제를 인공적인 관료주의가 통제하는 체제로 대체시킨다.

15 다음 중 로웬탈이 제시한 좋은 정보의 요건으로 틀린 것은?

① 적절성: 정보는 소비자가 원하는 목표에 부합해야 한다.
② 적시성: 정보는 소비자에게 적절한 시간에 제공되어야 한다.
③ 이해성: 정보는 소비자가 이해할 수 있게 제공되어야 한다.
④ 명확성: 정보는 근거가 명확해야 한다.

16 다음 중 국제범죄조직과 테러에 대한 설명으로 틀린 것은?

① 남미의 마약조직들과 중동의 이슬람 테러조직들이 동맹을 맺기도 한다.

② 코로나 위기에 남미의 마약 카르텔들이 정부의 통행금지령을 어기는 시민들을 위협하기도 한다.

③ 코로나 위기 속에서 국제범죄조직들은 지역 주민들에게 지지를 얻기 위해 마약과 총기 등을 나눠주기도 한다.

④ 1994년 7월 아르헨티나 부에노스아이레스에서 발생한 아르헨티나-유대인 친선협회(AMIA) 폭탄테러는 중남미 최악의 테러로 85명이 숨지고 300여 명이 다쳤다.

17 다음 중 제프리 리첼슨이 이야기한 정보의 정의에 포함되지 않는 지식의 처리과정은?

① 수집
② 처리
③ 환류
④ 종합

18 다음 한국에서 일어난 폭발사건 중 테러가 아닌 것은?

① 1977년 이리역 폭발사건
② 1986년 김포공항 폭발사건
③ 1983년 대구 미국문화원 폭발사건
④ 1987년 대한항공 858기 폭발사건

19 등급별 영업비밀에 대한 설명으로 틀린 것은?

① 극비비밀 정보 – 기업의 생존과 직결된 정보로 관련 임원 등 한정된 인원에게만 제한된 정보
② 1등급 비밀 정보 – 기업 내부 직원들 중 관련 직원 일부에게만 접근이 제한된 정보
③ 2등급 대외비 정보 – 기업 내부 직원들에게만 접근이 제한된 정보
④ 3등급 공개 정보 – 기업 내·외부에 공개된 정보

20 북한 김정은의 직책이 아닌 것은?

① 북한 최고사령관
② 조선노동당 위원장
③ 국무위원회장
④ 당 중앙검사위원회 위원장

21 다음 중 정보기관만이 할 수 있는 정보활동은?

① 방첩

② 공작

③ 수집

④ 분석

24 다음 중 미국의 핵심적 이익이 아닌 것은?

① 중요한 지역 안에 패권국가 탄생 저지

② 중국, 러시아에게 군사기술, 정보기술 우위 유지

③ 동맹국들의 안녕과 보호

④ 테러 · 마약 억제

22 각국 정보기구와 임무의 연결이 틀린 것은?

① AISE: 스페인 해외정보기관

② BND: 독일 해외정보기관

③ DGSI: 프랑스 국내정보기관

④ MI5: 영국 국내정보기관

25 미국에서 대통령 일일 브리핑, 즉 PDB를 생산하는 곳은 어디인가?

① IC

② DNI

③ ODNI

④ CIA

23 대한항공 007기가 추락한 연도는?

① 1983년

② 1985년

③ 1987년

④ 1989년

SD에듀 지텔프 문법 시리즈
YouTube 강의로 지텔프 시험 한번에 끝내기!

Grammar

1주일 만에 끝내는
지텔프 문법

10회 만에 끝내는
지텔프 문법 모의고사

✓ 기초부터 확실하게 강의만 들어도 정답이 보이는 마법

✓ 도서의 내용을 바로 설명해주는 동영상 강의로 실력 향상

✓ 단기완성을 위한 왕초보 핵심이론

2023

15일 만점

군 무 원
선 배 의
속 성 과 외

▲합격의 모든 것!

편저 | 분석관 C

국가정보학

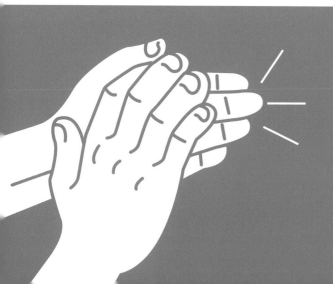

정답 및 해설

SD에듀
(주)시대고시기획

2023

15일 만점

국가정보학

정답 및 해설

SD에듀
(주)시대고시기획

15일 만점
국가정보학

15 DAYS
모의고사

✐ 정답 및 해설

DAY 01 모의고사

빠른 정답

01	02	03	04	05	06	07	08	09	10
②	④	③	①	①	①	①	④	④	④
11	12	13	14	15	16	17	18	19	20
③	①·②	③	②	①	①	③	④	④	④	①
21	22	23	24	25					
③	④	②	②	①					

01
정답 ②

정보활동의 4가지 분야는 수집, 분석, 공작, 방첩이다.

02
정답 ④

셔먼 켄트는 "정보는 지식, 조직, 활동이다."라고 했다. "정보는 국가이익을 달성하고 실제적이고 잠재적인 적대세력들을 대비하는 정부 정책 입안 및 정책 수행에 관한 것이다."라고 한 사람은 아브람 슐스키이다.

> Micheal Warner는 "정보는 적대세력의 영향을 완화시키고 그것에 영향을 미치는 비밀스러운 것이다."라고 이야기했다.

03
정답 ③

급격한 정보환경 변화로 정보소비자들이 급하게 어떤 정보를

요구하게 되는데 이를 OIR(기타정보요구, Other Intelligence Requirements)이라고 하며 이를 위해 PNIO(국가정보목표 우선순위, Priority of National Intelligence Objective)나 EEI(첩보기본요소, Essential Elements of Intelligence)에 없는 첩보수집을 요구하게 된다. 이를 SRI(특별첩보요구, Special Requirements for Information)라고 한다. 따라서 OIR을 근거로 SRI를 한다.

04
정답 ①

① 킴 필비: 케임브리지 대학교 재학 시절부터 사회주의 이상에 심취하여 친구들인 가이 버지스, 앤서니 블런트, 존 케런크로스, 도널드 매클런 등과 함께 영국에서 사회주의를 건설하고자 마음먹었다. 이들은 진심으로 사회주의 이상을 실현하기 위해 자발적으로 소련에 협력하기로 결심하고 MI6(킴, 가이), MI5(앤서니), QCHQ(존), 외교부(도널드)에 들어가 정보를 소련에 적극적으로 넘겼다. *참신한 미친 변절자들이다. 소련입장에서도 이 사람들이 진심인가 싶었지 않았을까?* 그러다 이들의 정체가 점점 의심을 받자 킴 필비는 체포 직전 소련으로 넘어가서 영웅으로 연금 받고 잘 먹고 잘산다고 한다. 이를 '케임브리지 스파이 링 사건'이라고 하는데 킴 필비 외 나머지는 죽거나 처벌을 받았다.

[오답분석]

② 엘리 코헨: 이스라엘 모사드 출신 간첩인데 사업가로 위장하여 시리아에 가서 고위층과 연줄을 마련, 골란고원의 부대배치 상황을 이스라엘에 넘겨서 제3차 중동전쟁에서 이스라엘이 승리하는 데 결정적인 열쇠 역할을 했다. 하지만 시리아에 잡혀서 교수형 당해 죽었다. *그의 교수형 사진은 구글에 가면 볼 수 있다.*

③ 리하르트 조르게: 독일 출신의 소련 간첩으로 중국과 일본 등지에서 언론기자로 위장해서 활동했다. 소련은 서쪽

으로 독일이 쳐들어와서 연전연패를 하는 와중에 독일의 동맹인 일본이 동쪽에서 쳐들어오는 것을 두려워해 극동 소련부대를 빼지 못하고 있었다. 이때 리하르트 조르게는 나치 지지자로 위장하여 일본 내 독일 외교관과 연줄을 만드는 한편, 일본인 공산당원이었던 외무부 소속 오자키 호즈미까지 포섭하여 바르바로사 작전 및 일본군 동향까지 소련에 넘긴다. 소련은 이를 통해 일본군이 소련을 치지 않을 것이라는 확신을 가지고 극동소련부대들을 독일전선에 투입시켜 승전할 수 있는 발판을 마련했다. 하지만 리하르트 조르게는 오자키와 함께 체포되어 일본에서 처형당했다. 도쿄에 그의 무덤이 있다.

④ 로버트 한센: 1985년부터 FBI에 근무했는데 방첩업무를 맡고 나서 소련에 돈을 받고 정보를 넘겼다. 그 정보로 인해 미국이 포섭한 소련 내 인간정보자산들이 체포되어 처형, 처벌을 받았으며 미국 정보활동에 엄청난 피해를 입혔다. 그러다가 2001년 붙잡혀 지금은 콜로라도 교도소에서 종신형을 살고 있다.

CIA에도 알드리치 에임즈라는 희대의 스파이가 있었다. 그는 아버지의 도움으로 CIA에 들어가서 업무를 형편없게 해도 항상 근무점수를 양호하게 받았다. 하지만 동료들 사이에서 평판은 그다지 좋지 않았다. 그 와중에 마리아 델 로사리오라는 쿠바 정보요원을 이중간첩으로 포섭하라는 임무를 수행하다가 이 여자와 바람이 나게 되고 전처와 이혼하면서 위자료가 엄청나게 많이 나왔다. 금전적 압박과 CIA에 대한 불만으로 소련 KGB에 접근한 그는 CIA에서 관리하는 첩자, 인간정보 명단을 소련에 대가를 받고 넘기게 된다. 이후 CIA의 인간자산들은 대부분 체포돼서 처형당했고, 이에 CIA는 무언가 잘못된 것을 느끼고 '두더지'가 있음을 알게 되었다. 결국 1991년 그의 아내 로사리오와 그는 같이 체포되어 종신형을 살고 있다. 뭐 하나 흠잡을 곳 없는 완벽한 배신자의 전형이 아닐 수 없다.

05 정답 ①

① 퍼플: 미국에서 부르던 일본 암호명이다. 이 퍼플을 해독하는 작전이 '매직'인데 당시 미 대통령이 일본 암호해독 보고를 받고 놀라워서 "매직"이라고 외친 게 어원이라고 한다.

② 베노나: 서방의 소련 암호해독 작전이다.

③ 매직: 미국의 일본 암호해독 작전이다.

④ 울트라: 독일 암호체계인 에니그마를 해독하는 작전으로 미국의 인디고와 영국의 울트라가 있다.

06 정답 ①

정보의 질적 요건은 적시성, 적합성, 객관성, 정확성이다. 로웬탈의 좋은 정보요건으로는 적시성, 적절성, 이해성, 명확성이 있다. '적절'과 '적합'이 헷갈리니 외워두자.

07 정답 ①

스누핑이 패킷 훔쳐보기이며, 피싱은 이메일이나 메신저로 스미싱과 똑같은 수법을 저지르는 것이다.

08 정답 ④

④ PSIA: 일본의 공안조사청이다. 공안조사청은 조사를 하고, 이에 대한 수사는 경찰에서 한다.

① NIS: 한국 국가정보원

② SVR: 러시아 해외정보부

③ DGSI: 프랑스 국내안보총국

09 정답 ④

④ 한국 최초가 아니라 대한제국 시대의 정보기구였으며 고종 퇴위 후 해체했다.

10
정답 ④

제3국은 해외정보국 및 35호실이라고도 불리며 무하마드 깐수 간첩사건과 더불어 KAL기 폭파사건, 신상옥 · 최은희 납치 같은 활동을 했다.

오답분석
① 이한영 암살사건은 문화교류국 소행이다.
② · ③ 황장엽 암살 미수와 울진 · 삼척 무장공비 침투사건, 아웅산 테러사건은 정찰총국 제2국 정찰국 소행이다.

11
정답 ③

2개월 초과 금지와 법원에 연장청구 시 2개월 추가 가능은 일반범죄일 경우이다. 국가보안상 통신제한조치는 4개월 초과 금지, 대통령 허가 시 4개월 추가가 가능하다.

12
정답 ① · ②

① TPED 이슈: 첩보수집에는 예산이 많이 들어가고 분석에는 예산이 적게 들어가 수집된 자료를 제대로 처리할 능력이 부족한 현상으로, 첩보수집 관련 이슈이다.
② Vacuum Cleaner 이슈: 공개 · 신호 · 영상 정보에서 의미없는 첩보들까지 마구잡이로 수집하는 현상으로, 역시 첩보수집과 관련된 이슈이다.

오답분석
③ Layering 이슈: 이전에 분석한 정보가 부정확한 것을 간과하고 그대로 인용하여 새로운 정보를 만들어내는 현상으로, 정보분석과 관련된 이슈이다. 2003년 이라크 전쟁을 예로 들 수 있다.
④ Clientism 이슈: 특정 현안에 너무 오랫동안 분석업무를 하여 현안에 대해 비정상적인 생각을 가지게 되는 경우로, 정보분석과 관련된 이슈이다.

13
정답 ③

③ 델타가 가장 높은 단계인 것은 맞지만 5단계가 아니라 1단계가 가장 높은 단계이다.

14
정답 ②

오답분석
한국의 방첩업무기관에는 ① 법무부, ③ 관세청, ④ 해양경찰청이 포함되며, 이 밖에 국가정보원과 안보지원사령부도 속한다. 2018년 국무회의에서 의결되었다.

15
정답 ①

① 서울특별시장과 같은 지방자치단체장은 2급비밀 취급 인가권자이다.

16
정답 ③

오답분석
① ZY: 중국의 군사정찰위성
② 스푸트닉: 소련에서 만든 세계 최초의 위성
④ 제니트: 소련의 정찰위성

페렛은 미국의 신호정찰위성이다. 덧붙여 알아두자.

17
정답 ④

테러경보는 4단계이며 테러가 발생하면 심각단계로 격상한다.

국가정보원에는 테러통합정보센터가 있으며 센터장은 국가정보원장이 지정한 자이다. 국가정보원장이 아니다.

18

최상책은 벌모(적국의 책략을 사전에 무력화시키는 것)이며, 벌교(적국을 외교적으로 공격하는 것), 벌병(적국의 병력을 공격하는 것), 공성(적국의 잘 방어된 성을 공격하는 것) 순으로 가치가 낮아진다.

19
정답 ④

정보보고서 생산원칙은 적시성, 적합성, 정확성, 간결성, 현실성, 명료성이다.

20
정답 ①

① 이스라엘 비어: 이스라엘 고위 장교와 총리의 신임으로 높은 지위에 오르지만 소련의 첩자라는 사실이 발각되어 10년형에 처해진 인물이다. 그런데 수수께끼는 비어가 잡힌 이후부터 발생한다. 이스라엘 정보국 모사드는 그의 행적을 역추적하는 과정에서 자신들이 비어라고 생각한 인물이 실제로는 어디에도 존재하지 않는다는 것을 알게 된다. 그 정체 모를 인물은 심장마비로 죽어서 현재까지도 그가 누군지 밝혀지지 않았다고 한다.

오답분석

• 피터 풀만: 독일 과학자였는데 레바논 첩자로 이스라엘에 체포됐다.
• 조너선 폴라드: 미 해군 정보분석관이었는데 이스라엘에 1급비밀을 넘긴 죄로 징역을 살다가 얼마 전에 이스라엘로 송환됐다. 이 사람은 이스라엘계 미국인이었는데 미국을 배신하고 같은 민족 국가인 이스라엘에 정보를 넘긴 사실이 흥미롭다. 이스라엘에서는 폴라드가 공항에 도착하자 대환영을 했다고 한다.
• 두스코 포포프: 제2차 세계대전 독일과 영국의 이중첩자로 활동한 인물로 그 유명한 '더블크로스 시스템'의 장본인이다. 포포프는 대학시절부터 나치를 혐오했다. 하지만 나치의 방첩기관인 압베르(Abwehr)는 이 사실을 모른 채 잘생기고 외국어에도 능통한 포포프를 포섭해 영국에 스파이로 보낼 생각이었다. 하지만 포포프는 압베르가 포섭을 해오

자 옳다구나 싶어서 바로 MI5에 이중간첩을 하겠다고 연락한 것이다. 이미 에니그마를 울트라 작전으로 해독해 버려서 포포프가 전하는 거짓 첩보가 독일에 진짜 전달되는지 알 수 있었던 영국은 포포프를 감시하며 신나게 거짓첩보와 약간의 진짜 첩보를 섞어서 포포프에게 전달했다. 영국 방첩기관들은 포포프 덕분에 영국에서 활동하던 독일 스파이들 여럿을 잡아서 똑같이 이중간첩으로 만들었다. 이게 얼마나 성공적이었냐 하면 나치의 2인자 괴링이 전범재판소에 가서 이러한 사실을 듣고 그제야 영국 손에 놀아났다는 것을 알게 됐을 정도였다. 하지만 꼬리가 길어지자 압베르는 포포프를 의심하기 시작했고 영국에서는 포포프를 잃을 수 없어서 그럴듯한 중요한 정보를 주었다. 이 정보는 노르망디 상륙작전에 대한 것이었는데, 여러 신뢰성 있는 근거와 함께 상륙지점이 프랑스 칼레라는 거짓 정보를 주었던 것이다. 이 거짓 첩보를 덥석 물어버린 압베르는 상부에 그대로 보고하였고 그렇게 노르망디에는 1개 사단만 남아서 방어하게 되었다. 결국 노르망디 상륙작전은 성공했으며 나치 패망의 시작이 되었다. 그는 전쟁이 끝나고 영국시민권을 제안받았지만 거절하고, 프랑스 남부에서 평화롭게 살다가 노환으로 죽었다고 한다.

21
정답 ③

③ 키돈(Kidon): 모사드가 운영하는 암살전문 조직이다.

오답분석

① 하가나(Hahanah): 이스라엘 방위군 이전에 유대인 민병대이다. 이 하가나랑 이르군, 레히라는 또 다른 이스라엘 준군사조직들과 합병해서 만들어진 것이 지금의 이스라엘 방위군, IDF, 차할이다.
② 쉐이(Shai): 하가나의 대정보 및 정보기관이다. 제2차 세계대전 기간 동안 영국이 훈련시켜 주고 돈이랑 무기도 대줘서 생긴 조직이 쉐이이다. 그 훈련을 실행한 조직은 영국의 MI4이다.

영국의 방첩기관인 MI5와 MI6는 아주 오래 전에 영국의 전쟁청에 속해 있던 군사안보총국의 부서 이름이며, 그때는 MI1부터 MI19까지 있었다. MI1은 훗날 GCHQ로, MI5는 SS로, MI6는 SIS로 변모한다.

④ 사야님(Sayanim): 이스라엘 밖 세계 곳곳에 흩어져 사는 유대인 집단인 디아스포라에 속해 모사드의 작전을 해외에서 돕는 행위를 뜻하는 단어이다.

22 정답 ④

④ 정상선: 인간정보에서 비공식 위장의 연락 방법 중 하나이다. 정상선, 보조선, 예비선, 비상선으로 나뉘며 정상선이 끊어지면 보조선, 보조선이 끊어지면 예비선, 예비선이 끊어지면 비상선으로 연락한다.

오답분석

① 蒼空(창공): 중국에서 쏜 기술시험위성으로 신호정보와 관련이 있다.
② SAR: 합성개구레이더로 영상정보와 관련이 있다.
③ ES/EA/EP: ES(Electronic Warfare Support), EA(Electronic Attack), EP(Electronic Protection)로 전자전, 즉 신호정보와 관련이 있다.

23 정답 ②

MASINT는 의도적인 전파를 탐지하는 것 이외의 모든 기술적 정보수집을 뜻한다. ②의 통신전파정보는 전파를 탐지하는 정보수집이므로 MASINT에 포함되지 않는다.

24 정답 ②

기억하자. 제한구역, 제한지역, 통제구역 이 3개만 보안업무 규정에 나와 있다.

25 정답 ①

① YS-11기 납북사건: 1969년 12월 11일 오후 12시 25분경 승객 47명과 승무원 4명을 태우고 강릉을 출발하여 서울로 향하던 대한항공의 국내선 쌍발 여객기 YS-11은 이륙한 지 약 14분여 만에 강원도 평창군 대관령 일대 상공에서 승객으로 위장하여 타고 있던 공작원 조창희에 의해 공중 납치되어 오후 1시 18분경 조선민주주의인민공화국의 선덕비행장에 강제 착륙했다.

빠른 정답

01	02	03	04	05	06	07	08	09	10
③	②	①	①	③	③	②	②	④	④
11	12	13	14	15	16	17	18	19	20
④	④	③	③	③	②	②	①	①	①
21	22	23	24	25					
④	②	②	②	④					

01
정답 ③

OB는 Order of Battle의 약자로 전투서열이라고 한다. 한국에서는 2급비밀로 북한군 전투서열이 있다. 북한에서도 한국군과 미군에 대한 전투서열을 가지고 있을 것이다. 이 전투서열은 적에 대한 분석을 할 때 가장 기본이 되는 자료 중 하나이다. 그 군대의 병력규모와 배치된 위치, 각 부대들이 어떻게 구성되어 있는지 등이 나와 있기 때문이다.

그럼 이것들을 어떻게 알아낼까? 인간정보, 영상정보, 신호첩보 등으로 알아내는데 거의 첩보출처로, 대부분 출처보호를 위해 비밀로 되어 있고 비공개이다. 만약 한국이 북한의 특정 통신을 도청했다고 치자. 그런데 그 내용을 공개하면? 그 통신에서 사용한 주파수를 적들이 알고 바꿀 것이고 그럼 첩보수집은 단절되고 만다. 다시 그 주파수를 찾으려면 어마어마한 인력과 돈이 필요하기에 첩보수집은 한동안 못 할 것이며 그만큼 국방에 구멍이 나게 되는 것이다. 그렇기에 어떤 이유에서든 첩보출처를 떠드는 짓은 반역이라고 봐야 한다고 생각한다.

02
정답 ②

전통주의와 행동주의에 관한 문제이다. 전통주의는 1950년대까지 CIA에서는 셔먼 켄트가 이야기한 것처럼 정보와 정책은 필요한 만큼만 가까우면 되고 너무 가까우면 정책결정자들(대통령이나 국무장관 등)에게 정보판단이 좌지우지될 수 있으니 거리를 둬야 한다고 했다. 마크 로웰탈도 "정보는 정책에 의존하지만 정책은 정보가 없어도 존재한다." 즉, 안 그래도 정보는 정책결정자에게 큰 영향을 받기에 반드시 의도적으로 거리를 둬야한다고 설명했다. 하지만 이런 관점에서는 분석관의 개인 판단이 보고서에 들어가는 것을 멀리하게 되고 현재 일어나고 있는 현상(현용정보)에 대한 보고에만 치중하게 된다. 이에 대체 정보기관은 양치기소년처럼 현상을 보고 소리치는 역할뿐이며 그나마도 자주 틀린다는 회의적인 시각이 나오게 되는 것이다. 또한 냉전시대로 접어들면서 적이 어떻게 행동할지에 대한 정보가 필요하게 되었다. 이것이 행동주의 탄생 배경이며 그래서 행동주의에서는 반대로 정보는 정책결정자의 관심이 되는 이슈에 집중하여 정보를 생산해야 한다는 입장이다. 이런 행동주의는 현재 대부분의 나라의 정보기관에서 채택하고 있는 입장이다.

03
정답 ①

당신이 정보분석관으로써 분석보고서를 작성했다고 가정하자. 얼마 전 있었던 북한의 한국 도발협박에 관한 보고서이다. 과연 어디에서 도발이 일어날 것이며, 그에 따른 파급효과에 대한 내용을 담고 있다. 이는 대통령과 국무총리, 국방부장관 외의 다른 사람은 굳이 볼 필요가 없기에 그들에게만 보고할 것(적합성 – 필요한 사람에게만 정보보고)이며 이 보고서는 1급비밀로, 1급비밀 취급 인가자만 열람이 가능(비밀성 – 적절한 등급을 정하는 것)하도록 했으며, 계속 북한의 행동을 주시하면서 변화되는 부분을 분석 판단(계속성 – 변화에 따라 계속 해당 안건에 대해 보고)하며 북한이 도발을 일으키기 전(적시성 – 정보가 필요할 때 보고를 하는 것)에 최대한 빨리 보고를 해야 한다.

04
정답 ①

① 분석관은 인간정보활동을 하는 사람이 아니라 정보분석업무를 하는 사람이다.

05

OSINT는 Open Source Intelligence의 약자로 공개정보이다.

> MASINT에는 계측정보와 신호정보가 있는데 이 둘이 헷갈리는 사람들은 단순하게 생각하면 된다. 인간이 유무선으로 통화한 것을 어떤 식으로든 잡으면 신호정보이며 그 외의 핵, 적외선, 레이더, 미사일신호 등은 모두 계측정보로 여기면 된다.

06

미국의 국가이익 구분을 보면 사활적 국가이익, 핵심적 국가이익, 중요한 국가이익, 부가적 이익으로 나뉜다. ③의 군사적 핵심기술 우위 유지는 핵심적 이익에 속한다.

- 사활적 국가이익
  - 미국과 해외 미군들에게 핵, 생물학, 화학 무기로 공격하려는 위협을 줄이고 방지하는 것
  - 우리가 번영할 수 있는 국제질서를 유지하기 위해 동맹국들의 생존과 협력을 확고히 하는 것
  - 미국 국경에 적대적인 힘을 가지거나 실패한 국가가 출현하는 것을 방지하는 것
  - 중요한 글로벌 시스템의 생존력과 지속력을 확고히 하는 것(무역, 금융, 시장, 에너지 공급, 그리고 환경)
  - 중국과 러시아 같은 전략적 위협 국가들이 될 수 있는 나라들과 미국국익에 부합되는 생산적 관계를 유지하는 것
- 핵심적 국가이익
  - 어느 지역에서나 핵, 생물학, 화학 무기사용 위협을 줄이고 방지하는 것
  - 대량살상무기의 지역적 확산과 그것의 운반 시스템을 방지하는 것
  - 평화롭게 분쟁을 해결하고 관리하는 메커니즘과 국제법의 수용을 확산시키는 것
  - 중요한 지역(특히 페르시안 걸프지역)에 지역적 패권국이 출현하는 것을 방지하는 것
  - 미국 동맹들과 친구들의 행복의 향상과 외부로부터의 침략에서 그들을 보호하는 것
  - 서반구에 민주주의와 번영과 지속을 향상시키는 것
  - 만약 타당한 비용이 가능하다면 중요한 지정학적 지역

들의 갈등들을 끝내고 방지하는 것
  - 군에 관련된 핵심적, 그리고 다른 전략적 기술(특히 정보시스템)들의 우위를 유지하는 것
  - 미국 국경을 넘어서 대량의 억제가 불가능한 이민을 방지하는 것
  - 테러리즘(특히 국가가 도와주는 테러리즘)과 국제범죄, 마약 운반을 진압하는 것
  - 학살을 방지하는 것
- 중요한 국가이익
  - 외국에서의 대량 인권침해를 막는 것
  - 불안정이 없이 가능한 한 전략적으로 중요한 국가들의 다원주의, 자유, 민주주의를 향상시키는 것
  - 적은 비용으로 가능하다면, 전략적으로 덜 중요한 지정학적 지역의 분쟁을 끝내고 방지하는 것
  - 테러리스트 단체에 의해 인질이 되거나 목표가 된 미국 시민들의 행복과 삶을 보호하는 것
  - 부자 나라와 가난한 나라 사이의 경제적 차이를 줄여나가는 것
  - 미국 소유 해외재산의 국유화를 방지하는 것
  - 중요한 전략적 산업들과 부문들의 국내 생산을 끌어올리는 것
  - 미국적 가치가 외국 문화에 긍정적인 영향을 끼치는 것을 보장하기 위해 정보의 국제적 배포에서 우위를 유지하는 것
  - 장기간 생태계 요구에 부합하는 국제적 환경정책을 향상시키는 것
  - 국제무역과 투자에서 미국 GNP 성장을 극대화시키는 것
- 부가적 혹은 두 번째의 국가이익
  - 무역수지적자를 완화하는 것
  - 모든 곳에서 그 자체를 위해 민주주의를 확장시키는 것
  - 모든 곳의 다른 나라들의 정치체계나 영토를 보전하는 것
  - 특정 경제적 부문의 수출을 향상시키는 것

※ 미국의 국가이익 리스트는 미국의 전직 고급 공무원들과 학자, 연구자들이 모인 'The Commission on America's National Interests'에서 만들었으며, 이 자료도 이 위원회에서 발행한 문서에서 발췌하였다.

07 정답 ②

② Key Judgement: 핵심판단기법

오답분석

① Role Playing: 역할연기기법

③ Hierarchy Analysis: 계층분석기법

④ Competing Hypotheses: 경쟁가설기법

08 정답 ②

- Ⅰ급비밀: 전략무기 운용계획, 군사동맹조약
- Ⅱ급비밀: 전략무기 제원, 암호자재
- Ⅲ급비밀: 전략무기 저장시설, 음어자재

09 정답 ④

④ 1992년이 아니라 1994년에 부장, 차장, 일반직원까지 정치개입금지가 확대되었다.

10 정답 ④

④ 중요군사기지 최외곽경계선 300m 이내는 통제구역이며 500m 이내가 제한구역이다.

11 정답 ④

④ 마약을 투약하거나 투약하는 행위를 제공한 자는 1년 이상의 징역을 선고받을 수 있다.

12 정답 ④

산업기밀보호센터 이외에도 국가사이버안전센터, 테러정보통합센터, 국제범죄정보센터 등이 국가정보원 소속 기관이다.

오답분석

③ DSSC: 군 정보기관인 안보지원사령부이다.

13 정답 ③

③ 국가정보원은 테러와 관련된 수사를 할 권한이 없다.

14 정답 ③

NCTC는 국가대테러센터이다. ODNI 소속으로 미국 정부의 모든 테러정보를 종합, 분석하기 위해 만들어졌다. 따라서 CIA, FBI를 포함한 거의 대부분의 테러관련 국방부 직할부대 및 기관에서 인원들이 모여 대테러활동을 한다. TIDE라는 테러리즘 첩보 수집 및 분석도구, DB를 운영 중이다.

15 정답 ③

③ 제3국은 니콜라스 1세가 만들었다.

16 정답 ②

② GCHQ는 외교부 소속이다.

엘렌 튜링

GCHQ는 제2차 세계대전 당시 독일의 암호였던 에니그마를 해독했던 울트라 작전을 한 곳이기도 하다. 이 작전의 핵심인물이었던 엘렌 튜링은 미국 유학 시절 컴퓨터의 아버지라고 불리는 폰 노이만과 친분을 가지게 된다. 튜링의 동성애 기질을 알고 있던 폰 노이만은 그 당시 영국에서 동성애가 불법행위로 처벌된다는 사실을 알고 튜링에게 미국에 남기를 권했지만 튜링은 제2차 세계대전에 참전한 조국 영국에 대한 애

국심으로 폰 노이만의 제안을 거절하고 영국으로 돌아간다. 결국 그는 승리에 큰 역할을 했지만 동성애자라는 이유로 처벌을 받아 화학적 거세를 당하고 자살로 생을 마감한다. 전쟁영웅이었지만 당시 영국에서는 동성애는 정말 파렴치한 범죄행위였기에 튜링은 쓸쓸하게 홀로 죽은 것이다. 그러다 21세기가 돼서야 튜링은 복권되었으며, 그를 주인공으로 한 영화 「이미테이션 게임」이 만들어지기도 하였다.

17 정답 ②

NIS는 한국의 국가정보원이며 "국가, 국민을 위한 한없는 충성과 헌신"이 모토이다. "음지에서 일하고 양지를 지향한다."는 안기부 시절의 모토인데, 김대중 정부 때 바뀌었다.

18 정답 ①

산업보안의 3 요소는 기밀성, 무결성, 가용성이다.

19 정답 ①

① 키홀: 미국의 광학정찰위성의 이름이다.

[오답분석]

② 에셜론: 다국적 프로젝트로 신호정보를 수집·분석·공유하는 UK-USA 안보협정이다. 애드워드 스노든에 의해 알려지게 되었으며 위성, 지상감시기지 등을 통해 이론상 모든 통신을 감시할 수 있다고 알려진 프로젝트이다. 미국과 영국을 중심으로 캐나다, 호주, 뉴질랜드가 Second Party로서 모든 신호정보를 공유하며, 한국, 독일, 일본 등은 Third Party로서 제한적인 부분에 한해 공유한다.

③ GRAB: 1960, 1961년 미국에서 발사한 2기의 신호정보위성이다.

④ 베노나 프로젝트: 원래 제2차 세계대전 당시 주축국의 암호를 해독하기 위한 미국, 영국의 군사계획이었다. 이것이 1950년대가 돼서 소련 암호해독을 위한 군사계획이

되는데, 구체적으로는 암호해독 후 도청을 통한 첩보획득이 주목적이었다.

20 정답 ①

국가법령정보센터(www.law.go.kr)에서 「보안업무규정」을 찾아보면 아주 자세히 나와 있다.

보안업무규정

제9조(비밀·암호자재취급 인가권자) ① Ⅰ급비밀 취급 인가권자와 Ⅰ급 및 Ⅱ급비밀 소통용 암호자재 취급 인가권자는 다음 각 호와 같다.

1. 대통령
2. 국무총리
3. 감사원장
4. 국가인권위원회 위원장
4의2. 고위공직자범죄수사처장
5. 각 부·처의 장
6. 국무조정실장, 방송통신위원회 위원장, 공정거래위원회 위원장, 금융위원회 위원장, 국민권익위원회 위원장, 개인정보 보호위원회 위원장 및 원자력안전위원회 위원장
7. 대통령 비서실장
8. 국가안보실장
9. 대통령경호처장
10. 국가정보원장
11. 검찰총장
12. 합동참모의장, 각군 참모총장, 지상작전사령관 및 육군 제2작전사령관
13. 국방부장관이 지정하는 각군 부대장

② Ⅱ급 및 Ⅲ급비밀 취급 인가권자와 Ⅲ급비밀 소통용 암호자재 취급 인가권자는 다음 각 호와 같다.

1. 제1항 각 호의 사람
2. 중앙행정기관등인 청의 장
3. 지방자치단체의 장
4. 특별시·광역시·도 및 특별자치시·특별자치도의 교육감
5. 제1호부터 제4호까지의 사람이 지정한 기관의 장

21

외우자! 리첼슨의 정보생산 과정은 '첩보를 수집, 첩보를 처리, 첩보를 종합, 정보 분석, 정보 평가'이다.

22

정답 ②

② 국가정보원장이 PNIO를 정할 뿐이지 그렇다고 국가정보원이 EEI를 정하지 않는 것이 아니다. 당연히 국가정보원에서도 PNIO를 기본으로 EEI를 짠다.

23

정답 ②

② 진돗개는 3단계까지 있다.

24

정답 ②

일본은 2020년 기준 한국에게 제5의 수출국이자 제3의 수입국이다. 참고로 한국 주요 수출입국들을 알아보자. 2020년 기준 자료이며 단위는 달러이다.

순위	수출	수입
1	중국(1325억)	중국(1088억)
2	미국(741억)	미국(574억)
3	베트남(485억)	일본(460억)
4	홍콩(306억)	독일(206억)
5	일본(250억)	베트남(205억)
6	대만(164억)	호주(187억)
7	인도(119억)	대만(178억)
8	싱가포르(98억)	사우디(159억)
9	독일(95억)	러시아(106억)
10	말레이시아(90억)	말레이시아(88억)

25

정답 ④

④ CryptON이 [파일명].[사용자ID].[해커이메일주소]로 바뀐다. Locky는 파일의 확장자를 locky로 변경한다.

몇 가지 더 알아보자.
- CryptoWall: 감염 시 특정 확장자 파일을 RSA-2048 알고리즘을 이용하여 암호화 해버린다.
- TeslaCrypt: 4.0 버전에서 특이하게 확장자 변조 없이 그냥 파일을 암호화한다.
- CERBER: 암호화된 파일명을 10자리 영문+숫자+특수문자로 변경해 버리고 PC에서 여성 목소리로 암호화 사실을 전달한다.
- UltraCrypter: 실행파일(.exe)이 아닌 dll 파일 형식으로 유포되며, 파일의 확장자를 임의의 영문과 숫자의 5자리 조합으로 변조시킨다.

01
정답 ①

오답분석

② 마크 로웬탈의 정보순환 단계

③ ODNI의 정보순환 단계

④ 베르코위즈의 정보순환 단계

앨런 굿맨은 '정보요청 – 수집대상 설정 – 수집 – 분석 – 정보배포'를 주장했다.

02
정답 ④

〈보기〉의 공작원은 적국에서 넘어왔으므로 일단 향간과 내간이 아니다. 또한 이중첩자가 아니므로 반간도 아니다. 이 공작원의 임무는 정보획득이므로 생간이라고 할 수 있다.

사간의 임무는 적에게 거짓정보를 주어서 혼란을 일으키는 것이다.

03
정답 ③

이 문제는 외워야 한다. 정보분석 대상은 사실, 비밀, 허위정보, 수수께끼(미스터리) 4가지이다.

04
정답 ④

분석관들의 합의를 중요하게 여기는 나라는 영국이다. 미국은 오히려 같은 현안에 다른 의견들이 들어있는 보고서들이 자주 나온다.

05
정답 ②

② 분석관은 개인이 선호하는 주제를 추구하면 안 된다.

셔먼 켄트의 정보분석 9계명

1. 정보판단 결과에 대해 개인한테 책임을 물으면 안 된다.
2. 정책결정자의 관심을 주시하라.
3. 분석의 가정과 결론을 확실하게 구분하라.
4. 언어구사를 정확히 하라.
5. 열린 사고방식으로 다양한 관점을 받아들여야 한다.
6. 분석관은 자신이 좋아하는 의제를 추구하면 안 된다.
7. 외부 전문가나 언론 등을 참고하라.
8. 정보판단은 사실과 신뢰할 수 있는 첩보가 바탕이 되어야 한다.
9. 분석에 실패했다면 인정하고 배워야 한다.

06
정답 ②

비밀공작도 정부정책 중 하나이며 원칙적으로 당연히 합법이기 때문에 실행을 할 수 있는 것이다. 비밀공작 자체가 불법이라는 편견은 사라져야 한다. 만약 불법적인 비밀공작이 있다면 누군가 법적인 처벌을 받을 것이다.

어떤 나라들은 수단과 방법을 가리지 않고 비밀공작을 하면서 본인들에게 이익이 되지만 한국에는 해가 되는 온갖 행동을 하고 있지만 한국은 그에 대한 대응은커녕 해야 될 비밀공작도 못 하게 막는 것이 옳은 일인가 생각해 볼 일이다. 현재 한국처럼 정치인에 대한 조사가 정치개입이라는 이유로 완전 금지된다면 정치인의 간첩행위는 누가 어떻게 밝혀낼 것인가? 정치인은 법 위의 인간인가?

07

정답 ②

② 전술정보는 국가정보가 아니라 부문정보에 속한다.

[오답분석]

④ 판검사는 수사를 해서 법을 구형하고 그 구형을 판단해서 선고하는 사람들이지 정책을 결정하는 사람들이 아니다.

08

정답 ①

데프콘 발령권자는 한국 대통령에게만 있는 게 아니라 미국 대통령에게도 있다. 한미연합사령관이 한국 대통령과 미국 대통령 두 사람 모두에게 허락을 받아야 데프콘을 내릴 수 있다.

09

정답 ④

통일혁명당 사건은 정치공작이다. 김일성이 연구한 결과 4.19혁명이 사회주의 혁명으로 발전하지 못한 이유가 한국 내 공산당 정치세력이 없기 때문이라는 것이다. 그래서 만든 것이 '통일혁명당'이다. 이는 정치단체를 만들어서 한국 정치에 개입하기 위한 목적이므로 명백한 정치공작이다.

> 통일혁명당뿐 아니라 왕재산 사건을 통해서 알 수 있는 것은 북한은 끊임없이 한국에 북한을 추종하는 지하조직을 만들려고 노력한다는 점이다.

10

정답 ①

① 마크 로웬탈이 아니라 아브람 슐스키가 정의한 내용이다.

11

정답 ③

③ 업무상 취급하거나 했던 사람이 아닌 자가 업무상 알게 되거나 점유한 군사기밀을 타인에게 누설한 경우 5년이 아니라 7년 이하의 징역에 처한다.

> 외울 때 '10 7 5 2 이하 / 3 1 이상'을 기억하자.
> * 10 7 5 2 이하
>   - 적법한 절차 없이 군사기밀 수집은 10년 이하
>   - 업무상 기밀취급을 안 한 사람이 알게 된 군사기밀을 누설하면 7년 이하
>   - 우연히 알게 된 군사기밀을 누설하면 5년 이하
>   - 군사기밀을 취급하던 사람이 취급하지 못하게 됐는데 누설하면 2년 이하
> * 3 1 이상
>   - 업무상 군사기밀 취급하던 사람이 누설하면 3년 이상
>   - 군사기밀을 탐지 또는 수집해서 누설하면 1년 이상

12

정답 ③

DEA는 재무부가 아니라 미국 법무부 소속의 마약수사국으로서, 우리나라 마약수사랑 차원이 다른 활동을 한다. 미국 내 마약은 전 세계, 특히 중남미 마약 생산 유통과 밀접한 관계가 있기 때문에 멕시코, 콜롬비아, 브라질 등에서도 활동을 하며 DEA는 마약조직소탕에 준군사 수준의 무력을 투입한다. 이들에 대한 이야기를 보고 싶다면 드라마 「나르코스」를 추천한다.

13

정답 ①

라합 프로젝트는 갤런조직이 아니라 독일연방정보부인 BND에서 추진하였다. 갤런조직은 BND의 모체인데 제2차 세계대전 당시 독일에서 대소련 정보전을 했던 갤런이라는 사람이 제3제국 패망 후 미국에게 소련 관련 정보를 제공하면서 활동하게 된 조직이다.

14

정답 ②

외우자!

② 울진 · 삼척 무장공비 침투사건(1968) - 육영수 여사 저격사건(1974) - KAL기 폭파사건(1987) - 이한영 암살

사건(1997) - 제1연평해전(1999) - 천안함피격(2010.3.26.) - 연평도포격(2010.11.23.)

15 정답 ④

④ MI6(1921) - MI5(1931) - FBI(1935) - GCHQ(1943) - CIA(1947) - NSA(1952)

16 정답 ④

④ 맥나마라: 미국 국방부 장관이다.

오답분석

① 폴리: 벨기에, 독일 등지에서 제철공장에 침투해서 기술을 탈취했다.

② 새뮤얼 슬레이트: 미국 지폐에도 새겨져 있는 사람인데 당시 영국의 방직기계는 산업혁명의 핵심기술이라서 부품 하나도 다른 국가로 가지고 가는 것을 금지했다. 새뮤얼 슬레이트는 방직기계를 모두 분해하여 그 부품 하나하나의 치수와 모양을 모두 외워 미국으로 건너가 기술을 빼돌리는 데 성공했고 그것이 미국의 산업발전에 지대한 도움이 되었다.

③ 표트르 대제: 러시아 황제인데도 독일이나 벨기에 주물공장이나 영국 병기창에 위장취업하여 그곳의 기술을 직접 배워 고국으로 가져갔다고 한다. *그러고 보면 독일이나 벨기에는 매번 털리기만 하는 것 같다.*

그 밖의 산업스파이

• 롬브: 이탈리아에서 영국으로 비단제조기술을 빼돌렸다.

• 우빈: 1990년에 미국으로 가서 개인사업을 시작하고 미국 정보기관에 미국 내 중국 스파이 활동에 대한 정보를 제공하면서 2만 2천 달러를 받으며 협조했으나 1992년에 당시 미국 수출금지기술 중 하나인 야간조준경 50만어치 달러를 중국에 넘기려다 체포당했다.

17 정답 ①

마약은 크게 3가지로 나뉘는데 대마, 마약, 향정신성 의약품이 그것들이다. ①의 메사돈은 합성마약이다.

• 대마: 말 그대로 대마초와 관련 것들이고 대마초, 해시시, 해시시오일 등이 해당된다.

• 마약: 아편과 모르핀, 헤로인, 메사돈, 페치돈 등이 있다. 여기서 합성마약은 메사돈, 페치돈 등으로 뒤에 '-돈'이 붙으면 합성마약이라고 외우면 된다.

• 향정신성 의약품: 그 밖의 나머지는 전부 향정신성의약품이다.

18 정답 ④

FSB는 러시아의 국내정보기관이다. 나머지는 모두 해외정보기관이다.

19 정답 ④

④ SSU: Sea Salvage & Rescue Unit의 약자로, 말 그대로 해난구조전대이다. 물론 특별한 명령이 있다면 모르겠지만 공식 임무에 대테러와 관련된 사항은 없다.

오답분석

① SRU: Marine Corps Special Reconnaissance Unit의 약자로, 해병대 특수수색대이다. 이들은 해병대 수색대의 상륙작전을 통한 수색·정찰임무와는 달리 특수전을 염두에 두고 만들어졌다.

② · ③ 707, UDT에 대한 더 이상의 설명은 생략한다.

20 정답 ①

① 전략무기 또는 유도무기의 사용지침서 및 완전한 제원은 2급비밀이다.

우리가 헷갈리기 쉬운 것들을 좀 살펴보도록 하자.

- **1급비밀**: 전략무기 개발계획 또는 운용계획, 극히 보안이 필요한 특수공작계획, 비밀 군사동맹 추진계획 또는 비밀 군사동맹조약
- **2급비밀**: 전략무기 또는 유도무기의 사용지침서 및 완전한 제원, 특수공작계획 또는 보안이 필요한 특수작전계획, 비밀 군사외교활동, 암호화 프로그램이나 암호자재
- **3급비밀**: 전략무기 또는 유도무기 저장시설 또는 수송계획, 전산보호 프로그램과 음어자재

21 정답 ②

② 사법부는 법을 판단하는 곳이기 때문에 정보기구를 직접 통제하는 역할은 할 수 없다.

[오답분석]

① 행정부의 통제 수단으로는 대통령의 인사권, 조직체계변화, 행정명령권 등이 있다.
③ 입법부의 통제 수단으로는 예산편성과 국정감사, 인사청문회 등이 있다.
④ 언론의 통제 수단으로는 여론화가 있다.

22 정답 ①

시계열적으로 정보를 분류한다면 기본정보, 현용정보, 판단정보로 나눌 수 있으며, 이 중에서 징후경보는 현용정보에 속한다.

23 정답 ④

피그만 침공작전의 실패 원인은 집단사고, 즉 Group Thinking 이다. 집단사고는 응집력이 강한 조직원들이 갈등을 피하고 의견의 일치를 의식적·무의식적으로 독려하여 서로 비판적인 생각을 하지 않는 것을 뜻한다.

24 정답 ③

조직에 영향력이 있는 인물이 자신의 이익을 위해 정보우선순위를 결정하는 것을 Priority Creep, 즉 선취권 잠식이라고 하며 특별한 상황이 발생하여 정보생산의 우선순위가 달라지는 것을 AdHoc, 즉 임시 특별권이라고 한다. 따라서 둘은 다르다.

25 정답 ③

군령(軍令)권은 군 작전을 지휘하는 권한이다. 군정(軍政)권은 작전에 필요한 군수지원과 인력보충을 하는 권한이다. 이 두 가지 권한은 대통령에게 있으며 대통령은 이를 국방부장관에게 위임한다. 국방부장관은 이 두 가지 권한을 다시 위임하는데 군령권은 합참의장에게, 군정권은 각 군 참모총장에게 위임해서 실질적으로는 합참의장과 각 군 참모총장이 행사하게 된다. 따라서 ④의 육군참모총장은 군정권은 있지만 군령권은 없다.

빠른 정답

01	02	03	04	05	06	07	08	09	10
④	②	④	②	①	④	②	④	④	③
11	12	13	14	15	16	17	18	19	20
①	④	④	②	①	②	①	④	②	①
21	22	23	24	25					
③	④	②	③	②					

01　　　　　　　　　　　　　정답 ④

NATO는 북대서양조약기구로 미국 및 여러 유럽 국가들이 맺은 군사동맹이다.

> DNI는 PNIO 작성 권한도 있다.

02　　　　　　　　　　　　　정답 ②

출처를 숨기지 않고 일본이라고 밝혔기 때문에 백색선전이다.

오답분석

① 흑색선전: 출처를 속이는 것이다.
③ 회색선전: 출처를 불분명하게 만들어 누가 방송을 하는지 모르게 하는 것이다.
④ 영향공작: 상대국가가 모르게 상대국가의 정치, 경제, 사회에 영향을 끼치는 공작으로, 대게 정치공작에 속한다.

03　　　　　　　　　　　　　정답 ④

④ 혼수모어(混水摸魚): '흙탕물을 만들어 고기를 잡는다.'라는 뜻으로 혼전계에 속한다.

오답분석

공전계는 자신을 알고 적을 안 다음에 계책을 마련해 공격한다는 전략으로 다음 전략을 포함한다.

• 타초경사(打草驚蛇): 수풀을 쳐서 뱀을 놀라게 한다.
• 차시환혼(借屍還魂): 영혼이 시체를 빌어 부활하다.
• 금적금왕(擒賊擒王): 적의 우두머리를 잡는다.
• 조호리산(調虎離山): 호랑이를 달래 산에서 떠나게 한다.
• 욕금고종(欲擒故縱): 큰 것을 얻기 위해 작은 것을 풀어준다.
• 포전인옥(抛塼引玉): 돌을 던져 구슬을 얻다.

04　　　　　　　　　　　　　정답 ②

② 동양척식주식회사: 조선에 세워진 일본의 국책주식회사이다.

오답분석

① 남만주철도주식회사: 일명 만철이라고도 불렸는데, 이 조직의 조사부에서는 해외정보분석 보고서를 생산했으며 그 당시 세계적으로도 드물게 사상과 신분을 가리지 않고 수많은 지식인들을 채용하여 다각적인 시선에서 정보생산을 했던 곳이다.
③ 나가노 정보학교: 정보장교들을 교육하던 곳이다.
④ 내각조사실: CIRO라고도 불리며 현재도 수상 직속의 정보기관이다.

05　　　　　　　　　　　　　정답 ①

외교행낭 및 신서사 운영 지침 제6조에 따르면, ①의 군사비밀동맹 관련 비밀문건은 나등급에 해당한다.

> **외교행낭 및 신서사 운영 지침**
> 제6조(외교행낭의 등급 분류) ① 외교행낭은 내용물에 따라 다음 각 호의 3등급으로 분류한다.
> 　1. 가등급: 제23조 제2항 신서사 휴대문건에 준한 내용물 (1. 대통령 및 국무총리 외국 순방관련 자료, 자재 2. 통신보안 자재 3. 기타 장관이 국가보안에 필요하다고 인정하는 중요 비밀문건)

2. 나등급: 가등급을 제외한 비밀문건
3. 다등급: 일반 공문서 및 자료, 기타 물품

② 가등급에 해당하는 내용물은 「보안업무규정시행규칙」 제24조(비밀의 수발)에 따라 취급자의 직접 접촉에 의해 수발한다. 다만 직접 접촉으로 수발하지 못할 경우 특수 제작된 백을 이용하거나, 제13조 제1항 내지 제3항에 따라 보안조치를 강화하여 포장 후 수발한다.

③ 나, 다등급에 해당하는 내용물은 제13조(행낭 및 문서 포장 보안조치)에 따라 포장 처리하여 수발한다.

④ 본부 운영지원담당관과 재외공관장은 정기 행낭 발송 시 항공 운송장번호, 중량 및 수량과 행낭등급을 접수처 및 환적지 공관에 사전 공문으로 통보한다.

06

현재 한국의 방첩기관은 경찰(행정안전부), 해양경찰(해양수산부), 국가정보원, 안보지원사령부(국방부), 법무부, 관세청(기획재정부) 등 6개가 있다. 따라서 관세청이 속한 ④의 기획재정부가 정답이다.

07
정답 ②

[오답분석]

① 공공안전부: 중국의 공안, 치안, 대테러 정책과 정보수집, 출입국관리를 담당하는 기관

③ CCTV: 중국 대륙을 대표하는 국영 텔레비전 방송사

④ 중국방송신문총서: 실존하지 않는 거짓 보기

08
정답 ④

④ 1차 연평도 해전 당시 워치콘3을 발령했다.

09
정답 ④

④ 반대로 설명하고 있다. 글라스노스트가 개방이고 페레스트로이카가 개혁을 뜻한다.

옐친과 올리가르히

2007년 죽은 옐친은 소련 붕괴 후 러시아를 이끌었는데, 정책이 너무 형편없어서 그의 정책은 경제붕괴의 원인이 되었다. 또한 옐친은 올리가르히와 동맹을 맺고 정권 재창출에 혈안이 되어있었던 사람이다. 옐친 덕분에 러시아는 재벌의 손아귀에 놀아나게 되었으며 이후 푸틴도 재벌과 공생하게 되었다. 하지만 정작 본인은 늙어 죽을 때까지 러시아의 국부로부와 명예를 누리다가 죽었다.

10
정답 ③

러시아에서 FSB는 거의 KGB와 맞먹는 위상을 가지고 있다고 한다. 전용 감옥도 운용 중이고, 법원의 허가만 있으면 모든 도청도 가능하며 심지어 필요한 경우 해외공작까지도 한다. 게다가 FAPSI를 가지고 있으니 정보통신에서도 따라올 곳이 없다.

[오답분석]

① SVR: 러시아의 해외정보기관이고 온갖 비밀공작을 담당하면서 뱜펠부대 소속 자슬론을 운용하며 암살까지 하는 정보기관이지만 FSB에는 못 미친다고 한다.

② GRU: 러시아 유일의 군 정보기관이다. KGB는 해체되었지만 GRU는 살아남아서 아직도 해외비밀공작, 산업기술 탈취 등의 활동을 하고 있다.

④ FAPSI: 러시아 신호정보 수집기관이자 통신보안 책임기관이다.

11
정답 ①

쉬어갈 겸 웃으라고 만든 문제이다. 그냥 프렌체론이 DGSE에서 운용하는 신호정보수집 프로그램인 것을 외워두자.

12   정답 ④

GCHQ는 외교부 소속이다. 영국은 수상 직속의 정보기관이 없다. 외우자!

13   정답 ④

DGSI(국내안보총국)만 내무부 소속이고, 나머지는 모두 국방부 소속이다.

[오답분석]

① DPSD – 국방보안국
② DRM – 군사정보부
③ DGSE – 해외안보총국

> 프랑스는 특이하게도 해외정보기관이 국방부 산하에 있다. 그리고 프랑스의 정보기관 이름들은 주로 영어로 출제되니 외우자.

14   정답 ②

걸프전에서 프랑스는 종합적인 정보판단부터 적시성 있는 정보생산까지 그 어느 것 하나도 제대로 하지 못했다. 이에 군사정보분야를 통합해야 될 필요성을 느껴서 군 정보기관들과 DGSE의 국방부분을 통합해 만든 곳이 DRM이다.

15   정답 ①

① 셔먼 켄트는 환류를 이야기한 적이 없다.

16   정답 ②

② SD는 나치 정권 정보기관의 이름이다. 참고로 나치 최고의 군사정보 · 방첩 조직은 압베어(Abwehr)이다.

17   정답 ①

① 메스암페타민은 흥분제이다. 바르비탈류가 진정제이다.

18   정답 ④

④ 모사드와 신베트가 수상 직속이다. 아만은 군 정보기관으로 국방부 소속이다.

19   정답 ②

②『Strategic Intelligence for American World Policy』는 셔먼 켄트가 썼다.

20   정답 ①

정보수집, 정보분석, 비밀공작, 방첩활동이 4대 정보기능이다.

21   정답 ③

탈린 매뉴얼은 기본적으로 국가나 국제기구가 공인한 문서가 아니라 전문가들의 의견이 담긴 책이다. 탈린 매뉴얼 1.0은 '사이버전'에 적용 가능한 국제법에 대한 매뉴얼이고, 2.0은 '사이버작전'에 적용 가능한 국제법에 대한 매뉴얼이다. 따라서 1.0의 내용이 국가와 국가 사이의 사이버 전쟁에 한정되어 있다면, 2.0은 각종 사이버 범죄까지 포괄하고 있다.

22   정답 ④

④ 지식은 정보들이 모여서 만들어진 일반적인 법칙이나 사실이다. '정보'가 특정한 상황에서 의미를 가진다.

23

정답 ②

② 공개정보단은 국군정보사령부에 있다.

오답분석

모든 정부기관에서 방송, 출판, 외국정부 발표 등을 매일 살펴보면서 해당 부처에서 관심을 가져야 할 부분들에 대해 체크하므로 엄밀히 말해서 공개정보는 모든 정부기관에서 수집한다고 볼 수 있다.

24

정답 ③

③ 리병철은 노동당 정치국 상무위원이자 노동당 중앙군사위원회 부위원장이며 북한 인민군 상장이다.

25

정답 ②

② 부부간첩단 사건은 1997년에 일어났다.

DAY 05 모의고사

빠른 정답

01	02	03	04	05	06	07	08	09	10
③	③	③	①	②	①	②	④	③	③
11	12	13	14	15	16	17	18	19	20
④	③	②	④	④	③	①	④	①	④
21	22	23	24	25					
①	④	③	②	④					

01

정답 ③

국가정보학은 현재 활동하는 정보기관들과 그 활동들을 연구하는 학문이다. 당연히 학문 자체가 현실적일 수밖에 없으며, 구체적인 활동과 사실들을 연구하다보니 실용적인 면을 띠고 있다.

오답분석

① 법과 제도를 만드는 것은 국회의원이 하는 일이다.
② 정권의 안정은 정치인들의 권력을 위한다는 의미로, 말도 안 되는 것이다.
④ 비판을 반박하는 것이 아니라 비판이 합리적이냐 근거가 있나를 검증한다고 봐야 한다.

02

정답 ③

오답분석

① 레이어링: 잘못된 정보를 또 인용하고 그 방향으로 계속 분석해서 잘못된 정보를 계속 생성하는 것이다.
② 담합: 분석관들의 다양한 결론이 전부 반영되도록 끼워 넣는 형태이다.
④ 주석전쟁: 여러 가지 내용을 주석에다가 달아놔서 판단의 불명확성을 가져온다.

클라이언티즘(고객과신주의)
- 분석관이 특정 이슈에 과몰입해서 비판능력이 없어지는 것이다. 클라이언티즘은 레이어링이랑 매우 비슷하다.
- 과몰입해서 비판능력이 없어지는 것(클라이언티즘)과 과거의 잘못된 정보를 가지고 계속 분석하는 것(레이어링)은 대동소이한 것이 사실이다.
- 그런데 한 가지 확실한 것은 레이어링은 분석관은 멀쩡한데 잘못된 정보로 정보가 계속 생산이 된다는 것이고, 클라이언티즘은 분석관 자체가 정보가 잘못됐는데도 잘못된 건지 자각하지 못하고 어느 한 가지 입장을 고집한다는 것이다.

03 　　　　　　　　　　　　　　　　　 정답 ③

③ 진주만 기습: 이미 일본의 공습을 알고 있었지만 제시간에 정보가 배포되지 않아서 생긴 정보실패이다.

[오답분석]

① 피그만 침공: CIA 내부에서도 분명히 이것이 실패할 것이라 알고 있었지만 당시 분위기에 휩쓸려서 아무도 반대하지 못했고, 무리하게 작전을 진행하다가 생긴 참사이기 때문에 집단사고이다.

② 6·25 전쟁: 이미 예상하고 있었지만 정보가 제대로 배포되지 않아서 생긴 일이다.

④ 이라크 전쟁: 클라이언티즘(고객과신주의)도 되고 어떻게 보면 레이어링도 된다. 따라서 보기에 이라크 전쟁에 클라이언티즘이나 레이어링이 적혀 있으면 일단 다른 보기에 틀린 것이 있을 가능성이 높으니 유념하자. 만약, 혹시라도 나머지 보기도 다 확실히 맞다면 문제 낸 사람의 시각에 따라 클라이언티즘과 레이어링이 선택될 수 있는 상황이기 때문에 과감히 이라크 전쟁을 답으로 고르자.

04 　　　　　　　　　　　　　　　　　 정답 ①

예를 들어 설명하자. 정보관은 국가정보원 직원이고, 정보원은 국가정보원 직원이 포섭한 북한간첩이며, 협조자는 북한 외교관인데 자발적으로 국가정보원에 와서 정보를 넘기는 사람이다. 내간은 엄밀히 말해서 포섭한 사람이므로 정보원이

다. 관은 관리라고 생각하고 원은 정보의 원천소스라고 생각하면 쉽게 외워진다.

05 　　　　　　　　　　　　　　　　　 정답 ②

I는 Ideology, 즉 사상이다.

06 　　　　　　　　　　　　　　　　　 정답 ①

포틀랜드 스파이 링이란, 1950년대부터 1961년까지 영국에서 활동하던 소련의 첩보 네트워크망이다. 미국 CIA에 '스나이퍼'라는 코드명을 가진 첩보원이 영국에서 해군 관련 정보가 새고 있다는 첩보를 MI5에 알리면서 수사가 시작되었다. 해군에서 일하던 해리 휴턴이 그의 봉급보다 더 많은 지출을 한다는 사실을 알아챈 영국 당국이 해리 휴턴을 감시하였고, 이윽고 그가 고든 론즈데일이라는 사업가와 접촉하는 것을 목격하게 된다. 고든 론즈데일은 사업가로 위장한 소련의 정보관으로, 실제로는 소련 정보장교였다. 주크박스와 풍선껌 관련 기계를 만드는 사업가로 위장해 영국에서 활동하고 있었던 것이다. 이들은 모두 체포되었고, 이로 인해 소련은 영국에서 한동안 첩보망을 잃게 되었다.

[오답분석]

② 도널드 매클린: 케임브리지 스파이 링이다.

③ 권터 기욤: 동독 간첩으로 서독 빌리 브란트 수상의 비서로 일했다.

④ 레이바 돔: 소련의 GRU 소속 간첩으로 제2차 세계대전 당시 독일 군사비밀을 빼돌려 소련에 보고했다.

07 　　　　　　　　　　　　　　　　　 정답 ②

② 한국에는 아직 군사위성이 없다.

합성개구레이더

SAR이라는 장비이다. 전파를 특정 지역에 쏘고 나면 반사돼서 돌아오는 레이더를 컴퓨터로 영상화시킨다. 이 전파의 파장에 따라 지하까지 감시가 가능하며 건물에 아주 작은 창문이 있으면 레이더가 그 안으로 들어갈 수 있어서 광학영상으로 못 보는 것도 알 수 있다. 또한 합성개구레이더는 기상에 상관없이 사용이 가능하지만 영상 자체가 전문가가 아니면 볼 수가 없다는 점이 단점이다.

08 정답 ④

DIA, NRO, NSA, NGA, INSCOM, ONI, AFISR, MCIA, USSF 총 9개이다.

09 정답 ③

③ 안보지원사령부는 군의 방첩기관이다.

오답분석

나머지는 모두 정보수집 및 생산기관들이다.
① 777사령부: 신호정보 수집을 통한 정보생산을 한다.
② 국군정보사령부: 인간정보 및 공개정보 수집을 통한 정보생산을 한다.
④ 공군항공정보단: 위성영상 및 영상첩보들을 수집하여 정보생산을 한다.

10 정답 ③

예를 들어 원본비문을 21년 1월 1일에 생산했다고 가정하자. 보니까 이 비문은 한 2년 정도 필요할 것 같아서 보호기간을 22년 12월 31일까지로 설정했다. 보존기간은 비문생산 날짜가 속한 해의 그 다음 해부터 날짜가 시작되니 22년 1월 1일부터 보존기간이 시작된다. 그런데 보호기간이 22년 12월 31일이니까 만약 보존기간을 1년으로 잡으면 보호기간과 보존기간이 같아져 버린다. 이래서는 안 된다. 원본에 한하

여 비문은 반드시 문서보관소에 가야 하므로 보존기간이 보호기간보다 길어야 한다. 따라서 보존기간을 3년으로 잡아야 한다. "보존기간을 2년으로 하면 안 되나요?"라고 묻는다면, 안 된다. 규정에 1년, 3년, 5년 … 이렇게 명시되어 있으니까.

비문의 이관

보호기간이 끝난 문서는 이관대기문서로 분류해 관리하다가 비문이관 날짜가 되면 문서보관소로 보낸다. 이러면 하나의 비문이 끝나는 것이다. 이관된 비문은 보존기간이 끝나면 파기된다. 그럼 사본은 어떻게 할까? 보호기간이 끝나면 바로 파기하든가 재분류하면 된다. 비밀보관소에 보낼 필요가 없다.

11 정답 ④

④ 손타이 작전: 1970년 베트남에 있는 손타이 포로수용소에 미군을 구출하는 작전이었다. 그런데 막상 가보니 미군포로들을 이미 다른 곳으로 옮긴 것이다. 하지만 그 과정에서 베트남에 지원왔던 중국 군사고문들과 많은 월맹군을 사살하였고 무엇보다 사상자 없이 무사히 철수했다. 따라서 손타이 작전은 목적은 실패했지만 작전 자체는 성공적으로 완수한 드문 사례이다.

오답분석

① 이글클로 작전: 1980년에 이란의 폭동시위대에 포위된 미국 대사관 안에 있는 미국인 52명을 구출하는 작전이었지만 육해공이 서로 알력싸움을 하다가 실패한 작전이다. 잠깐 이야기하자면, 이 작전에 사용한 헬기는 특수작전용 헬기가 아니라 해군에서 쓰는 기뢰제거용 헬기였다. 작전에 참가한 델타포스에서 이 부분을 고쳐달라고 했지만 받아들여지지 않았고, 결국 작전 당일 헬기가 고장나 추락하면서 공중급유기와 충돌해 폭발하였다. 이렇게 이글클로 작전은 시작도 하기 전에 실패한 작전이 되고 말았다.
② 넵튠스피어 작전: 오사마 빈 라덴 암살작전으로, 성공한 작전이다.
③ 피그만 작전: 너무 유명한 실패 작전이라 자세한 설명은 생략한다.

12
정답 ③

③ 공전계는 적을 알고 나를 알아 계책을 세우는 방책이다.

13
정답 ②

② 서무가 아니라 사무이다.

14
정답 ④

④ 외국인을 상대로 긴급통신제한조치를 하면 법원이 아니라 대통령의 승인을 받아야 한다. 내국인을 상대로 긴급통신제한조치의 집행 후에는 법원의 허가를 받아야 한다.

15
정답 ④

이라크 전쟁은 표면상으로는 예방공격이다. 이라크에 대량살상무기가 있고 없고를 떠나서 일단 전쟁을 시작하게 된 배경은 '이라크에 대량살상무기들이 많으니 이라크가 미국을 당장 공격하지는 않지만 위협이 될 것이기에 미리 제거하자'는 것이기 때문이다. *전쟁이 끝나고 아무리 눈 씻고 찾아 봐도 대량살상무기가 없었다는 것은 덤.*

16
정답 ③

③ 영국의 대테러부대는 SAS이다. GSG-9는 독일이다.

17
정답 ①

국가정보기구는 국가수준의 정보활동을 한다. 미국의 CIA, FBI, NGA, NRO, NSA는 대통령이 직접 임명하는 기관이며 수행하는 업무들도 국가수준의 정보활동이다. DIA는 국방부 내의 정보기관이며 국방 관련 정보활동만 하므로 부문정보기관이다.

18
정답 ④

④ 재난신고는 119로 하자.

19
정답 ①

휴즈라이언법에 따르면, 대통령에게만 승인을 받으면 된다. 국회에는 나중에 이러이러한 비밀공작을 했다고 보고하면 된다.

20 정답 ④

역동성이 사라지고 전문성이 떨어지는 것은 통합형 정보기관의 특징이다.

> **정보기관의 분류**
> • 통합형 정보기관: KGB처럼 하나의 조직에서 방첩, 국내정보활동, 해외정보활동 등 여러 가지 임무를 수행하는 형태를 말한다.
> • 분리형 정보기관: CIA와 FBI처럼 해외정보활동, 국내정보활동 등 임무에 따라 분리시켜 임무를 하는 형태를 말한다.

21 정답 ①

① 울트라 작전: 영국의 독일 에니그마 암호해독 작전이다.

오답분석

② 피닉스 작전: 베트남 전쟁 당시 미군과 CIA가 펼친 대간첩작전이다.

③ 피그만 작전: 미국이 쿠바 망명자 1,500여 명을 동원하여 쿠바 카스트로를 몰아낼 계획이었지만, 100여 명이 사살당하고 1,000여 명 이상이 포로가 된 사상 최악의 공작실패 작전이다.

④ 솔레이마니 암살작전: 2020년 1월 3일 이란의 쿠드스군 사령관인 가셈 솔레이마니를 미군이 드론 공격으로 암살한 비밀공작이다. 이 작전을 위해 이스라엘의 모사드와 쿠르드족 첩보원까지 협력했다.

22 정답 ④

메차다는 모사드의 암살전문 특수공작부서이다. 암살 이외에도 사보타주 등의 준군사작전을 전문적으로 하는 곳으로, 특히 암살을 전문으로 하는 '키돈'이라는 부서가 있다.

23 정답 ③

이건 외우길 바란다. 참고로 국무원 소속에는 공공안전부, 신화사, 외교부도 있다.

24 정답 ②

영국의 합동정보위원회에서는 자체 첩보수집 활동을 할 수 없다. 정보기관들을 조정·통제하는 곳이다.

25 정답 ④

일본무역진흥공사는 일본의 독특한 정보체제로, 민관이 협동하면서 정보활동을 하는 좋은 예이다. 겉으로는 일본기업들이 해외에 진출하는 데 도움을 주는 일종의 공기업이지만 경제정보를 수집, 분석하는 일도 하고 있어 미국이 일본무역진흥공사에 대한 감시를 게을리 하지 않고 있는 것도 사실이다. 그러나 비상시면 몰라도 평상시에는 군사정보를 모으지 않는다.

빠른 정답

01	02	03	04	05	06	07	08	09	10
①	②	③	④	①	①	④	③	①	③
11	12	13	14	15	16	17	18	19	20
①	④	③	②	①	④	③	③	③	①
21	22	23	24	25					
④	②	③	③	①					

01
정답 ①

① 애초에 국제기구나 NGO에는 첩보수집 자산이 없다. 따라서 수집 및 분석업무를 할 수 없다.

21세기의 국가통제
정보화로 인해 전 세계가 이어지고, 지식이 넘쳐흐르고, 모든 상황이 실시간으로 공유되고 있지만 오히려 정부들은 이것을 국가인터넷망 차단(미얀마, 중국), 이메일이나 SNS 키워드 감시(미국 및 서방 국가들), 각종 인터넷 정책들 등으로 이용해 통제력을 강화하고 있다.

02
정답 ②

조지 길더는 마이크로코즘과 텔레코즘을 주장한 사회학자로, 21세기 인터넷 사상가 중 가장 영향력 있는 인물로 평가받고 있다. 그러나 환류에 대해 이야기한 적은 없다.

03
정답 ③

③ 공개출처정보는 인간정보, 기술정보와 함께 정보수집 최상위 분류 3가지 중 하나이다.

04
정답 ④

오답분석
① 베이지안기법이 CIA에서 만든 세계 최초의 확률분석기법이다.
② 정세전망기법은 Policon을 이용해 Faction을 개발한 기법이다.
③ 의사결정나무기법이 모든 대안을 트리 형태로 분류 후 도식화해 복잡한 문제를 일목요연하게 분석하는 데 사용된다.

05
정답 ①

국가정보원장은 정보소비자로 국가정보원에 정보를 요청할 수도 있고, 다른 정보소비자들을 위해 생산된 정보를 제공해주는 역할도 할 수 있다.

06
정답 ①

① PDB: 대통령 일일 브리핑으로 DNI가 작성한다.

오답분석
② DEIB: 일일 경제 정보요약
③ SIR: 특별정보보고
④ MI: 정보메모

07
정답 ④

④ NIE(국가정보판단서): 최소 1년의 작성기간이 필요한 미래예측보고서로 판단정보에 속한다.

오답분석
나머지 ① PDB(대통령 일일 브리핑), ② NID(국가 일일 정보), ③ MID(국방정보 요약) 등은 거의 매일 생산되는 현안에 관한 정보들(현용정보)이다.

08
정답 ③

③ 스페인이 아니라 프랑스의 비밀공작에 대한 설명이다.

09
정답 ①

① 프랑스 DGSI는 내무부 소속이다.

[오답분석]

나머지는 모두 수상 직속이다. ②의 FSB도 대통령 직속, ③의 정찰총국도 국무위원회(위원장 김정은) 직속, ④ 신베트도 대통령 직속이다.

북한 정찰총국의 특수성
정찰총국은 일단 인민군 소속의 군 조직이지만 국방위원회에서 김정은에게 직접 보고하고 명령을 받기 때문에 다른 군 기관들과는 지휘계통이 다르다.

10
정답 ③

③ 인원보안에 속하는 것은 비밀교육이 아니라 보안교육이다.

11
정답 ①

헤즈볼라는 레바논에서 2018년 정식 투표를 통해 총선에서 과반수 이상을 얻은 합법적인 정당이다.

[오답분석]

② 알샤바브, ③ 보코하람, ④ 알카에다는 정식 정당으로 인정받은 적이 없다.

12
정답 ④

해킹의 정의는 정당한 접근권한 없이 또는 허용된 접근권한을 초과하여 정보통신망에 침입하는 행위이다. 해킹에는 계정도용, 단순침입, 자료유출, 자료훼손이 해당한다. 사이버

범죄에는 그 외에 서비스 거부 공격, 악성프로그램, 기타 정보통신망 침해형 범죄가 있는데, ④의 바이러스 유포는 악성프로그램에 속한다. 경찰청 사이버 수사국 사이트에 가보면 자세히 설명되어 있다.

13
정답 ③

학교폭력 신고 전화번호는 117이며, 116은 세계시간 안내번호이다. 참고로 110은 정부민원안내 콜센터 번호이다.

14
정답 ②

전자서명 공인인증관리는 한국인터넷진흥원 산하 전자서명 인증관리센터에서 한다.

15
정답 ①

[오답분석]

② 스니핑: 패킷엿보기
③ 스머핑: DDos공격
④ 스미싱: SMS로 보낸 웹사이트를 클릭하면 설치되는 악성 코드를 통해 정보를 빼가는 수법

16
정답 ④

미사일기술 통제체제는 2000년이 아니라 2001년에 가입했다. ①에서 ④까지의 선지는 전부 다 외우자.

17
정답 ③

③ 충무계획은 총 3종이다.

안심Tou

18 정답 ③

대외정보조사부는 35호실로 현재 정찰총국 산하 5국이다. 원래 노동당 산하에 대외연락부와 통일전선부, 작전부, 35호실이 있었는데 작전부와 35호실은 정찰총국으로 넘어가 각각 1국, 5국이 되었다. 대외연락부는 현재 문화교류국으로 통일전선부 산하에 속한다.

19 정답 ③

③ 산업스파이로 국외유출 시 10년 이하 징역, 1억 원 이하 벌금형에 처한다.

20 정답 ①

① OICI: 에너지부 소속의 정보기관이다. 정보수집 기능은 없고, 핵과 에너지 관련 기술개발 및 연구를 하며 관련 정보를 다른 정보기관에 제공하는 것으로 알려져 있다.

21 정답 ④

②와 ④가 헷갈릴 수 있는 문제이다. ② 역시 정답이라기에는 모호하기 때문이다. 정보기관을 감시한다는 표현이 어떻게 해석되느냐에 따라 달라지긴 하지만 시민단체들이 국가정보기관의 불법적 활동을 감시하는 것처럼 국가정보학자들도 분명 간접적인 감시활동을 할 수 있다. 정보기관의 역사들을 연구하면서 자신들의 영역이 아님에도 계속 임무를 확대해 나가는 미션크립(가령 CIA는 과거 본인들의 주업무인 해외공작을 넘어서 몽구스 작전이라고 국내 자국민 상대로 공작활동을 펼치려 했다)이 일어나는 경우를 연구하여 국가정보기관의 현재 활동을 비교 · 감시할 수 있는 것이다.

하지만 ④는 아예 말이 안 된다. 정보기관에서 생산된 분석보고서는 기본적으로 외부로 유출이 되어서는 안 되는 비밀인 경우가 대부분이며, 이 보고서들은 민간에서 검수할 수 없다. 즉, 분석보고서는 조직 자체적으로 검토해서 생산된

다. 문제를 풀 때 확실히 틀린 것이 답이다. 애매한 것은 답이 되기 어렵다. 따라서 정답은 ④이다.

22 정답 ②

정보의 가치에는 적시성이 들어가지 않는다. 정보의 가치를 결정하는 요소는 비밀성, 단순성, 공통성, 연관성, 차별성 등이 있다.

• 비밀성: 사람들이 적게 알수록 가치가 높아진다.
• 단순성: 누구나 알 수 있도록 메시지가 단순해야 가치가 높아진다.
• 공통성: 상식에 맞을수록 가치가 높아진다.
• 연관성: 다른 정보들과 연관되면 더욱 가치가 높아진다.
• 차별성: 어디에도 없는 정보면 더 가치가 있다.

23 정답 ③

셔먼 켄트의 정보분석 9계명에 따르면, 열린 사고방식으로 다양한 관점을 받아들여야 하며, 필요에 따라 외부 전문가나 언론 등을 참고해야 한다.

24 정답 ③

③ 간첩파견은 인류 역사가 시작된 이래 늘 있어왔으므로 새로운 패러다임이라고 볼 수 없다.

[오답분석]

① · ② 사이버상의 테러로 새로운 패러다임이다.
④ 21세기 들어서 테러의 배후가 불분명하고 목표 또한 불분명한 무차별 테러가 계속 일어나고 있기 때문에 새로운 패러다임이라고 볼 수 있다.

25

① Vacuum Cleaner는 첩보수집에서의 이슈이다. 너무 많은 첩보를 진공청소기처럼 빨아들여서 걸러내는 것에 큰 노력이 필요하다는 것이다. 그리고 이와 비슷한 개념이 '밀과 겉겨의 문제'라고 한다.

오답분석

② Clientism: 일명 '고객과신주의'로 분석관이 특정 대상이나 주제를 너무 오래 접하다 보니 그것에 대해 다른 생각을 하지 못하는 현상을 말한다.

③ Mirror Image: 분석관이 분석대상을 자신의 시각으로 바라보는 것을 말한다. 가령, '장마당(북한식 시장 경제)'을 떠올리며 북한 주민들이 사유재산의 개념과 자본주의에 대해 잘 알고 있으리라 생각하지만 그것은 한국인의 편견에 불과하다. 북한 주민들은 평생을 공산주의 체제에서 살았기 때문에 북한 주민의 경제 개념은 그 전제부터 한국인들과 다르다.

④ Layering: 계층화는 과거의 잘못된 정보를 전제로 다시 정보를 만들어 내는 것을 말한다. 미국 정보기관들은 이라크 전쟁 전에 반(反)후세인 세력이 넘긴 거짓 첩보들을 이용해서 후세인이 대량살상무기를 가지고 있다는 잘못된 정보를 만들었는데, 이것이 대표적인 예이다.

DAY 07 모의고사

빠른 정답

01	02	03	04	05	06	07	08	09	10
②	④	③	③	①	④	②	②	①	④
11	12	13	14	15	16	17	18	19	20
④	①	④	②	①	③	②	①	③	②
21	22	23	24	25					
②	②	③	②	①					

01

국가안보에는 군사안보, 경제안보, 사회안보, 생태안보, 사이버안보가 있다. 여기서 사회안보와 생태안보의 구분이 가끔 헷갈릴 때가 있는데 환경에 관한 이야기가 나오면 생태안보이고, 치안에 관한 이야기가 나오면 사회안보라고 알아두자.

02

클라우제비츠는 "정보는 적군 및 적국에 대한 지식 전부이며 아군 계획의 기초"라고 말했다. 군사적 입장에서 말한 것이다. "정보는 잠재적 위협으로부터 국가안보이익에 대한 위협에 대처하는 정부정책 시행 및 입안에 관한 지식"은 아브람 슐스키의 말이다.

03

③ 한국, 일본, 독일과 같은 군사동맹국도 감시했다.

에셜론 프로젝트 가입국
에셜론 프로젝트의 3차 가입국에 NATO 가입국 및 한국, 일본, 터키 등이 있지만 에셜론 정보에 제한적인 접근만 가능하다. 2차 가입국은 호주, 뉴질랜드, 캐나다이며 2차 가입국까

04
정답 ③

③ 통제효용: 모든 사람에게 정보가 제공되어야 하는 게 아니라 필요한 사람들에게만 제공되어야 한다는 의미이다.

05
정답 ①

테란과 저그의 싸움으로 예를 들어 설명하자면, 테란 입장에서 현재 저그가 전 우주에 어디에 얼마나 있고 그에 따라 테란이 얼마나 피해를 입는지 아는 것이 '전략정보'이며 그에 따라 저그의 멸종을 목표로 삼는 것이 '전략'이다. 이 전략을 위해 각 행성에 있는 저그들의 분포와 테란의 병력, 전황 등을 아는 것이 '작전정보'이며 그 정보에 따라 어디 행성에서는 대치만 하고 어디 행성에서는 저그를 섬멸하겠 다는 것이 '작전'이다. 그리고 그 실행을 위해 특정 행성에는 저글링만 많고 한곳에 몰려 있으며 그 저글링이 파이어벳에게 약하다는 것을 아는 것이 '전술정보'이며 이를 근거로 "앞에 파이어벳과 메딕을 배치해서 밀고 나가자."가 전술이다. 실제 전장에 나가서 도로폭이 약 20m이며 아스팔트가 잘 깔려 있어서 이동하기도 좋으며 양쪽이 절벽이라 저글링은 앞에서만 온다는 것이 '전투정보'이며 이를 근거로 파이어벳 7명, 메딕 7명을 2열 횡대로 배치해서 싸우는 것이 '전투'이다. 전략은 가장 큰 목표이며, 작전은 전구에서 전략을 달성하기 위한 수행방안이다. 전술은 작전을 성공시키기 위해 특정 지역에서 사용하는 계략이며, 전투는 전술을 실제로 행동에 옮기는 것이다. 이렇게 생각하면 전략정보, 작전정보, 전술정보, 전투정보가 이해가 될 것이다.

06
정답 ④

첩보원에게 전화를 걸거나 직접 만나면 바로 첩보수집이 가능하므로 급한 첩보요구에는 인간정보를 많이 쓴다. 일견 "위성이나 정찰기를 날려서 바로 사진을 찍으면 되니까 영상정보가 더 빠른 첩보획득 수단이 아니냐?" 하고 물을 수도 있다. 하지만 위성은 공전주기가 있고 정찰기는 이륙해서 사진을 찍는 데까지 시간이 걸리기 때문에 대체로 인간정보가 신속성이 좋다고 평가되는 것이다. 물론 인간정보를 쓰려고 했더니 첩보원이 연락이 안 되거나, 첩보원이 정보를 캐는 데 시간이 더 걸린다는 것과 같은 특정상황은 배제한 판단이다.

07
정답 ②

② 가설을 상정해 첩보수집 후 비교·분석해서 핵심을 도출하는 것이 핵심판단기법이다.

[오답분석]
① 행렬분석기법은 여러 대안이 있을 때 우선순위 부여를 위해 여러 항목에 점수를 부여하는 것이다.
③ 헷갈릴 수 있는 부분인데 가설을 매트릭스, 즉 행렬표를 이용해 동시에 비교·분석한다는 내용이 있어야 경쟁가설기법이다.
④ 인과고리기법은 'Casual Looping Diagram'이라는 이름 그대로 복잡하고 복합적인 현상을 도표로 그려서 인과관계를 시각적으로 만드는 분석방법이다.

08
정답 ②

③ 한국의 777은 SIGINT 즉, 도청·감청 활동을 한다. 중국의 통신부에서도 이와 유사한 활동을 하고 있다.

09 　　　　　　　　　　　정답 ①

욤 키푸르 전쟁의 정보실패는 모사드가 전쟁 징후를 파악하고 보고했으나 군에서는 그 정보를 과소평가하고 무시하여 생겼다. 따라서 ④의 정보기관 사이의 알력이 정보실패의 원인이다.

> 여담으로, 군에서 모사드의 정보를 무시한 이유가 이집트에서 오랫동안 일부러 *전쟁드립을 날리고도* 아무런 행동을 하지 않았기 때문이다. 이스라엘은 처음에 매우 위축되었지만 이집트가 전쟁한다고 말만 하고 아무런 군사적 행동을 하지 않는 모습이 반복되니 만성화가 되어 버린 것이다. 결국 이집트와 시리아의 기습으로 전쟁 초반 이스라엘은 탱크 60%, 전투기 10%를 잃는 큰 피해를 당하게 되었다. 물론 나중에는 이스라엘이 반격하여 이집트와 시리아를 몰아내는 데 성공했지만 한 번의 정보실패가 국가에 어마어마한 피해를 가져올 수 있다는 것을 보여준 좋은 예라고 할 수 있다.

10 　　　　　　　　　　　정답 ④

④ 중장기적인 전력 정비 및 운영 · 유지 계획은 Ⅱ급비밀이다.

11 　　　　　　　　　　　정답 ④

[오답분석]

① 브러쉬 패스: 스치면서 주고받는 수법이다.

② 데드 드롭: 직접 만나지 않고 특정 장소에 물건을 놔두고 나중에 거기서 다른 사람이 물건을 찾아가는 수법이다. 드보크와 약간 다른 점이 드보크는 비밀공작을 하기 위한 무기나 장치, 연락수단 등 실제 작전에 사용되는 것들을 보관하는 장소인 반면, 데드 드롭은 빼돌린 첩보나 물건 등을 정보관이나 다른 스파이에게 전달할 때 쓰는 임시보관소이다.

③ 카포크: 해군 구명조끼 이름이다.

12 　　　　　　　　　　　정답 ①

① 미래예측은 정책 선택에서의 정보 역할이다.

13 　　　　　　　　　　　정답 ④

외워두자! 문제에서 설명하고 있는 사례는 경제공작이다.

14 　　　　　　　　　　　정답 ②

② 처치위원회: 워터게이트 사건의 조사를 위해 만든 위원회이다.

[오답분석]

미국은 1985년에 니카라과에 사회주의 정권이 들어선 것을 걱정하며 니카라과 반군이었던 콘트라에 자금을 지원했다. 이 자금은 당시 미국이 이란에 무기를 팔아 마련한 돈으로, 이 모든 거래를 CIA에서 실행했다. 하지만 이 '이란-콘트라 스캔들'이 언론에 보도되었고, 여론의 비난에 직면한 당시 레이건 정부는 타워위원회를 구성해서 이 사건의 진상을 조사하게 되었다.

15 　　　　　　　　　　　정답 ①

① 외교상 기밀 누설은 5년 이하 징역, 1천만 원 이하 벌금이다.

> **간첩의 처벌**
> 형법상 간첩과 군형법상 간첩의 처벌이 다른데, 형법상 간첩은 사형, 무기 또는 7년 이상 징역인데 반해 군형법상 간첩은 사형이다.

16 　　　　　　　　　　　정답 ③

③ 적절성은 정보분석 요건에 들어가지 않는다.

17

② 황금의 초승달지대는 이란, 아프가니스탄, 북부 파키스탄에 걸친 지대를 말한다. 따라서 인도가 아니라 이란이다. 나머지 세계 마약 주요산지도 외우자!

18

- 양적분석기법: 말 그대로 데이터가 양적으로 많이 있어야 한다. 그 데이터에 특정 패턴이나 수학적 알고리즘을 대입해 '앞으로 이렇게 될 거 같아요.'라고 추측하는 방식이다. 따라서 분석자의 주관적 견해가 개입될 가능성이 낮으므로 객관적이긴 하지만 모든 변수를 감안할 수 없으니 예측이 불확실한 것도 사실이다.
- 질적분석기법: 데이터가 적을 때, 즉 부족한 첩보를 분석관의 논리와 판단으로 메꿔서 예측하는 방식이다. '이러이러한 첩보가 들어왔는데, 분석관인 제가 보기에 이러이러한 논리로 앞으로 이럴 것 같아요.'라고 판단하는 것이다. 따라서 분석자의 실력에 따라 매우 정확한 예측도 가능하지만 반대로 주관적(뇌피셜)이라는 단점도 가진다. 현장에서는 대부분 질적분석기법을 사용한다. 첩보획득이 그만큼 어렵기 때문이다.

19

오답분석

①의 징고이즘, ②의 쇼비니즘은 배타적인 애국주의이며 타집단에 대한 분노와 공격이다. ④의 아나키즘은 무정부주의이다.

20

② 국가 주요행사 대테러안전대책 수립은 대테러센터의 임무이다.

21

제2종 전략물자에 대한 수출허가가 필요없는 나라는 4대 국제수출통제체제에 모두 가입된 나라들이며 '가' 지역이라고도 한다. ②의 멕시코는 이곳에 포함되어 있지 않다.

22

셔먼 켄트의 정보분석 과정은 총 6단계로, '문제제기 – 가설설정 – 첩보수집 – 가설평가 – 가설선택 – 모니터링'이다.

23

③ 준군사공작에 정규군은 투입되지 않는다.

준공사공작

엄밀히 말해서 준군사공작이란 것은 정의를 내리기 어려운 것이 사실이다. 상대국 반군이나 무장집단 등을 이용해서 공격을 한다는데 암살공작은 버젓이 자국의 공작원들이 가서 실행하는 경우도 있고, 자국민을 구출할 때 군사력인 특수부대를 투입시키는 것도 준군사활동에 포함된다. 따라서 준군사활동을 정의 내리자면 '정보기관이 주도하여 목표에 직·간접적으로 물리적 폭력을 행사하는 비밀공작'이라고 할 수 있을 것이다. 이것은 필자의 의견이다.

24

② 사간원이 아니라 비변사이다.

비변사

조선 후기에 비변사가 당파의 정쟁 도구로 변질되어 흥선대원군이 비변사를 폐지하기 전까지 비변사는 조선의 안보에 큰 역할을 하였다. 하지만 이를 잘 이용하지 못한 조선 정치인들 때문에 조선은 전화에 휩싸이게 된다. 선조는 세종 이후 200년 만에 일본 내부 정보를 수집하기 위해 사신을 파견하였다. 그런데 서인 출신의 정사 황윤길은 도요토미 히데요시가 전쟁을 준비해온 것이 확실하다고 하였지만 동인 출신의 부사 김성일은 정치적 욕심으로 전쟁 조짐이 없다는 거짓 활동보고를 하였다. 결국 선조는 부사의 의견을 채택하였고, 조선은 거의 무방비 상태에서 임진왜란을 당하였다.

25
정답 ①

이단은 이스라엘의 무인정찰기인 헤론을 개량한 고고도 무인정찰기의 이름이다. 이단은 아직 한국에 들어오지 않았다.

오답분석

② 글로벌호크, ③ 아리랑3A, ④ RF-16 모두 현재 한국에서 보유하고 있는 수집자산들이다.

빠른 정답

01	02	03	04	05	06	07	08	09	10
②	④	③	②	③	②	③	④	①	④
11	12	13	14	15	16	17	18	19	20
④	①	①	③	③	②	④	②	①	④
21	22	23	24	25					
③	④	④	②	④					

01
정답 ②

② 구두가 아니라 서면으로 승인을 받아야 한다.

02
정답 ④

④ 한국은 베른협약이 정하는 바에 따라 '무방식주의'를 택하고 있다. 무방식주의는 창작을 하는 순간 따로 등록할 필요 없이 저작권이 생긴다는 입장이다. 반면, 방식주의는 따로 국가에 등록을 해야 저작권을 인정받을 수 있다는 입장이다.

03
정답 ③

③ 라합은 독일의 사이버 정보수집 프로그램인 반면, 나머지는 모두 이스라엘에 관련된 개념들이다.

오답분석

① 라캄: 이스라엘 국방부 소속 정보기관인데 군사기술을 모은다.
② 아만: 이스라엘의 국방부 소속 정보기관이다.
④ 조너선 폴라드: 유대계 미국인으로, 비밀을 이스라엘에 빼돌리다가 들통나서 라캄 해체의 배경이 된 인물이다.

04   정답 ②

제2차 세계대전 정보협력국은 COI(Office of the Coordi-nator of Information)이며, 이들이 나중에 OSS(Ofice of Strategic Services)와 OWI(Office of War Information)로 나뉜다. OSS의 조사 · 분석 기능이 지금의 INR이 되었으며, 나머지 OSS는 CIA가 되었다. OWI는 공보부가 되었다.

05   정답 ③

③ 삐에르 샬르 빠데의 사례는 정치공작에 속한다.

오답분석

① · ② · ④ 선전공작에 속한다.

06   정답 ②

셔먼 켄트는 "정보는 지식, 조직, 활동"이라고 말했다. "모든 정보는 첩보이지만 모든 첩보가 정보는 아니다."는 마크 로웬탈이 한 말이다.

각 학자의 정보에 대한 정의는 모두 외우자.

07   정답 ③

수단은 2020년 12월 14일 테러지원국에서 해제되었다. 남은 국가는 이란, 북한, 시리아 3개 국가뿐이다.

08   정답 ④

④ UN의 마약청정국 기준은 10만 명당 마약사범 20명 미만이다. 외우자!

09   정답 ①

① KGB는 옐친이 아니라 고르바초프에 대해 쿠테타를 일으켰다가 실패했다.

10   정답 ④

④ 공공안전부가 공안이며 주로 치안을 담당한다.

11   정답 ④

④ CIRO: 일본의 내각정보조사실이다. 일본 위성의 대부분은 내각정보조사실에서 운용 중이며, 자위대에서도 첩보 위성을 운용 중이다.

오답분석

① MSS: 중국의 국가안전부
② DIH: 일본의 정보본부
③ PSIA: 일본의 공안조사청

12   정답 ①

러시아 특수부대는 스페츠나츠라고 부른다. 스페츠나츠는 종류가 많은데 그중에서 FSB 소속이 알파와 빔펠이고, SVR 소속이 자슬론이다. 비챠스와 오몬은 내무부 소속이다.

13   정답 ①

SOCA는 중대범죄수사청으로 NCS(국가범죄수사대)와 NCIS(국립범죄정보처)가 합쳐져서 만들어진 기관이며, SOCA가 확대 · 개편되면서 NCA(국립범죄청)가 되었다.

14
정답 ③

③ 독일의 연방정보부인 BND에서 신호정보를 수집 중이다.

[오답분석]

① Bfv: 독일의 국내방첩기관으로 각 주마다 독립적으로 활동한다.

② MAD: 독일의 군 정보기관이다.

④ BKA: 연방범죄수사청으로 독일의 사법경찰기관이며 내무부 소속이다. 주로 국제조직범죄 및 테러리즘과 같은 국가안보에 관련된 사안들을 수사한다.

15
정답 ③

③ 프랑스의 해외정보기관인 DGSE는 국방부 소속이다.

[오답분석]

① BND: 독일 해외정보기관으로 총리 직속 기관이다.

② NIS: 한국의 국가정보기관으로 대통령 직속 기관이다.

④ SVR: 러시아의 해외정보기관으로 대통령 직속 기관이다.

16
정답 ②

제2차 세계대전 때 자유 프랑스군은 중앙정보행동국(BCRA)을 창설했다. BCRA는 1943년 11월부터 알제리 영토에서 활동하면서 특수전력총국(DGSS)으로 개칭됐다. 그리고 1944년 11월 6일 레지스탕스 운동의 첩보망이 DGSS에 속하게 되면서 연구조사국(DGER)으로 통합하였다. 전후 1946년 총리 직속의 방첩외국정보국(SDECE)이 편성되면서, 제1차 인도차이나 전쟁에서 인도차이나, 라오스 및 베트남 영내에서의 특수 작전에도 적극적으로 참가했다. 1962년 샤를 드 골은 SDECE를 국방부 산하에 두어 그 임무를 군사 영역으로 한정했고, 이후 1982년 4월 4일 사회당 정권에 의한 개혁으로 SDECE를 현재의 대외안보총국(DGSE)으로 개칭했다.

17
정답 ④

가셈 솔레이마니는 이란 혁명수비대 소장이었는데 이 사람이 이라크 민병대와 짜고 미군 및 미 대사관에 대한 공격을 주도하다가 결국 미국으로부터 암살당했다. 이때 미국에 정보를 제공한 기관이 바로 모사드이다. 타국의 군 장성에 대한 미국의 암살작전은 제2차 세계대전 당시 일본 해군 야마모토 이소로쿠 제독 암살작전 이후 처음이었다.

18
정답 ②

② 외국 정부나 국제기구로부터 접수된 비밀 중 예고문이 '없거나' 기재된 예고문이 비밀 관리에 적당하지 아니하다고 인정되는 경우에 비밀의 재분류를 할 수 있다. 예고문이 있고 그게 적절하다면 그 생산기관이 필요로 하는 정도로 보호할 수 있도록 분류해야 한다.

19
정답 ①

기본문제 중 하나이다. 반드시 외워두자! 셔먼 켄트가 이야기한 시계열에 따른 정보분류는 3가지로 기본정보, 현용정보, 판단정보가 있다. 셔먼 켄트는 예측정보를 언급한 적이 없다. 참고로 케빈 스택이 언급한 것으로 기본정보, 현용정보, 전략경보정보, 예측정보로 분류하였다.

20
정답 ④

④ 한국광복군에 대한 옳은 설명이지만 한국광복군은 1940년대 조직이다.

한국광복군의 진공작전
당시 실제로 한국광복군이 진공작전(1945)에 참여했으면 한국이 승전국이 되었을 것이라는 추측도 있지만, 이는 사실상 불가능하다. 한국광복군의 병력은 350여 명으로 병력이 너무 적었다. 폴란드가 연합군 측에서 60만여 명을 투입해서 싸웠어도 승전국 지위를 받지 못했다는 것을 보면 알 수 있는 상황이다.

21

③ 여당의 정권연장을 위해서 비밀공작을 하는 것은 절대 해서는 안 되는 일이다.

22

정답 ④

지진파 측정과 관련된 정보는 계측정보, 즉 MASINT이다.

23

정답 ④

국가안보를 위한 통신제한조치는 4개월을 기본으로 다시 4개월을 연장해서 최대 8개월까지 가능하다. 범죄수사를 위한 통신제한조치는 2개월을 기본으로 다시 2개월을 연장해서 최대 4개월까지 가능하다. 따라서 8×4=32이다.

24

정답 ②

② 사이버테러방지법은 아직도 만들어지지 않았다.

25

정답 ④

④ 자가복제 프로그램은 웜이다.

DAY 09 모의고사

빠른 정답

01	02	03	04	05	06	07	08	09	10
③	③	①	①	④	②	③	①	④	②
11	12	13	14	15	16	17	18	19	20
④	④	②	②	④	④	①	②	②	②
21	22	23	24	25					
①	③	②	③	③					

01

정답 ③

③ 현재도 정보기관에서 대부분의 자료를 공개하지 않는다. 자료의 공개는 개별적으로 그 중요도 및 국가안보에 미치는 파급효과가 각기 다른 것은 물론이고, 공개되면 국가안보에 문제가 생기는 자료는 당연히 비공개이거나 비밀로 취급한다.

02

정답 ③

③ 중국은 2019년까지 북한에 무상으로 410억 원 상당의 무상원조를 했다.

03

정답 ①

① 정권유지는 여당을 도와주는, 즉 특정 정치세력을 도와주는 행위로, 정보기관이 해서는 안 되는 일이다.

오답분석

④ 정보기관의 주 업무인 비밀공작은 그 자체가 정책집행이므로 정책집행은 정보기관의 역할이 맞다.

04

① 예측정보는 리첼슨이 이야기했다. 리첼슨은 정보를 정치, 경제, 군사, 사회, 과학기술로 나누었다.

05

「보안업무규정」 제24조 제2항을 보면, 비밀취급 인가가 나지 않은 사람도 소속 국방부 직할부대 및 기관의 장이 미리 열람자의 인적사항과 열람하려는 비밀 내용 등을 확인하고 열람 시 비밀 보호에 필요한 자체 보안대책을 마련하는 등의 보안조치를 하면 열람이 가능하다. 나머지도 전부 「보안업무규정」에 명시되어 있다.

[오답분석]

① 특히 비밀문서 접수와 발송 시 모든 비밀은 접수증을 사용하도록 명시(제17조 제3항)하고 있다.
② 제11조 제2항
③ 제15조 제3항

06

② 지도의 비밀표시는 좌우측이 아니라 중앙에 해야 한다.

07

③ '비문'이란 등급은 없다.

08

마크 로웬탈은 폭력수준이 낮은 것부터 선전공작, 정치공작, 경제공작, 전복공작, 준군사공작으로 분류했다. 역용, 노획, 침투공작은 로웬탈이 이야기한 적이 없으므로 문제의 선지에서는 선전공작의 폭력수준이 가장 높다고 봐야 한다.

09

④ 희토류 수출 제재는 경제정책의 일환이지 비밀스러운 공작이 아니다.

> 경제공작은 대상국의 경제정책을 자국에 유리하도록 영향을 끼치는 공작활동이므로 21세기에 들어서는 산업정보활동이 경제공작이라고 봐도 무방하다.

10

정책결정자들의 이익은 비밀공작과 아무 상관이 없다. 오히려 비밀공작이 실제로 정책결정자들의 이익에 부합하는 일이 벌어진다면 그 정책결정자들은 죽어 마땅하다. 또한 비밀공작 자체가 특정 목적을 염두에 둔 국가활동이기 때문에 비밀공작은 정책이며 그 실행은 정책집행이다. 마지막으로 비밀공작이 합법인 이유는 과정이나 결과가 어찌됐든 비밀공작은 공식적으로 대통령이 승인한 정책이기 때문에 법적으로 정당한 것이다.

11

④ 몽골에 대한 이간질은 적을 도우려는 세력들과 멀어지게 만드는 것이므로 벌교에 해당한다.

[오답분석]

① 1979년부터 1989년까지 소련은 아프가니스탄에 친소정권의 유지를 위해 무자헤딘과 전쟁을 했는데 이는 '벌병'에 해당한다. 하지만 벌병은 하지 못하고 소련은 패배하게 되고, 결국 그 여파로 소련은 붕괴하게 된다.
② 토산건설 작전은 당 태종이 안시성의 성벽보다 더 높은 토성을 쌓아 그 토성을 발판으로 안시성을 공략하고자 했던 계획이다. 이는 성을 공격하는 것으로 '공성'에 해당한다. 참고로 토산이 건설하다가 무너져서 작전은 실패했다.
③ 거너사이드 작전은 나치가 핵을 만들기 전에 계획을 분쇄시키는 작전이므로 '벌모'에 해당한다.

12
정답 ④

④ Persona Non Grata는 스페인어가 아니라 라틴어이다.

13
정답 ②

안보수사는 한 번에 4개월씩 한 번 더 연장이 가능해서 최대 8개월, 범죄수사도 한 번에 2개월이라 역시 연장하면 최대 4개월이다.

14
정답 ②

② 무함마드 깐수의 본명은 정수일이다.

> **무함마드 깐수(Muhammad Kansu)**
> 한국에 얼마 없는 중동 지역 역사 및 문화학의 권위자이다. 과거 신분을 숨기고 아랍인 '무함마드 깐수(Muhammad Kansu)' 라는 이름으로 위장하여 국내에 입국하였다. 이슬람 문화에 대한 박식함과 유창한 아랍어로 국내 대학교에서 박사 학위를 취득하고 교수로 재직했으나, 1996년 국가안전기획부 조사 도중 북한의 간첩이라는 사실이 드러나 체포되었다. 이후 당국에 전향서를 내고 간첩죄로 복역하였으나, 얼마 지나지 않아 학술적 성과와 간첩행위에 적극적으로 협조하지 않았다는 점 등이 인정되어 2000년 특별사면되었다. 2004년 복권된 이후 본명인 정수일로 왕성한 연구 활동을 하고 있다.

15
정답 ④

④ 적국을 위해 간첩 활동을 한 외국인도 간첩죄에 해당한다.

16
정답 ④

「산업기술보호법」 제2조를 통해 '산업기술'에 해당하는 기술을 알 수 있다.
- 「산업기술보호법」 제9조에 따라 고시된 국가핵심기술

- 「산업발전법」 제5조에 따라 고시된 첨단기술의 범위에 속하는 기술
- 「산업기술혁신 촉진법」 제15조의2에 따라 인증된 신기술
- 「전력기술관리법」 제6조의2에 따라 지정·고시된 새로운 전력기술
- 「환경기술 및 환경산업 지원법」 제7조에 따라 인증된 신기술
- 「건설기술 진흥법」 제14조에 따라 지정·고시된 새로운 건설기술
- 「보건의료기술 진흥법」 제8조에 따라 인증된 보건신기술
- 「뿌리산업 진흥과 첨단화에 관한 법률」 제14조에 따라 지정된 핵심 뿌리기술
- 그 밖의 법률 또는 해당 법률에서 위임한 명령에 따라 지정·고시·공고·인증하는 기술 중 산업통상자원부장관이 관보에 고시하는 기술

17
정답 ①

9·11 테러 이후 미국의 안보정책은 확연히 바뀌었는데, 그 일환으로 DCI가 DNI(국가정보국)로 바뀌었다.

오답분석
② ODNI는 DNI 소속 부서이다.
③ DIA는 미국의 군 정보기관이다.
④ DEA는 미국 법무부의 마약단속국이다.

18
정답 ②

오답분석
① 모사드, ③ CIA, ④ MI6의 모토이다.

19
정답 ②

오답분석
① 리마 증후군: 테러범들이 인질들한테 동화되는 현상
③ 스톡홀름 증후군: 인질들이 테러범들에게 동화되는 현상

④ 예루살렘 증후군: 예루살렘을 방문한 후 종교를 소재로 한 정신병적 체험이 나타나는 현상

20
정답 ②

국제범죄정보센터(1994) – 산업기밀보호센터(2003) – 국가 사이버안전센터(2004) – 테러정보통합센터(2005)

21
정답 ①

미국 정보공동체는 총 18개로 다음과 같다.
- 독립기관 – ODNI, CIA
- 국무부 소속 – INR
- 법무부 소속 – FBI, DEA
- 에너지부 소속 – OICI
- 국방부 소속 – DIA, NGA, NRO, NSA, MCIA, ONI, AFISR, INSCOM, USSF
- 재무부 소속 – TFI(이 안에 OIA가 있다. 문제로 나온다면 둘 중 하나가 나오므로 둘 다 외워두자.)
- 국토안보부 소속 – CGI, I&A

> NCTC(국가대테러센터), NCSC(국가방첩보안센터), NCPC(국가반확산센터), CTIIC(사이버위협정보통합센터), NIC(국가정보위원회)는 모두 ODNI 소속이다. 특히 대통령이 주제하는 NSC(국가안보회의)와 NIC는 다르니 알아두자.

22
정답 ③

사이버 테러형 범죄에는 해킹, 서비스 거부 공격, 바이러스 제작, 악성프로그램, 메일폭탄 등이 있다.

23
정답 ②

② 하마스는 팔레스타인 테러조직이다. 하지만 테러조직이라고 하기에 어려운 점이 있다. 하마스는 선거로 의회에 입성한 팔레스타인 공식 정당 중 하나이며, 러시아나 중국 등은 공식적으로 하마스를 테러조직이 아니라 정당으로 대하고 있기 때문이다. 미국 및 유럽에서는 하마스가 당연히 테러조직이다.

24
정답 ③

제한지역, 제한구역, 통제구역 이 3가지만이 물리적 보안의 기준이다.

25
정답 ③

③ ISIS는 모사드의 다른 이름이다. 이스라엘의 신호정보는 AMAN에서 담당한다.

빠른 정답

01	02	03	04	05	06	07	08	09	10
②	④	③	①	③	①	④	④	③	①
11	12	13	14	15	16	17	18	19	20
②	③	②	③	④	①	③	④	①	③
21	22	23	24	25					
①	③	①	③	④					

01 정답 ②

비밀공작 중에는 여전히 불법적인 것들도 있고 합법적인 것들도 있다. 그런데 이 모든 것을 합법으로 만든다는 것은 각각의 비밀공작이 어떠한지 살펴보지 않고 일률적으로 어떤 비밀공작이든지 합법적으로 만든다는 것이므로 잘못된 것이다. 가령 여당의 권력 확보를 위해 하는 비밀공작도 법적 정당성을 주어야 하는가?

02 정답 ④

"정보는 지식이며 조직이며 활동이다." 셔먼 켄트가 정의한 정보의 요건이다.

03 정답 ③

③ 첩보의 질적 요건이 아니라 정보(Intelligence)의 질적 요건을 설명하고 있다.

오답분석

④ SAR영상이나 MASINT 같은 경우 그냥 봐서는 이게 무엇을 뜻하는지 알 수가 없기 때문에 반드시 처리과정이 필요한 첩보들이 있다.

04 정답 ①

정보와 정책은 서로 상호보완적 관계이지 경쟁관계가 아니다. 질 좋은 정보로 국가안보에 도움이 되는 정책을 만들 수 있도록 도와주는 것이다. 하지만 정보는 정책에 관여해서는 안 된다. 정책에 관여하는 순간 정보기관의 중립성이 사라지며 권력집중화가 심해지기 때문이다. 정보는 좋은 정책을 만들기 위한 길을 제시할 뿐 정책을 좌지우지하는 것이 아니다.

05 정답 ③

③ 백색선전도 효과가 있다. 한국이 2015년에 심리전 대북 방송을 다시 시작하자마자 북한이 준전시 상태를 선포한 것을 보면 알 수 있다.

06 정답 ①

〈보기〉는 개리 파워즈에 대한 설명이다. 개리 파워즈는 은퇴 후 헬기 운전사로 일하다가 추락사고로 죽게 된다.

07 정답 ④

④ 유추법은 질적분석기법이다.

오답분석

① 베이지안기법, ② 의사결정나무기법, ③ 시뮬레이션기법은 모두 양적분석기법이다.

08 정답 ④

스월볼의 문제는 정보분석관들이 정책결정자의 관심이슈 외의 다른 이슈를 보지 않으므로 징후경보가 전혀 안 된다는 것이다. 정보를 수집하는 큰 이유 중 하나는 적의 모습을 통해 사전에 적의 계획을 파악하여 대비하는 징후경보인데 모든 분석관들이 한 가지 이슈에만 몰두하면 징후경보를 놓치는 경우가 생기는 것이다.

09 정답 ③

③ 미국은 비밀공작을 '특별활동' 혹은 '제3의 방안'이라고 한다.

10 정답 ①

① 30일 이내에 통보해야 한다.

신원조사의 실제
사실상 음주 운전이나 성범죄 전과가 있으면 공무원이나 공공기관 취업은 거의 불가능하다고 보면 된다. 들려오는 소문에 의하면 면접관이 "음주 운전하셨네요? 나가주세요."라고 하며 질문도 없이 쫓아낸 경우도 있다고 한다.

11 정답 ②

오답분석

① 방첩의 대상은 적국, 우방국 가리지 않는다. 형법상 간첩죄만 적국을 대상으로 할 뿐이다.
③ 역용은 적국의 스파이를 잡아서 다시 아군을 위해 일하게 만드는 것으로 이중스파이를 말한다.
④ 자의적 · 타의적 방첩은 없고, 능동적 · 수동적 방첩이 있다.

12 정답 ③

오답분석

① 무자헤딘: 황금의 초승달지대인 이란, 아프가니스탄, 파키스탄에서 생산되는 아편, 헤로인과 관련이 있다.
② 샨연합군: 황금의 삼각지대인 태국, 미얀마, 라오스 산악지대에서 활동하는 테러단체이다. 헤로인을 생산하고 있으며 1990년대까지 마약왕 쿤사가 장악했으나 태국정부의 집요한 소탕으로 지금은 쿤사조직은 사라지고 다른 군소조직들이 난립하고 있다.
④ 헤즈볼라: 레바논의 이슬람 시아파 무장세력으로, 역시 마약생산과 관련이 있다.

13 정답 ②

테러에 대한 정의는 제2조에 나오는데 자동차에 대한 항목은 따로 없다. 다만 제1항의 라목을 보면 자동차에 생화학, 폭발성, 소이성 무기나 장치를 설치하는 것을 테러라고 정의하고 있다.

14 정답 ③

③ 심문자료는 인간정보 중 하나로 비밀로 취급한다.

15 정답 ④

④ 업무상 군사기밀을 취급했거나 취급하는 사람이 누설하면 1년이 아니라 3년 이상 유기징역이다. 아래에 정리한 법령 정도는 외우자.

국가보안법 제3조(반국가단체의 구성등)
- 수괴: 사형, 무기징역
- 간부: 사형, 무기 또는 5년 이상 징역
- 그 외: 2년 이상 유기징역
- 가입권유: 2년 이상 유기징역
- 예비 또는 음모: 2년 이상 유기징역
- 미수범: 10년 이하 징역

※ 유기징역은 무기징역의 반대말로 기한이 있는 징역(50년 이하)이다.

군형법
- 제5조(반란)
  - 수괴: 사형
  - 모의에 참여, 중요임무종사: 사형, 무기 또는 7년 이상 징역
  - 반란에 부화뇌동하거나 단순가담: 7년 이하 징역
- 제8조(예비, 음모, 선동, 선전): 5년 이상 징역
- 제11조(군대 및 군용시설 제공): 사형
- 제13조(간첩)
  - 간첩: 사형
  - 간첩 방조: 사형 및 무기징역
  - 군사상 기밀 누설: 사형
  - 군사상 기밀 누설 방조: 사형 및 무기징역
- 제14조(일반이적): 사형, 무기 또는 5년 이상 징역

형법
- 제87조(내란)
  - 수괴: 사형, 무기징역, 무기금고
  - 모의에 참여, 중요임무종사: 사형, 무기 또는 5년 이상 징역
  - 단순가담: 5년 이하 징역
- 제92조(외환유치): 사형, 무기징역
- 제93조(여적): 사형
- 제94조(모병이적)
  - 적국을 위해 모병: 사형 또는 무기징역
  - 모병에 응한 자: 무기 또는 5년 이상 징역
- 제98조 간첩: 사형, 무기 또는 7년 이상 징역

군사기밀보호법
- 제10조(군사기밀 보호조치의 불이행 등)
  - 군사기밀을 취급하는 사람이 군사기밀에 필요한 조치를 하지 않으면 2년 이하 징역
  - 군사기밀을 취급하는 사람이 군사기밀을 손괴, 은닉하면 1년 이상 유기징역
- 제11조(탐지·수집): 군사기밀을 적법한 절차 없이 탐지·수집하면 10년 이하 징역
- 제11조의2(비인가자의 군사기밀 점유): 업무상 군사기밀을 취급하였던 사람이 그 취급 인가가 해제된 후에도 군사기밀을 점유하고 있으면 2년 이하 징역 또는 2천만 원 이하 벌금
- 제12조(누설)
  - 군사기밀 탐지·수집한 사람이 누설하면 1년 이상 유기징역
  - 우연히 알게 된 군사기밀 누설은 5년 이하 징역 또는 5천만 원 이하 징역
- 제13조(업무상 군사기밀 누설)
  - 업무상 군사기밀을 취급하는 했던 사람이 군사기밀을 누설하면 3년 이상 유기징역
  - 그 외 사람들이 업무상 알게 된 군사기밀 누설하면 7년 이하 징역

16
정답 ①

① 중앙정보부에서 국가안전기획부로 개칭한 것이 1981년이며 박정희 전 대통령이 서거한 때는 1979년이다.

17
정답 ③

③ LAKAM은 1987년 조나단 폴라드 사건으로 해체되어 현재는 사라진 부서이다.

18
정답 ④

당시 이라크에 엄청난 양의 대량살상무기들이 있다는 CIA 보고서에 의해 미국과 동맹국들이 이라크를 선제공격했고 결국 사담 후세인 이라크 전 대통령은 붙잡혀 미국에서 사형당했다. 하지만 대량살상무기는 이라크 내 반 후세인 정치세력이 흘린 거짓첩보였으며, 이로 인해 미국은 엄청난 비난을 받게 된다.

19
정답 ①

[오답분석]

② 범죄수사를 위해서 수사한다면 외국인, 내국인 가릴 것 없이 통신제한조치를 받을 통신당사자의 쌍방 또는 일방의 주소지·소재지, 범죄지 또는 통신당사자와 공범관계에 있는 자의 주소지·소재지를 관할하는 지방법원의 승인을 받아야 한다.

③ 외국인이 통신제한조치의 대상일 경우 대통령의 승인을 받아야 한다.

20
정답 ③

③ 에셜론 프로그램을 운영하는 국방부 직할부대 및 기관은 NSA지 CIA가 아니다.

정보기관의 예산공개
정보기관 예산은 밝혀서 좋을 것이 하나도 없다. 불법적 비밀 활동을 막기 위해서라는 명분도 있지만 그보다 예산구성이나 예상규모를 통해 해당 국가 비밀공작의 윤곽을 잡을 수 있기에 예산공개는 오히려 국가안보에 치명적인 약점을 노출시키는 것이라고 볼 수 있다. 정보기관의 예산내역은 비밀로 처리를 해야 하는 것이 옳다.

21 정답 ①

여러 서적들을 보면 영상정보는 그 자체만으로도 별다른 처리 없이도 정보가 될 수 있기에 정보성 첩보라고 한다. 하지만 개인적으로 영상정보 중 'SAR영상'은 반드시 처리를 해야 첩보로 기능할 수 있는데 그냥 영상정보를 '정보성 첩보'라고 일컫는 국가정보학 주요 서적들을 보면 잘못된 것이 아닌가 의문이 든다. 그렇게 따지면 감청했을 때 나온 교신도 자국어이며 누구나 그 내용을 파악할 수 있는 것이라면 이 역시 정보성 첩보라고 할 수 있을 텐데? 하는 생각이 드는 것이다. 따라서 혹시 모르니 이런 구체적인 내용을 잘 파악해 두자.

22 정답 ③

셔먼 켄트가 정보를 분류한 기준이다.
- 장기정보: 국가정책, 외교와 같이 국가 전반에 필요한 수준의 정보
- 중기정보: 각 행정부처 수준에서 필요한 정보
- 단기정보: 현안문제를 해결하기 위해 부서별로 필요한 정보
- 긍정/명확정보: 정책을 입안하려면 반드시 머릿속에 있어야 할 사실, 즉 팩트 그 자체인 정보

23 정답 ①

2018년 CIA 최초의 여성 국장으로 지나 해스펠이 임명되었다.

오답분석
② 엘리자베스 켐버는 CIA 작전국 부국장이다.
③ 던 마이어릭스는 과학기술국 부국장이다.
④ 신시아 랩은 정보분석국 부국장이다.

24 정답 ③

협의의 정보순환 과정은 정보순환을 기획해서 배포하는 것까지를 이야기한다. 광의의 정보순환 과정에 환류가 포함되어 있어 진정한 정보순환이 이루어진다.

25 정답 ④

오답분석
③ 선취권 잠식에 대한 설명이다.

DAY 11 모의고사

빠른 정답

01	02	03	04	05	06	07	08	09	10
④	①	④	②	③	④	④	①	③	①
11	12	13	14	15	16	17	18	19	20
②	③	①	①	④	①	③	④	①	②
21	22	23	24	25					
②	①	②	②	②					

01
정답 ④

④ 합성개구레이더영상은 SAR이라고 불리는 영상정보 중 하나이다.

> **시그니처**
> 참고로 시그니처(Signature)라는 단어의 뜻은 사인이나 특징이라고 할 수 있는데, 사인과 특징 모두 어떤 특정한 대상을 나타내거나 대상의 특징이나 정체를 한정할 수 있는 특성이라는 뜻을 내포하고 있다.

02
정답 ①

정보와 첩보는 다르다. 첩보는 특정 목적을 가지고 수집한 자료들이고 정보는 그 첩보들을 바탕으로 분석, 평가해서 나온 지식이다. EEI, SRI, PNIO 모두 첩보수집에 관한 요구이다. 정책결정자들은 갑자기 발견된 북한의 핵실험 징후에 대한 정보를 원한다고 했으므로 급변하는 정세에 따라 정책의 수정이 필요한 경우 요구하는 ①의 기타정보요구(OIR)를 원할 것이다.

03
정답 ④

「국가정보원법」 제4조를 통해 국가정보원의 임무를 정확히 짚고 넘어가자.

> **국가정보원법**
> 제4조(직무) ① 국정원은 다음 각 호의 직무를 수행한다.
> 1. 다음 각 목에 해당하는 정보의 수집·작성·배포
>   가. 국외 및 북한에 관한 정보
>   나. 방첩(산업경제정보 유출, 해외연계 경제질서 교란 및 방위산업침해에 대한 방첩을 포함한다), 대테러, 국제범죄조직에 관한 정보
>   다. 「형법」 중 내란의 죄, 외환의 죄, 「군형법」 중 반란의 죄, 암호 부정사용의 죄, 「군사기밀 보호법」에 규정된 죄에 관한 정보
>   라. 「국가보안법」에 규정된 죄와 관련되고 반국가단체와 연계되거나 연계가 의심되는 안보침해행위에 관한 정보
>   마. 국제 및 국가배후 해킹조직 등 사이버안보 및 위성자산 등 안보 관련 우주 정보
> 2. 국가 기밀(국가의 안전에 대한 중대한 불이익을 피하기 위하여 한정된 인원만이 알 수 있도록 허용되고 다른 국가 또는 집단에 대하여 비밀로 할 사실·물건 또는 지식으로서 국가 기밀로 분류된 사항만을 말한다. 이하 같다)에 속하는 문서·자재·시설·지역 및 국가안전보장에 한정된 국가 기밀을 취급하는 인원에 대한 보안 업무. 다만, 각급 기관에 대한 보안감사는 제외한다.
> 3. 제1호 및 제2호의 직무수행에 관련된 조치로서 국가안보와 국익에 반하는 북한, 외국 및 외국인·외국단체·초국가행위자 또는 이와 연계된 내국인의 활동을 확인·견제·차단하고, 국민의 안전을 보호하기 위하여 취하는 대응조치
> 4. 다음 각 목의 기관 대상 사이버공격 및 위협에 대한 예방 및 대응
>   가. 중앙행정기관(대통령 소속기관과 국무총리 소속기관을 포함한다) 및 그 소속기관과 국가인권위원회, 고위공직자범죄수사처 및 「행정기관 소속 위원회의 설치·운영에 관한 법률」에 따른 위원회
>   나. 지방자치단체와 그 소속기관
>   다. 그 밖에 대통령령으로 정하는 공공기관
> 5. 정보 및 보안 업무의 기획·조정
> 6. 그 밖에 다른 법률에 따라 국정원의 직무로 규정된 사항

04
정답 ②

② 반대로 설명하고 있다. 미국에서는 정보관을 Officer, 공작원을 Agent라고 부른다.

05
정답 ③

③ 징후경보는 현용정보이다.

오답분석

② 분석관은 현상에 대한 판단은 기본이며 그에 대한 대책과 앞으로의 예측까지 해야 소비자들에게 더욱 필요한 정보를 생산할 수 있다. 가령 어떤 지역에서 미확인 물체가 영상으로 찍혔다면 정보소비자들은 그것이 무엇인지 궁금할 것이다. 그 정체를 밝히는 것은 당연히 분석결과에 속하지만 정보소비자들은 그 정체에 따라 미래를 예측해서 대비하는 것 역시 원한다. 그러므로 1차적으로 물체에 대한 분석은 최대한 빨리해야 하며 2차적으로 그에 따라 예측과 대비까지 판단해야 제대로 된 정보라고 할 수 있다. 결국 모든 정보보고서가 판단정보여야 할 필요는 없지만 그것을 지향해야 한다는 것은 자명하다.

06
정답 ④

④ 정보분석의 요건에 명확성은 들어가지 않는다. 참고로 로웬탈의 좋은 정보의 요건에 적시성, 적절성, 명확성, 이해성이 있다.

07
정답 ④

외무부 소속은 MI6뿐이다. GCHQ는 외무부 장관의 책임 아래 있기는 하지만 외무부에 속하지 않고 독립기구의 성격이 강하다. INR은 국무부 소속이다. 미국에는 외무부가 없는 대신 국무부가 있고 INR이 여기에 속하지만 외무부가 아니므로 정답은 ④의 MI6이다.

08
정답 ①

한국의 테러대응조직은 국무총리 산하 국가테러대책위원회이다. NCTC는 미국이다. 참고로 테러정보를 종합하고 경보하는 곳은 국가정보원의 테러정보통합센터이다.

09
정답 ③

③ 직무수행상 특별히 보호해야 할 필요가 있는 비밀은 대외비이다.

10
정답 ①

① 비밀공작은 전쟁 전 가장 마지막 방안으로 선택해야 한다.

경제공작

현대사회에 들어서는 거의 필수적인 요소로, 모든 국가들이 경제공작에 대한 방어와 공격에 혈안이 되어 있다. 경제공작이 세계적으로 보편화돼 있어서 다른 공작들에 비해 비난이 적은 것이 사실이다. 중국이 미국의 기술을 훔쳐가는 것을 생각해보면 이해가 갈 것이다. 만약 중국이 미국에서 기술을 훔쳐가는 것 정도의 노력으로 준군사공작이나 전복공작을 했다면 이미 전쟁이 났을 것이다.

11
정답 ②

오답분석

① 납치공작이 아니라 암살공작을 극단적 편견의 종식이나 무력화라고 부르기도 한다.

③ 무인기로 테러단체 지도자를 폭사시키는 것은 군사작전이다.

④ 미국의 데브그루는 제로니모 작전에서 압둘 하자르가 아니라 오사마 빈 라덴를 암살하고 시체는 수장시켰다.

12
정답 ③

1973년 9월 11일 칠레에서 선거로 당선된 사회주의 대통령 아옌데는 피노체트의 군부 쿠테타로 권총 자살을 한다. 여기엔 미국의 공작이 있었다. 피노체트 및 그 주변 정치인들에게 자금을 지원했으니 일단 정치공작을 했으며, 아옌데의 선거 중에 계속 선전공작을 했으며, 구리 가격을 일부러 올려서 칠레 경제에 타격을 입혔으므로 경제공작까지 한 셈이다. 하지만 실제로 미국에서 무력을 지원하거나 투입시켰다는 근거는 없기에 준군사공작은 하지 않았다고 볼 수 있다.

13
정답 ①

① 보안서약은 그냥 각 부서별로 시행해서 보안업무자에게 전달하면 된다. 국가정보원이 따로 시행하지 않는다.

14
정답 ①

① 능동적 방첩에는 인원보안, 시설보안과 같은 수동적 방첩이 들어가지 않는다.

오답분석

④ 민스미트(Mincemeat) 작전: 1943년 제2차 세계대전 당시 영국군 장교로 위장한 시체에 독일군의 시선을 돌릴 미끼성 정보를 매달아 놓았던 교묘한 계책이다.

15
정답 ④

④ 세미 엘리트는 추적을 잘 당한다.

16
정답 ①

① DSSC(Defense Security Support Command)가 안보지원사령부이다.

17
정답 ③

오답분석

① 침입탐지시스템에 대한 설명이다.
② 방화벽에 대한 설명이다.
④ 침입차단시스템에 대한 설명이다.

18
정답 ④

④ 청사포 간첩선 침투사건은 1985년에 일어난 일이다.

19
정답 ①

오답분석

② 영국의 SOCA는 현재 NCA(국립범죄청)가 되었다.
③ 독일의 갤런조직은 현재 BND가 되었다.
④ 이스라엘의 라캄은 해체되었다.

20
정답 ②

오답분석

① 정치인들은 법 위의 존재가 아니다. 그들도 범법을 저지르면 당연히 수사를 받고 처벌을 받아야 한다.
③ 비밀공작을 전부 아웃소싱해서는 안 된다. 물론 작전에 따라 그 지역 출신 사람들을 고용해서 작전에 투입할 수도 있지만 전부를 맡기는 것은 절대 해서는 안 되는 위험한 일이다.
④ 공개정보가 첩보수집의 전부가 될 수 없는 것은 상식이다.

21
정답 ②

② 반국가단체 미수범은 10년 이하 징역에 처한다.

22
정답 ①

SVR은 3국 체제이며 'SKT국'이라고 외워두면 된다. L국은 없다.

SVR의 미인계

SVR에서는 미인계를 많이 사용한 것으로 유명하다. 예카테리나 자툴리베테르, 안나 채프먼 등이 SVR 소속으로 알려져 있다. 그런데 예카테리나 자툴리베테르를 구글에 찾아보니 미인계를 쓸 정도의 인물인지 좀 의아하다.

23
정답 ②

② 영국의 군 정보기관은 DI(국방정보부, Defense Intelligence) 이다. DIH(국방정보본부, Defense Intelligence Headquarters) 는 일본의 군 정보기관이다. 물론 일본은 국방부가 존재하지 않지만 영어 이름은 저렇게 되어 있다.

24
정답 ②

정보활동에 있어서 보안은 반드시 지켜야 할 원칙이다. 보안은 사람들에게 정보를 안 주는 것이 아니라 밖으로 새어나가지 않게 하는 것이다. 정보를 지키고 생산하고 사용하는 것이 보안에 위배된다는 말은 틀렸다.

25
정답 ②

일반적으로 정보요구에 있어서 순위를 결정하는 데 2가지 기준은 중요성과 발생 가능성이다. 중요성이 높고 발생 가능성이 높으면 PNIO에서 높은 순위가 될 것이며 그 다음이 중요성이 높고 발생 가능성이 낮은 사안, 둘 다 낮은 사안으로 판단된다. 하지만 정세나 환경의 급격한 변화로 이를 위해 정보가 필요할 때, 즉 긴급성이 높으면 OIR로 판단되어 PNIO보다 더 우선적으로 만들어진다.

DAY 12 모의고사

빠른 정답

01	02	03	04	05	06	07	08	09	10
④	②	②	③	①	③	④	①	①	②
11	12	13	14	15	16	17	18	19	20
①	②	②	②	③	④	④	④	③	③
21	22	23	24	25					
②	③	②	④	②					

01
정답 ④

뭔가 그럴듯하게 적어 놨지만 전부 헛소리이다. 먼저 정보기관에 대한 자료는 기본적으로 비밀이 많기 때문에 아무리 비밀공작에 대한 기록이 있다고 하더라도 자료가 많을 수가 없으며, 이와 같은 맥락에서 학자들도 많지가 않은 것이다.

02
정답 ②

컴퓨터가 없으면 아무것도 안되는 마당에 전산보안에 대한 정보의 필요성은 날로 늘어가고 있다. 실제로 보안감사를 할 때 2000년대까지만 해도 문서보안이 50% 정도의 비중이었다면 2020년대인 현재는 전산보안이 80% 정도의 비중을 차지한다.

오답분석

① 경제 및 과학기술 정보에 대한 수요가 정치 및 군사 정보보다 더욱 많아지고 있다.

③ 국가정보와 국가부문정보기관이 정치, 사회, 경제, 군사, 생태 등의 범주를 나눠서 정보를 생산하지는 않는다.

④ 국가정보는 모든 정보기관에서 생산이 가능하다.

03　　　　　　　　　　　　　　　　정답 ②

① · ③ · ④ 전투서열과 작전계획과 전비태세, 현대화는 모두 전술정보이다.

04　　　　　　　　　　　　　　　　정답 ③

① 정보요구를 하는 사람들은 정책결정자, 타 부서, 부서 내부에 있기 때문에 당연히 정보생산자도 정보소비자도 될 수 있다.

② · ④ 정보생산자들은 본인들의 분석능력에 은근히 자부심을 가지고 있기 때문에 변화를 그다지 좋아하지도 않고 다른 부서와의 협력을 좋아하지 않는 것이 일반적이다.

05　　　　　　　　　　　　　　　　정답 ①

수집된 첩보는 반드시 먼저 해석을 해야 한다. 암호화된 신호정보를 읽을 수 있게 변환한다든가, 레이더 영상을 판별할 수 있도록 해석을 한다든가, 분석관이 사용이 가능하도록 가공을 하는 것이 해석이다. 그 이후 첩보들을 분석하고 분석된 첩보들을 종합하여 평가한다.

06　　　　　　　　　　　　　　　　정답 ③

③ 프리즘: 미국의 전자정보수집 프로그램이다.

① 코로나: 미국의 세계 최초 정찰위성
② 제니트: 러시아의 정찰위성
④ 헬리오스: 프랑스의 정찰위성

07　　　　　　　　　　　　　　　　정답 ④

유선이라도 불가능한 것은 아니다. 영국은 독일이 대서양 해저에 설치한 통신망을 연결해서 신호정보를 수집했다.

08　　　　　　　　　　　　　　　　정답 ①

① 델파이는 대안분석기법이 아니라 질적분석기법이다.

② 악마의 대변인: 본래 교황을 추대할 때 찬성하는 신의 대변인 측과 반대하는 악마의 대변인 측에서 나온 말이다. 특정 사안에 대해 나올 수 있는 나쁜 점을 이야기하는 것이다.

③ A팀B팀: 같은 사안을 다른 팀에게 맡겨 서로 경쟁시킴으로써 다양하고 질 좋은 정보들을 얻기 위해 활용하는 방법이다.

④ 레드팀: 악마의 대변인과 비슷하지만 다른 점은 아예 기존 사안을 뒤집어 엎어 버리기 위해서 최선을 다한다는 점이다.

09　　　　　　　　　　　　　　　　정답 ①

① 베이지안기법은 확률계산 기법이다. 가설을 설정한 후 첩보가 들어오는 대로 가설의 확률을 계산해 판단을 바꾸는 기법이다. 여러 가설들을 동시에 평가하기 위해 관련 첩보와 증거들을 비교해 경쟁력 있는 가설을 선택하는 방법은 경쟁가설기법이다.

10　　　　　　　　　　　　　　　　정답 ②

② 아리랑6호는 2022년 하반기에 발사할 예정이다.

① 글로벌호크: 미군의 고고도 무인정찰기로, 한국 공군도 보유하고 있다.

③ RF-16: 광학장비를 달고 북한을 정찰하는 역할을 하고 있다.

④ Hawker800: 금강정찰기의 이름이다.

11

정답 ①

① 제3차 중동전쟁에는 미국의 개입이 거의 없었다.

이스라엘의 입장에서는 제3차 중동전쟁은 완벽하게 성공한 정보활동 사례이다. 엘리 코헨(DAY 01 모의고사 04번의 ② 해설 참조)도 같이 외워두자.

12

정답 ②

② 정보분석의 방법이 아니라 정보수집의 방법이다.

13

정답 ②

여당이 되었다는 것은 국회의원으로 입법부, 즉 한국 정부의 구성원이 되었다는 것이므로 내간이다.

14

정답 ②

② 비밀군사외교 활동은 Ⅱ급비밀이다.

15

정답 ③

③ 마크 로웬탈은 정보를 정보생산자가 아니라 정책결정자의 필요에 부응하는 지식이라고 정의했다.

16

정답 ④

외워두자. 우리나라의 테러경보 발령 기관은 대테러센터이다. 참고로, 대테러센터장은 국무총리가 임명한 자로, 국가정보원장이 아니다. 마찬가지로 테러정보통합센터장도 국가정보원장이 임명한 자로 국가정보원장이 아니다.

17

정답 ④

신드롬(증후군)이라는 말 자체가 어떤 질병에 걸렸을 때 나타나는 이상 현상이나 반응을 뜻한다.

오답분석

① 리플리 신드롬: 자신이 한 거짓말을 진짜라고 믿는 현상이다.

② 아스퍼거 신드롬: 자폐증과 비슷하지만 특정 주제에 몰입하여 거기에 대해서만 관심을 보이고 사회적 교류(교우관계나 대인관계 등)에는 관심이 없는 현상이다.

③ 서번트 신드롬: 자폐증 환자 중에 극히 일부가 어떤 능력에 있어서 인간을 초월한 능력을 보이는 현상이다.

18

정답 ④

④ DRM은 프랑스 군사정보기관이다.

오답분석

미국은 육·해·공군·해병대 모두 국방부 소속의 각 정보기관이 있다. 덧붙여 DIA, NRO, NGA, NSA 모두 국방부 소속 기관이다.

① ONI: 해군정보처

② MCIA: 해병정보처

③ NGA: 국가대기권정보국

19

정답 ③

③ 울진·삼척 무장공비 침투사건은 1968년에 일어난 사건이다.

20 정답 ③

북한은 김씨 왕조나 마찬가지이므로 군주제이다. 조선민주주의인민공화국이라는 국가명에 속아서는 안 된다.

21 정답 ②

② 기타정보요구 OIR은 'Other Intelligence Requirement'의 약자이다.

오답분석

① 국가정보목표우선순위(PNIO; Priority of National Intelligence Objective)
③ 특별첩보요구(SRI; Special Requirements for Information)
④ 첩보기본요소(EEI; Essential Elements of Information)

22 정답 ③

행동주의는 로저 힐스만이 주장했다. 정책과 정보는 밀접한 관계를 가져야 한다는 주장으로, 정보는 정책결정자의 관심사항에 주의를 기울여야 한다는 내용이다.

> **관점에 따른 정보의 태도**
> 행동주의는 자칫하면 정책결정자의 입맛에 맞는 정보만 생산하는 길로 빠질 수 있으며, 반대로 셔먼 켄트가 주장한 전통주의대로 정보와 정책은 어느 정도 거리를 둬야 하는 입장을 견지한다면 자칫 정책결정자가 전혀 관심도 없는 정보만 생산할 가능성이 있다. 따라서 정보가 어떤 태도를 가져야 옳은지 묻는다면 옳은 것은 없다고 봐야 한다. 정책결정자의 관심이 현재 국가안보에 시급한 현안이면 당연히 거기에 맞춰서 정보를 생산해야 하지만 정책결정자가 국가안보에 별 상관이 없는 것에 집착한다면 정보는 그것을 설득해서 바로잡아야 할 것이다.

23 정답 ②

언론인, 평화봉사단, 성직자로 비공식가장을 하는 것이 금지된다. ②의 학자는 여기에 포함되지 않는다. 참고로 이건 레이건 미국 전 대통령이 내린 제12,333호 명령이다.

24 정답 ④

위장부인이 가장 높은 비밀공작은 선전공작이며 가장 낮은 공작은 준군사공작이다. 그 사이는 정치공작, 경제공작, 전복공작 순이다.

25 정답 ②

② 48시간이 아니라 적절한 때에 보고해야 한다.

DAY 13 모의고사

빠른 정답

01	02	03	04	05	06	07	08	09	10
①	①	③	④	④	②	④	②	①	①
11	12	13	14	15	16	17	18	19	20
③	③	③	①	①	④	③	①	①	③
21	22	23	24	25					
④	②	③	①	④					

01
정답 ①

① 전투서열은 군대의 구성, 배치, 병력에 대한 정보이며, 이는 전술정보에 속한다.

오답분석

② · ③ 정책수립이나 군사력, 경제력 관련 정보는 전략정보에 속한다.

④ 전략정보에 의해 전략이 정해져야 전술정보가 의미가 생기는 것이다.

02
정답 ①

'정책환경진단 → 정책수립 → 정책결정 → 정책집행 → 정책평가'의 단계에서 정책결정은 정책결정자가 해야 한다. 물론 정책결정 과정에서 정보가 여러 가지 결정기준과 예상 시나리오를 제공할 수 있지만 결정 자체는 정책결정자가 해야 한다.

오답분석

② 정보생산자는 정책결정과정 전반에서 정보를 생산할 수 있다.

③ · ④ 정책은 정보에 영향을 미칠 수 있지만 정보는 정책에 관여해서는 안 된다.

03
정답 ③

오답분석

① 질적분석방법이 양적분석방법보다 더 많이 사용되는 이유는 무엇보다 분석에 필요한 첩보가 대게는 부족하기 때문이다.

② 양적분석방법은 통계적인 분석방법이라 객관성이 높다는 것이 장점이다.

④ 델파이기법은 질적분석방법이다.

04
정답 ④

④ 영국이 아니라 미국이 다양한 의견을 중요시한다. 영국은 정보분석관들의 의견합의를 매우 중요시한다고 알려져 있다.

05
정답 ④

④ 대통령 경호 지원업무는 군사안보지원사령부로 바뀌면서 안보지원사령부의 임무에서 사라졌다.

06
정답 ②

② NGA는 정부뿐만 아니라 필요하다면 민간에도 지리정보를 제공하고 있다.

07
정답 ④

④ 정세분석국은 정보수집을 위해서 다른 기관과의 협력을 많이 하는 편이다.

08
정답 ②

② 225국은 내각 소속이었다가 노동당 소속 통일전선부 소속으로 변한 것이다.

09
정답 ①

① INR(미 국무부의 정보분석국)은 분석·평가만 한다.

10
정답 ①

외우자! NATO의 첩보처리 순서는 '대조 – 평가 – 분석 – 종합 – 해석'이다.

11
정답 ③

③ Cheka는 소련 시절 정보기관이다.

12
정답 ③

③ 일본의 CIRO(내각정보조사처)는 분리형 정보기관이다.

13
정답 ③

③ 암구호는 Ⅲ급비밀이다.

14
정답 ①

병무청장은 Ⅱ급비밀 지정권자이다. 우리가 한 가지 확실하게 알고 가야 할 것이 비밀과 군사비밀은 다르다는 것이다. 「보안업무규정」상 비밀 지정권자와 「군사기밀 보호법 시행령」의 군사기밀의 지정권자는 법제처에서 찾아보면 자세히 나온다.

15
정답 ①

펜 레지스터는 특정 전화선에서 전화를 건 모든 전화번호와 관련된 데이터를 수집하는 데 사용하는 디바이스이다. 통화 시간, 번호, 횟수 등의 디바이스 간 접속 데이터를 통신 사업자로부터 취득할 수 있다. ①의 통화내용을 취득하는 것은 도청이다. 펜 레지스터와는 전혀 다른 것이다.

16
정답 ④

관심(2단계)이 아니라 3단계인 주의 단계가 된다. 관심 단계는 해외 사이버공격 피해가 확산되고 국내로 피해가 유입될 가능성이 있을 때이다. 경계 단계는 4단계로 복수의 정보통신망에 장애나 마비가 오는 것이며, 5단계인 심각 단계는 국가적 차원에서 네트워크의 사용이 불가한 상태이다.

17
정답 ③

『이데올로기의 종언』을 쓴 학자는 다니엘 벨이다. 이건 군사정보학 관련 시험을 준비하는 사람이라면 외워두자! *필자는 매번 마크 포스터랑 다니엘 벨을 헷갈려서 너무 화가 나 주먹으로 스스로의 얼굴을 때린 적도 있다.*

18
정답 ①

무관은 주재무관, 해외무관이라고 하기도 한다. 외교공관에 머무르며 군사 관련 외교를 맡는 군인이자 외교관 신분의 장교로서 기본적으로 인간정보활동을 한다. 이들은 언젠간 본국으로 돌아가므로 '생간'에 해당한다.

19
정답 ①

이스라엘에 대한 전력평가는 아랍연맹뿐 아니라 전 세계가 '보잘 것 없다'는 평가를 내렸으며 이는 타당한 분석이었다.

다만 아랍연맹의 내부분열과 이스라엘의 단결력으로 이스라엘이 승리하게 된 것이다.

> **제1차 중동전쟁의 승리**
> 제1차 중동전쟁 당시 이스라엘 인구는 65만 명이었고, 아랍연합국의 인구는 1억 4,000만 명이었으며 이스라엘에 참전한 아랍연합군의 규모는 2만여 명이었다. 서방국가들은 물론이고 아랍에서도 누가 이기는가의 문제가 아닌 얼마나 빨리 끝내는가의 문제로 보았다. 아랍연합군은 대부분 영국식 교육을 받은 정규군인데 비해, 이스라엘은 민간인들로 제대로 된 군사교육도 받지 못한 상태였기 때문이다. 하지만 막상 전쟁이 시작되자 이스라엘은 부족한 무기를 가지고 끈질기게 저항해서 20일을 버텨냈고 결국 예루살렘과 텔아비브를 지켜냈다. 막강한 화력과 압도적인 군세를 갖추고도 아랍연합군은 두 사람이 총 한 자루를 돌려쓰며 버티는 이스라엘을 이기지 못한 것이다. 이스라엘의 승리는 거의 기적이었다.

20
정답 ③

흑색정보관에게 백색정보관보다 대체로 더 많은 비용이 든다. 그 이유는 흑색정보관은 공식적으로 파견을 간 사람이 아니기 때문에 안정적인 상대국의 체류신분이 필요하며, 그에 따라 여러 가지 부대비용(신분세탁, 생활자금, 주거시설, 비상대피통로 등)이 필요하기 때문이다. 백색정보관은 일반적으로 대사관과 관사를 이용할 수 있으며 이미 공무원 신분이라 봉급이 나오기 때문에 특별히 위장을 할 필요가 없고 생활에 필요한 자금이 따로 들지 않는다.

21
정답 ④

오답분석
① 베노나 작전: 미국과 영국의 소련 감청공작 활동이었다.
② 피닉스 작전: CIA와 국방부가 베트콩에 협력할 만한 인물을 납치·고문 후 다른 인물을 자백하면 암살하고 다시 납치·고문했던, 베트남 내 베트콩의 인적 인프라를 파괴하는 작전이었다. 의외로 효과를 거두었지만 전세를 뒤집기는 어려웠다.

③ MK울트라 작전: CIA의 세뇌공작 활동이었다.

22
정답 ②

② 공개정보를 통해 압도적으로 많은 첩보가 수집되고 있는 것이 사실이다.

23
정답 ③

③ 36시간 이내에 법원 및 대통령의 허가를 받아야 한다.

24
정답 ①

제36조(신원조사) ① 국가정보원장은 제3조 제2호에 해당하는 사람의 충성심·신뢰성 등을 확인하기 위하여 신원조사를 한다.

25
정답 ④

오답분석
① 이탈리아 안보정보부(DIS)의 첫 여성 국장이 엘리자베타 벨로니이다.
② 라일리 준 윌리엄스는 간첩혐의로 FBI에 쫓기는 사람이다.
③ 재닛 옐런은 미 재무장관이다.

빠른 정답

01	02	03	04	05	06	07	08	09	10
②	④	②	①	③	①	③	④	②	①
11	12	13	14	15	16	17	18	19	20
①	③	④	①	③	②	③	③	①	②
21	22	23	24	25					
②	④	①	③	④					

01   정답 ②

잘 안 알려져서 그렇지 2021년 1월 21일에도 이라크 수도 바그다드에서 자살폭탄테러로 인해 다수의 사망자(32명)와 부상자(110명)가 발생했다. 무차별테러가 끊임없이 계속 일어나고 있는 것이 현실이다.

02   정답 ④

〈보기〉는 질적분석기법 중 하나인 분기분석에 대한 설명이다.

03   정답 ②

오답분석

① 비밀은 반드시 일반문서와 따로 보관해야 한다. 만일 일반문서와 같이 보관을 하게 되면 비밀을 파기해야 할 아주 급박한 상황이 생겼을 때 일반문서가 함께 있으면 비밀을 따로 파기하지 못해 적에게 비밀이 넘어가는 수가 생기기 때문이다.
③ 비밀은 최소등급으로 지정해야 한다.
④ 비밀표시는 매 장의 위아래와 중앙에 해야 한다.

04   정답 ①

① 정보의 중요도는 현재 – 미래 – 과거 순이다.

05   정답 ③

정보보호 거버넌스의 핵심활동은 '평가, 지시, 감시, 의사소통, 감사'로 총 5가지이다.

정보보호 거버넌스
조직의 정보보호 프로세스를 통칭하는 용어로, 내부통제를 기반으로 이를 준수하며 책임을 할당하기 위한 프레임워크이다. 정보보호 거버넌스의 목표는 책임성, 연계성, 준거성이다.

06   정답 ①

① Radio Free Europe을 방송한 것은 정치공작이 아니라 선전공작에 해당한다.

07   정답 ③

③ DMA Locker: 따로 파일확장자 변경이 없다는 것이 특징이다.

08   정답 ④

④ 동향파악은 인원보안으로, 수동적 보안활동에 속한다.

09   정답 ②

이건 외워두자! ②의 허가받지 않고 암호를 수신받은 사람은 죄가 없다.

10 정답 ①

OICI는 에너지부 소속이다. 참고로 OIA(Office of Intelligence and Analysis)는 TFI의 한 부서이다.

11 정답 ①

① 한국은 1991년 캐나다가 아니라 호주와 처음으로 조약을 맺었다.

12 정답 ③

③ 안보지원사령부는 참모총장이 아니라 국방부장관 소속이라고 법에 명시되어 있다. 2022년 11월 1일부로 군사안보지원사령부의 명칭이 국군방첩사령부로 변경되었다.

13 정답 ④

④ 국가정보원은 소속 직원의 사생활에 관한 수사가 아니라 직무와 관련된 수사권을 지닌다.

14 정답 ①

FBI(1908) 〉 MI6(1909) 〉 GRU(1917) 〉 Mossad(1946)

> FBI(1908) 〉 MI5(1909) 〉 MI6(1909) 〉 GRU(1917) 〉 MSS(1937) 〉 DGSE(1942) 〉 Mossad(1946) 〉 CIA(1947) 〉 NSA(1952) 〉 NRO(1961) 〉 NGA(1996) 〉 정찰총국(2009)

15 정답 ③

③ 통일전선부는 중국의 공산당 소속이다.

16 정답 ②

② 정보위원회의 위원은 12명이다. 이건 법으로 정해져 있다.

17 정답 ③

③ 아론 코헨: 이스라엘의 마팜당이라는 정당에서 중동전문가로 일했던 인물이다.

오답분석

① 엘리 코헨: 이스라엘이 시리아 골란고원을 공격할 때 시리아 방공진지 및 군사배치 정보를 넘겨서 제3차 중동전쟁을 이스라엘의 승리로 이끈 모사드 출신 간첩이다.

② 슐라 코헨: '중동의 마타하리'로 불리는 모사드 소속의 여성 첩보원이다. 1948년 모사드에 채용된 이후 활동 중 레바논에 체포돼 갖은 고문 속에 7년간 옥살이까지 한 전설적인 스파이이다.

④ 볼프강 로츠: 이집트의 군사기밀을 이스라엘에 제공하여 이스라엘이 제3차 중동전쟁에 승리하는 데 큰 기여를 한 군인 출신의 스파이이다.

18 정답 ③

③ PSIA: 일본의 공안조사청으로 이들은 수사나 체포를 할 수 없고 순수하게 정보수집과 정보분석만 한다.

오답분석

① FSB: 러시아 연방보안국은 영장 없이 수사할 권리가 있으며, 체포권도 있어서 자체 감옥시설까지 운영한다.

② DINA: 과거 칠레의 피노체트 시절 국가정보국으로 수많은 사람들을 체포, 고문, 살해했던 기관이다.

④ SAVAK: 팔래비 왕조 시절 국내 방첩과 비밀공작을 담당했던 정보기관이다. 이들은 반체제 인물들에 대한 납치와 처형을 수도 없이 저지르며 이란인들에게 가장 증오스럽고 공포스러운 기구로 묘사된다.

19
정답 ①

마이클 패스벤더는 미국의 연기자이다. 마이클 허만이 "정보는 추론적 · 평가적 지식이다."라고 이야기했다.

20
정답 ②

파놉티콘의 3가지 원칙은 자비 · 정의 · 감시이다.

21
정답 ②

법 집행 목적으로 수집한 정보의 공개가 다음의 사항들을 야기할 수 있는 경우 정보를 비공개할 수 있다.

- 법 집행 처리 방해
- 정당한 재판이나 판결 기회 박탈
- 부당한 개인 프라이버시의 침해
- 기밀 출처 정체 노출
- 법 집행 기술, 절차, 지침 노출
- 개인의 생명이나 신체 안전 위협

22
정답 ④

④ 행정안전부장관이 아니라 산업자원부장관의 승인을 얻어야 한다.

23
정답 ①

Tasking, Processing, Exploitation, Dissemination은 원래 정보관리모델의 명칭이다.

- Tasking(명령): 첩보수집자산을 보내는 명령을 내리는 부분이다.
- Processing(처리): 생자료를 이용할 수 있는 자료로 변환하는 부분이다.
- Exploitation(이용): 변환된 자료를 이용해서 쓸 수 있는 정보로 창조하는 부분이다.

- Dissemination(배포): 생산된 정보를 소비자에게 전달하는 부분이다.

> **TPED 이슈**
> Tasking과 Dissemination은 예산배정이 잘 되는데 Processing와 Exploitation은 성과가 눈에 띄지 않아서 상대적으로 예산이 적게 가기에 이곳에 예산을 더 배정해야 된다는 설명도 있으니 알아두자.

24
정답 ③

③ 중앙방역대책본부(질병청) 설치 · 운영은 주의 단계의 대응 활동이다.

> **[1단계] 관심(Blue)**
> - 위기 유형
>   – 해외에서의 신종 감염병의 발생 및 유행
>   – 국내 원인 불명 · 재출현 감염병의 발생
> - 주요 대응 활동
>   – 감염병별 대책반 운영(질병청)
>   – 위기 징후 모니터링 및 감시 대응 역량 정비
>   – 필요시 현장 방역 조치 및 방역 인프라 가동
>
> **[2단계] 주의(Yellow)**
> - 위기 유형
>   – 해외에서의 신종 감염병의 국내 유입
>   – 국내 원인 불명 · 재출현 감염병의 제한적 전파
> - 주요 대응 활동
>   – 중앙방역대책본부(질병청) 설치 · 운영
>   – 유관기관 협조체계 가동
>   – 현장 방역 조치 및 방역 인프라 가동
>   – 모니터링 및 감시 강화
>
> **[3단계] 경계(Orange)**
> - 위기 유형
>   – 국내 유입된 해외 신종 감염병의 제한적 전파
>   – 국내 원인 불명 · 재출현 감염병의 지역사회 전파
> - 주요 대응 활동
>   – 중앙방역대책본부(질병청) 운영 지속
>   – 중앙사고수습본부(복지부) 설치 · 운영
>   – 범정부(행안부) 지원본부 운영 검토

- 필요시 총리주재 범정부 회의 개최
- 유관기관 협조체계 강화
- 방역 및 감시 강화 등

[4단계] 심각(Red)
- 위기 유형
- 국내 유입된 해외 신종 감염병의 지역사회 전파 또는 전국적 확산
- 국내 원인 불명·재출현 감염병의 전국적 확산
- 주요 대응 활동
- 범정부적 총력 대응
- 필요시 중앙재난안전대책본부(중대본) 운영

DAY 15 모의고사

빠른 정답

01	02	03	04	05	06	07	08	09	10
①	④	③	②	①	②	②	①	①	④
11	12	13	14	15	16	17	18	19	20
③	④	②	①	④	③	③	①	①	④
21	22	23	24	25					
②	①	①	②	③					

25 정답 ④

④ 문화교류국에서는 사이버 활동을 하지 않는다.

[오답분석]

① 정찰총국 산하 121국이라고 불리는 전자정찰국에서 평시 해킹을 하고 있다.
② 지휘자동화국에서는 사이버전 관련 프로그램을 개발하고 있다.
③ 적공국에서는 사이버 심리전을 하고 있다.

01 정답 ①

① 파나마 침공: 미국과 파나마의 전쟁이었다. 전쟁의 표면적 배경은 노리에가 파나마 대통령이 임기가 끝나고 엔다라가 당선됐음에도 불구하고 계속 대통령직을 놓지 않았다는 게 문제가 됐다. 이면적으로는 노리에가는 미국 CIA에 포섭된 인물이었는데 CIA의 말을 안 듣고 멋대로 해서 문제가 된 것이다.

[오답분석]

② 레인보우워리어 폭파사건: 프랑스의 DGSE가 벌인 일이다. 프랑스의 핵실험을 막기 위해 뉴질랜드에 정박해 있던 그린피스 소속의 레인보우워리어호라는 배를 폭파시키면서 1명이 사망했다. 신혼부부로 위장한 공작원 2명이 폭파시켰는데 이후 뉴질랜드 주민들의 제보로 붙잡혔고 결국 프랑스는 뉴질랜드에 배상금을 내게 되었다. 하지만 체포돼서 복역하던 그 2명은 프랑스의 물밑작업으로 다시 본국으로 돌아가 풀려났다.
③ 라핑버드 작전: 한국의 산업정보 탈취 작전이었다.
④ 신의 분노 작전: 뮌헨에서 일어난 검은 9월단 사건 이후 모사드가 검은 9월단 조직원들을 찾아가 전부 죽여 버린 작전이다.

02
정답 ④

④ 아만이 아니라 샤박(SAVAK)이 생기게 된다.

03
정답 ③

③ DGSE: 프랑스의 국내안보총국으로 국내방첩정보기관이다.

오답분석

① 777, ② NSA, ④ GCHQ 모두 신호정보 수집기관이다.

04
정답 ②

② Lockbit 랜섬웨어: Tor브라우저를 사용하지 않고 금전을
요구하는 이메일을 전송한다.

솔직히 랜섬웨어의 종류가 너무 많고 같은 랜섬웨어에서도
버전이 다른 경우도 많아서 다 찾아보기에는 어려움이 있지
만 대표적인 랜섬웨어인 갠드크랩이라든지 크립토 종류, 매
그니버 정도는 찾아서 알아두자.

05
정답 ①

ⓐ 인간정보수집도 수집활동으로 능동적 방첩활동이다. ⓒ
이중간첩 활용은 역용공작, ⓕ 허위정보유포는 기만공작이라
서 능동적 방첩활동이다.

오답분석

ⓑ 문서비밀점검은 문서보안으로 수동적 방첩이다.

06
정답 ②

해외정보를 수집하는 곳은 크게 국가보위성과 정찰총국 제5
국이 있다.

07
정답 ②

② GRU는 소련 시절부터 계속 이어져 온 러시아 군 정보기
구이다.

08
정답 ①

이건 살면서 외워두자! 간첩신고는 111이다.

09
정답 ①

①~④ 모두 프랑스 정보기관들이다. 그런데 ①의 DGSI만
내무부 소속이다.

10
정답 ④

④ Tselina는 러시아의 신호정찰위성 이름이다.

오답분석

① GRAB, ② POPPY, ③ Canyon 모두 미국의 신호정찰위
성이다.

11
정답 ③

오답분석

① 악마의 대변인: 무조건 반대의 입장에서 논지를 펼치는
것을 말한다. 예를 들자면, 영화 「월드워Z」에 등장하는 이
스라엘 정보기관 소속 10번째 정보원이 이에 해당한다.
② 사례분석기법: 각각의 사례들을 자세히 분석하는 질적분
석기법이다.
④ 베이지안기법: 가설을 설정한 후 첩보가 들어오는 대로
가설의 확률을 계산해 판단을 바꾸는 세계 최초의 확률분
석 기법이다.

12 　　　　　　　　　　　　　　　　정답 ④

정보분석 단계는 '문제제기 → 가설설정 → 첩보수집 → 가설평가 → 가설선택 → 모니터링'이다.

> **가설**
> 옳은 것으로 추정되는 가정이다. 가령 "북한에서 미사일 이동이 발견되었으므로 이번 주에 미사일을 발사할 것이다."라는 것이 가설이다. 이러한 가설이 입증되고 검증된 것이 법칙이다. 하지만 가설과 법칙의 중요한 차이점은 법칙은 일반명제라는 것이다. 열역학 제1법칙은 "고립된 계의 에너지 총량은 일정하다."이다. 이는 검증되었으므로 '고립된 계'라는 조건이 만족한다면 언제나 만족할 수 있는 명제이다. 하지만 "북한에서 미사일 이동이 발견되었으므로 이번 주에 미사일을 발사할 것이다."는 검증도 안 되었을 뿐더러 더욱이 미사일을 쏠지 안 쏠지는 이번 경우에만 국한된 특수한 경우라서 일반화하기 어렵다는 것이다. 가설, 법칙에서 더 나아가 법칙들이 모여서 만들어진 보편적 지식체계가 이론이다.

13 　　　　　　　　　　　　　　　　정답 ②

② 막기지도(莫知其道)는 "적군이 그 방법을 알지 못한다."라는 뜻으로, 아군이 아니라 적군이다.

14 　　　　　　　　　　　　　　　　정답 ①

유리 베즈매노프라는 KGB 스파이가 선전공작에 대해 다음과 같이 설명했다. "그들 사이에 침투한 비밀요원들이 있다. 이 스파이들은 다양한 사회운동을 한 방향으로 묶어 사회 전체가 위기로 붕괴할 때까지 잡아당긴다. 우린 그저 스스로 무너지도록 도울 뿐이다. 명백히 모든 국가에는 기본적인 도덕가치와 원리에 반발하는 경향성이 있다. 이 반사회적인 경향성을 이용하는 것이 국가전복 요원들의 가장 큰 목적이다. 종교, 교육, 사회참여, 권력구조, 노동조합, 법과 질서. 이상의 6가지가 체제 전복의 주요 거점이다. 먼저 교육. 학생들이 건설적이고 실용적이고 효율적인 것들을 배우지 못하도록 가르친다. 수학, 물리, 외국어, 화학을 가르치는 것이 아닌 내전, 생식, 가정경제, 성정체성 등 세상과 동떨어진 거라면 뭐든 교육한다. 그 다음 사회참여. 전통적인 협회, 기관들을 가짜들로 대체한다. 사람들로부터 자주성을 빼앗는다. 자연스럽게 형성된 개인과 개인 간, 사회와 개인 간의 책임을 빼앗는다. 그리고 인공적인 관료주의가 통제하는 체제로 대체한다. 사회참여와 이웃들과의 친밀함 대신 말이다. 또한 사회복지협회를 설립한다. 그들이 사회로부터 급여를 받는가? 아니다. 관료가 준다. 그들의 관심은 당신의 가족도, 당신도, 공동체의 관계도 아니다. (이하 생략)"

① 소련의 KGB는 선전공작을 가장 열심히 했다.

> **사회공학**
> 보안학적 측면에서 사람들 간의 기본적인 신뢰를 기반으로 사람을 속여 비밀정보를 획득하는 기법이다. 인간 상호작용의 깊은 신뢰를 바탕으로 사람들을 속여 정상 보안절차를 깨트리기 위한 비기술적 침입 수단을 말한다.

15 　　　　　　　　　　　　　　　　정답 ④

④ 명확성은 근거가 아니라 결론이 명확해야 한다.

16 　　　　　　　　　　　　　　　　정답 ③

③ 마약과 총기를 나눠주는 것이 아니라 음식과 구호품 등을 나눠준다.

[오답분석]

① 이슬람의 헤즈볼라가 이스라엘에 땅굴을 파서 공격하려고 했는데 그 땅굴 감독자를 잡고 보니 멕시코 갱단과 연루되어 있었다고 한다. 갱단은 멕시코와 미국 국경에서 밀입국하는 사람들을 위해 땅굴 파는 기술을 전수해줬다고 한다.

② 남미 범죄조직 소굴은 대부분 인구밀집지역에 있기 때문에 코로나가 퍼지는 것은 범죄조직들에게 멸망을 뜻한다. 실제로 엘살바도르 갱단들은 정부를 대신해서 주민들에게 통금령을 지키도록 강요하고 있다. 물론 정부에 허락받고 하는 것은 아니다.

17   정답 ③

리첼슨은 "정보는 관련 대상국과 지역에 관한 획득 가능한 지식의 수집, 처리, 종합, 분석, 평가 및 해석으로 만들어진 지식"이라고 이야기했다.

18   정답 ①

이리역 폭발사건(1977)은 실수로 다이너마이트에 촛불이 붙어서 생긴 인재이다. 이리역 주변 반경 500m 이내의 건물 9,500여 채에 달하는 건물이 파괴되고, 9,973명의 이재민이 발생하였다. 사망자 59명, 부상자 1,343명에 이르는 큰 사고였다. 당시 한국화약 호송 직원 신무일은 정차를 하지 않으려 했지만 이리역 직원들이 신무일에게 급행료를 달라고 요구했다. 이 당시 '급행료'라 하여 열차가 정차하지 않고 바로 통과하려면 역에 돈을 지불하는 나쁜 관행이 있었다고 한다. 신무일은 돈이 없었고 밤을 이리역에서 보냈는데, 신무일이 촛불을 켰다가 촛불이 화물인 다이너마이트에 옮겨 붙은 것이었다. *진짜 너무 어이가 없어서 말이 안 나올 정도로 사건이 발생한 구조가 현재와 비슷하다.*

19   정답 ①

① 극비비밀 정보가 아니라 특급기밀 정보이다. 이는 특허청 영업비밀보호센터에서 내놓은 공식자료에 있는 내용이다. 특급기밀은 각 기업에서 알아서 정할 수 있고, 1등급은 75점 이상, 2등급은 50점 이상, 3등급은 50점 이하라는 기준이 있다. 이 점수는 영업비밀 등급 산정식을 통해 정할 수 있다.

20   정답 ④

④ 당 중앙검사위원회 위원장은 정상학이다. 당 중앙검사위원회는 노동당의 재정·경리와 관련해서 검사하는 권한을 가지고 있다.

김정은의 직책

조선노동당 위원장, 당 중앙위원회 1번 위원, 정치국 위원, 정치국 상무위원, 국무위원회 위원장, 최고인민회의 대의원, 당 중앙군사위원회 위원장, 인민군 최고사령관, 인민군 원수

21   정답 ②

비밀공작은 정보기관만이 할 수 있는 정보활동이다.

22   정답 ①

① AISE는 이탈리아 해외정보기관이다. 스페인에는 국가정보국인 CNI와 경찰정보국인 CGI가 있다.

23   정답 ①

소련의 전투기가 1983년 9월 1일 대한민국 국적의 대한항공 007기를 격추시켰다. 그 이유는 공식적으로 밝혀진 바가 없으며 다만 대한항공의 보잉기를 미군 정찰기로 오인해서 추락시켰다는 설이 있다.

대한항공기 테러

김현희가 폭파시킨 대한항공 858기는 1987년에 테러를 당했다.

24   정답 ②

미국의 사활적 이익에 '중국이나 러시아와 같이 전략적인 적대국이 될 수 있는 나라들과 건설적인 관계를 유지하는 것'이 있으며, 핵심적 이익에 '군사기술 및 전략기술, 정보체계의 우위 유지'가 있다.

25 정답 ③

③ ODNI에서 PDB를 종합하여 배포한다.

> (상략) The PDB is coordinated and delivered by the ODNI with contributions from the CIA as well as other IC elements and has been presented in some form to the president since 1946. – ODNI 홈페이지
>
> [원문 해석] PDB는 CIA와 다른 정보공동체들의 도움을 바탕으로 ODNI가 종합해서 배포했으며 1946년부터 대통령에게 몇 가지 방식으로 제공되어 왔다.

참고문헌

춘천 위성지도 - 네이버 위성지도

GEOINT 센서 예시 이미지들 - 미국 NGA의 GEOINT 설명서, "GEOSPATIAL INTELLIGENCE(GEOINT) BASIC DOCTRINE", 2018

NIS 로고 - 시선뉴스, "국정원 5163부대, 이탈리아 보안업체로부터 스마트폰 해킹 프로그램 구입…국회 진상 조사 나서", 2015

비무장지대 일원 현황과 개념 - 경향신문, "개발로 '야금야금'… 좁아지는 '민통선 일대'", 2011

김포공항 폭탄테러 사건 보도 - 중앙일보, "[북 김정남 피살] 외국인 청부살인 가능성 무게… 85년 김포공항 폭탄 테러처럼 미제로 남나", 2017

소말리아 해적 소탕 작전(아덴만의 여명 작전) - 서울신문, "한국 건드리면 가만 안 둔다… '아덴만의 소탕'", 2011

대구 미국문화원 폭발사건 - 중앙일보, "'대구미문화원 폭파' 억울한 옥살이… 35년만에 무죄 선고", 2019

성시백 묘비 - 시사IN, "남한에서는 간첩, 북한에서는 '혁명 영웅'이었던 남자", 2021

한국해군 당포함 - 한국민족문화대백과사전, 56함피격침몰사건(五六艦被擊沈沒事件)"

미군 정찰함 푸에블로호 - 일요서울, "[그때 그 사건4] 푸에블로호 사건으로 北-中관계 복원", 2016

울진·삼척 무장공비 침투사건 - 한국민족문화대백과사전, "간첩(間諜)"

오대양호 선원들 - 한국일보, "오대양호 납북 아들, 43년 만에 '엄마…'", 2015

격렬 비열도 간첩선 격침사건 - e영상역사관의 국가기록사진, "서해 격침 간첩선 인양 작업현장"

아웅산 묘소 폭탄테러 - 뉴데일리, 30년 만에 세운 아웅산 테러 추모비 '잊지 않겠다'", 2014

인포콘 - 대한민국 국방부

그 밖의 인물 및 로고 이미지 - 구글 이미지, 위키피디아 검색 활용

Susan W. Brenner, 「Journal of Criminal Law and Criminalogy」, p.387, 2007

Green James A, 『Cyber warfare : a multidisciplinary analysis』, Taylor & Francis, 2016

Shakarian Paulo·Jana Shakarian·Andrew Ruef, 『Introduction to cyber-warfare : a multidisciplinary approach』, 2013

"Cyber Warfare" in RAND Corporation

좋은 책을 만드는 길
독자님과 함께하겠습니다.

도서나 동영상에 궁금한 점, 아쉬운 점, 만족스러운 점이
있으시다면 어떤 의견이라도 말씀해 주세요.
SD에듀는 독자님의 의견을 모아 더 좋은 책으로 보답하겠습니다.

www.sdedu.co.kr

15일 만점 국가정보학

개정1판1쇄 발행	2023년 03월 06일 (인쇄 2023년 01월 06일)
초 판 발 행	2022년 03월 10일 (인쇄 2022년 01월 27일)
발 행 인	박영일
책 임 편 집	이해욱
저 자	분석관 C
편 집 진 행	신보용
표지디자인	이미애
편집디자인	김예슬 · 윤준호
발 행 처	(주)시대고시기획
출 판 등 록	제 10-1521호
주 소	서울시 마포구 큰우물로 75 [도화동 538 성지 B/D] 9F
전 화	1600-3600
팩 스	02-701-8823
홈 페 이 지	www.sdedu.co.kr
I S B N	979-11-383-4186-8 (13350)
정 가	18,000원